어제의 외침,
　　내일 울림되다

어제의 외침,
　내일 울림되다

김수찬 · 글

서문

기자는 현장을 먹고 산다. 새벽 공기, 회의장의 긴장, 공장 굴뚝 연기, 장병들의 구호와 기업인들의 낮은 숨소리까지, 시간과 공간을 온몸으로 적는다. 그 과잉의 현장을 문장으로 건져 올리고 그 정확도를 지키는 것이 취재 수첩이다. 내게 칼럼은 단순한 의견 표명이 아니라 땀과 기록의 교차점이다. 쓰는 동안 한 발 물러서 냉정해지려 하고, 쓰고 나서는 독자의 자리에서 다시 읽으며 스스로 엄격한 게이트키퍼가 되곤 한다.

30여 년 신문에 실린 칼럼과 최근 쓴 칼럼을 모아 《어제의 외침, 내일 울림되다》를 펴내게 되었다. 글이 쓰였던 상황과 흐름을 온전히 전하기 위해 최초 게재 연·월·일을 모두 표기했다. 날짜는 기억의 좌표다. 같은 문장이라도 1998년 외환위기, 2025년 관세 분쟁, 2005년 안보 논쟁, 2024년 기술 전환 속에서 의미와 무게가 달라진다.

책은 네 개의 챕터로 나뉜다.

1부 '기업이 곧 국가 경쟁력이다', 이 믿음으로 산업 현장을 좇았고, 공정 경쟁과 법과 원칙 위에 선 투자와 혁신, 팀코리아 집단지성이 국가력을 어떻게 키웠는지 목격했다. **2부 'Freedom is not free'**, 명징한 경구처럼, 안보와 외교는 삶의 바깥이 아니라 일상 토대임을 취재하고 기록했다. 전작권, 한·미 동맹, K-방산, 병영문화의 변화를 살폈다. 차가운 분석과 뜨거운 헌신이 만나는 지점을 찾으려 했다. **3부 '일류국가는 4류정치 극복으로'**, 정치는 삶의 방해물이 아니라 규칙을 만드는 일이라는 전제에서, 포퓰리즘의 유혹과 제도 개혁의 난제를 함께 비췄다. 숫자와 절차, 책임의 언어를 잃지 않으려 애썼다. **4부 '교육은 국가의 백년대계'**, 교실과 대학, 직업교육, 지역 학교까지 살폈다. 교사의 권위와 자율, 학부모 신뢰, 학생 성장의 생태계가 이어지지 않으면 어떤 개혁도 구호에 그친다는 교훈을 얻었다.

각 부 글들은 특정 시기 논평을 넘어 지금 현실에도 이어지는 물음표를 품는다. 좌표를 따라가면 그 시대의 긴장과 울림을 함께 경험할 수 있을 것이다.

칼럼은 매번 미완이다. 다음 현장, 인터뷰, 통계가 어제의 판단을 겸허하게 수정하게 만들기 때문이다. 그래서 이 책에 실린 글들은 완결이 아니라 과정이다. 다만 과정에도 일관성은 필요하다고 보았다. 공정과 법치, 실사구시와 책임, 자유와 연대 같은 단어들은 내 글의 나침반이었다.

독자에게 약속할 수 있는 것은 사익보다 공익, 선동보다 설득을 우선한 논리라는 점이다. 그날 신문을 다시 펼친다는 마음으로 읽고, 당시 한국과 지금 한국 사이에서 무엇을 지키고 바꿔야 할지 답을 찾는 독자들이 있기를 바란다.

기록은 책임이고, 책임은 희망이다. 칼럼을 쓰던 마음으로 책을 엮었다. 긴 시간 취재현장에서 함께해 준 동료 선후배 기자들, 그리고 묵묵히 응원한 가족에게 고마움을 전한다.

2025년 10월

김수찬

차례

서문 · 4

1부_ 기업이 곧 국가 경쟁력이다

현대차 의선이형 신드롬 · 14

'번개사업'과 방산 30년 · 17

한화 김승연 · HD현대 권오갑 회장 신년사 속뜻은 · 21

노란봉투법과 마스가(MASGA) 프로젝트 · 24

중대재해처벌법 vs 배임죄 이재명 대통령의 시각 · 27

경제폭망? 최불암도 '파~하' 웃을 일이다 · 30

美 관세폭탄 투하 직전, 현대차 노조가 할 일 · 34

KAI 사장 후임에 '낙하산 인사' 그만 · 37

HD현대重 · 한화오션의 美MRO사업 탈락 교훈 · 40

美 USTR 대표가 일깨워준 '기업=국가경쟁력' · 43

K-방산보다 '팀코리아'가 정작 필요한 곳은? · 47

한화에어로 유상증자, 투자자들은 신뢰한다는데 · 51

트럼프 '관세폭탄'이 고맙다는 기업들 · 54

불확실성 속 더욱 빛나는 현대차 투자 · 57

방위사업청, KDDX 사업자 선정 지혜 발휘하라 · 60

K-함정수출 '코리아 원팀' 구성을 환영하며 · 63

K-방산업계에 희소식이 날아든다는데 · 66

GV80, 니가 왜 거기서 나와? · 69

10조 원 호주 호위함 수주 실패 시사점 · 72

K-방산수출 증대를 위해 국회가 할 일 · 75

폭스바겐 공장폐쇄와 현대차 노조 • 78

현대자동차의 벤츠 전기차 화재 대응법 • 81

방산기업에 선의의 경쟁 당부한 인성환 제2차장 • 84

폴란드 방산수출 위한 '금융계약' 속히 체결하라 • 87

기업 '기업(氣UP)'하는 4.10 총선 만들자 • 91

윤석열 대통령이 은행권에 던진 화두 • 94

한국경제인협회, 국민경제교육 맡아줘라 • 97

썰렁한 주한 외국대사관 • 100

외국 기업인들의 '쓴소리' • 102

군인공제회 새 이사장의 조건 • 104

어느 중기인(中企人)의 희망 • 106

북핵과 주한외국기업 • 108

NG족, 사오정 그리고 2+5 • 110

경제를 아시나요? • 113

라스베이거스의 변신 • 116

공공 개혁의 겉과 속 • 118

군산市, 괜찮은 거래 • 121

초전도체와 주식투자의 잘못된 만남 • 124

경제자유구역이 살길 • 128

2부_ Freedom is not free

노병들의 고국 걱정 • 134
전시작전권 논란 속 안규백 장관 • 137
자주국방의 환상 • 140
요코스카 기지와 작통권 • 144
뒷북치는 국방장관 • 147
佛 군수업체의 항변 • 149
軍 '아무 문제 없다'더니 • 151
어민들은 어떡하라고 • 153
국방硏은 시민단체? • 155
軍, 말보다 행동으로 • 157
孫 일병 귀환과 이라크 파병 • 159
추가파병 한 달 앞두고 • 161
청와대만의 軍 아니다 • 163
윤광웅 장관이 할 일 • 165
병무청의 뒷북 행정 • 167
윤광웅 장관의 몰래 출국 • 169
괴문서에 얼룩진 軍 인사 • 171
입 막은 국방부 • 173
국방개혁, 피부에 와닿게 • 175

국방차관을 위한 변명 • 177

군 최고 수뇌부의 각오 • 179

못 믿을 軍 • 181

또 무장해제당한 軍 • 183

흔들리는 軍 • 185

감사 끝나면 또 감사 • 187

고언(苦言) 외면한 尹 국방 • 189

최고의 국방정책은 보훈 • 191

국방개혁의 성공 조건 • 194

국방부만의 국책사업 • 198

3부_ 일류국가는 4류정치 극복으로

3%를 위한 변명 • 204

4.10 총선 여론조사가 수상하다 • 208

사과는 이강인처럼, 용서는 손흥민처럼 • 212

사과가 사라진 사회 • 216

영화 '건국전쟁'에 열광하는 이유 • 220

노사, 하나로 뭉친 마라톤 • 224

美 · 유럽 언론의 '사시(斜視)' • 226

대통령의 신문 읽기 • 228

홍콩차이나 첫날 • 230

고국 정치인 정신 차려야 • 233

방송사 사가(社歌) 유감 • 235

스마트폰과 이별하기 • 237

청춘들에게 필요한 것은? • 240

인생의 3.4% 활용법 • 243

'1社1병영' 캠페인 • 246

'열린 軍'과 영화계 • 249

지방의원들의 밥그릇 챙기기 • 252

현대車 노조 부장께 • 255

윤 지부장, 오늘 끝내시죠 • 259

1,004원에 당신도 '기부 천사' • 262

연말 이벤트성 기부면 어떤가 • 265

김명수 사법부 6년에 대한 소고(小考) • 268

유인촌 장관에게 박수를? • 271

선거관리시스템 해킹 가능성의 진실은 • 274

탄핵에 빠진 민주당을 위한 충언 • 278

내년도 예산, 민주당 정부 시즌2 예산? • 281

'서울의 봄'과 '판도라' • 284

'검찰 독재' 프레임으로 당신 죄를 덮을 순 없다 • 287

'이재명 피습 사건' 음모론의 진원지 • 290

대만 총통 선거가 던져준 숙제 • 293

세금만사(稅金萬事) 세금유감(稅金有感) • 297

윤석열, 의료 개혁 10전 10패의 대통령될 것인가 • 301

공정거래위원회 대변인실은 '불통' 중 • 304

정부부처 출입기자님들, '관리' 잘 받고 계신가요? • 306

기업인을 대하는 국회의원 임종득의 자세 • 308

4부_ 교육은 국가의 백년대계

교장선생님 氣 살리기 • 314

MB 미래학 점수는 • 318

한국교육 '역주행' • 321

대학에 넘어간 공 • 324

한완상 부총리의 이유 있는 항변 • 327

일일교사 동원되는 장관들 • 329

전문대학이 나갈 길은 • 331

외국인 교수들 '왕따' • 333

교육행정 '소비자 외면' • 335

계기수업과 새 경제 교과서 • 337

말레이시아 교육이민 • 340

싱가포르大의 경쟁력 • 343

학교급식 이분법의 함정 • 345

1부

기업이 곧 국가 경쟁력이다

1부 칼럼 분석

현대차 의선이형 신드롬

"이제 우리 쪽으로 오세요. 의선이형", "양궁 쪽엔 미안하지만 의선 형님 우리가 좀 쓰면 안 될까?", "정의선 쓰리잡 안 되나?" 대한양궁협회를 이끄는 정의선 현대자동차그룹 회장에 대한 러브콜이 거세다. 각종 인터넷 게시판에서 '의선이형'을 모시기 위한 타 스포츠 종목 팬들의 열기가 뜨겁다.

그도 그럴 것이 대한민국 양궁 국가대표팀이 이번 파리올림픽에서 양궁에 걸린 5개 금메달을 전부 따낸 신화를 썼기 때문이다. 아버지 정몽구 명예회장에 이어 대한양궁협회장직을 맡고 있는 정의선 회장의 리더십이 새삼 주목을 받고 있는 것이다. 지난 1985년 이후 40년 가량 양궁협회는 사실상 정몽구 정의선으로 이어지면서 현대자동차그룹과 깊은 인연을 맺고 있다.

국내 경영학계는 양궁 신화를 통해 보여준 정의선 회장 리더십의 가장 핵심적인 요소로 대담성 공정성 혁신성 포용성(소통) 등 몇 가지를 꼽고 있다.

먼저 대담성을 보자. 한국 양궁의 발전이라는 중장기 비전을 수립하고 이에 따른 각종 리스크를 감내하며 단기적 성과에 연연하기보다 본질적인 경쟁력을 강화하려는 정의선 회장의 담대한 행보가 눈에 띈다.

선수들을 선발할 때 학연 · 지연 등 사적 인연보다 오직 실력을 최우선으로 하는 공정하고 투명한 운영 원칙을 고집해온 것도 양궁 신화의 밑거름이 됐다. 과녁에 최종적으로 꽂힌 점수만이 기준이 된다. 전 국가대표들은 이구동성으로 국제대회보다 더 피 말리는 경쟁이라고 말했을 정도다.

정의선 회장의 혁신성도 빼놓을 수 없다. 2012년 런던대회가 끝난 직후 정의선 회장은 현대차 · 기아연구개발센터가 중심이 돼 양궁협회와 함께 기술지원 방안을 찾아보자고 제안했다. 실리콘밸리의 신기술 도입도 서슴지 않았다. 덕분에 2016년 리우대회 때 전 종목 금메달을 획득하는 쾌거를 거뒀다. 이후 대회 때마다 새로운 훈련 장비와 기술을 적용했고, 이번 파리대회를 위해 개인 훈련을 도와주는 로봇 등 첨단 장비 등을 지원했다.

소음 속에서 집중력을 높일 수 있는 야구장 · 축구장 훈련과 실제 경기장을 재현한 연습경기장에서 실전보다 더 실전처럼 연습하는 한국 양궁의 대표적인 훈련 방식도 정 회장의 혁신성과 무관치 않다.

선수를 비롯한 양궁인들과의 사려 깊고 진정성 있는 소통을 통해 조직 내 소속감을 형성하고 신뢰를 구축해온 정 회장의 포용성도 눈에 띈다.

분초를 다투는 기업 최고경영자이지만, 2005년 협회장 취임 이후 주요 국제대회는 모두 직접 참석해 선수들을 응원하고 격려하고 있다. 메달을 못 딴 선수들도 세심히 챙긴다. 여자 개인전에서 아쉽게 메달을 놓친 전훈영 선수를 별도로 찾아 대회 기간 내내 후배 선수들을 이끌고 자신의 경기에서도 최선을 다한 것에 대해 감사를 표했다. 이처럼 현장에서의 스킨십뿐 아니라 선수들이 마음껏 기량을 발휘할 수 있도록 세심한 부분까지 구성원 개개인을 배려하고 존중한다.

모든 선수가 메달 획득 후 언론 인터뷰 때 누가 시켜서가 아니라 자발적으로 정의선 회장을 거명하는 것은 어쩌면 자연스러운 일이 됐다.

협회장 취임 초기 "양궁이라는 스포츠를 통해 사회에 기여하는 방안이 무엇일까"를 고민한 정의선 회장은 "공정한 경쟁과 함께 탄탄한 실력을 기반으로 최선을 다하는 모습을 보여줬을 때 스포츠가 우리 사회에 선한 영향을 미칠 수 있다"고 확신했다고 한다. 실제 그 믿음은 이번 파리올림픽을 통해 실현했다. 현재 확산 중인 '의선이형 신드롬'이 우리 사회에 더 많은 선한 영향을 끼치길 기대해본다.

- 2024년 8월 21일 뉴시안 기자수첩

'번개사업'과 방산 30년

1971년 11월 11일 청와대는 국방과학연구소(ADD)에 비밀지령을 내렸다. 카빈총 10정, M1 소총 2정, 경기관총 5정, 60mm 박격포 4문, 3.5인치 로켓포 4문, 수류탄 300발, 대전차 지뢰 20발 등을 4개월 내 국산화하라는 것. "총알이 안 나가도 좋으니 일단 만들어보라"는 박정희 대통령의 엄명이지만 ADD로서는 황당할 수밖에 없었다.

당시 우리나라는 무기 개발의 기초인 금속, 기계, 전기, 전자, 화공학 등 관련 산업기반이 전무했다. 더욱이 책정된 연구개발비도 970만 원(현재가치로 2억여 원)에 불과해 개발과정은 가시밭길 자체였다.

개발팀들은 그 해 크리스마스는 물론 이듬해 설날 연휴까지 반납한 채 연구실 불을 밝혔다. 그 결과 4개월여 뒤인 1972년 4월 권총 시제품 개발에 성공하는 등 가시적인 성과를 냈다. 당초 4년 걸릴 것으로 예상됐던 권총 개발 기간은 10분의 1 이하로 단축됐다.

'번개사업'이라는 이름처럼 '번갯불에 콩 볶아 먹듯' 시작된 방위산업은 30여 년이 지난 지금 괄목할 만한 성장을 하고 있다.

최근에는 바다, 땅, 하늘에서 잇달아 희소식을 전해주고 있다. 첫

이지스함인 '세종대왕함(7,600t급)'이 진수된 데 이어 214급(1,800t) 잠수함도 건조됐다. 육군의 차세대 주력 전차인 XK2(일명 흑표)는 국산화율 90%로 개발이 완료됐다. 공군의 기본 훈련기인 KT-1 50여 대 5억 달러어치가 터키에 수출된다.

KT-1보다 고급 기종인 초음속 고등훈련기 T-50은 대아랍에미리트(UAE) 수출건(50여 대)을 따내기 위해 현재 영국, 이탈리아 기종과 치열한 3파전을 벌이고 있다. 올 연말께 중동에서도 희소식이 날아들 것이라는 게 방산업계 관계자의 전망이다.

그러나 이제 막 걸음마를 시작한 국내 방위산업이 뜀박질하기 위해서는 몇 가지 문제점을 극복해야 한다. 무엇보다 내수시장 일변도에서 벗어나야 한다. 군이 주는 물량에만 의존하다 보니 일감이 없으면 손을 놓고 있어야 한다. 방산업체의 평균 가동률이 50%대에 머물고 있는 것도 그런 이유다.

현대중공업 특수사업부(방산)의 경우 세종대왕함 건조가 끝나면 당분간 회사 내 민수(상선) 부문에서 일감을 떼어와야 할 판이다.

결국 수출시장 개척만이 살길이다. 그런데도 방위사업청 내 수출지원 인력은 20명이 고작이다. 미국은 논외로 치더라도 영국과 프랑스 등 다른 방산 선진국만 해도 200명에 달한다.

하루빨리 수출 전담기구를 만들어 방산업체들의 수출 활동을 측면 지원해 터키 등으로 제한된 해외시장을 넓혀가야 한다.

또 독자적인 기술개발도 중요하지만 천문학적인 초기 투자비에 대한 부담을 덜기 위해서는 미국 등 선진국과의 공동 프로젝트에도 적극 참여해야 한다. 이제 방위산업 육성은 30여 년 전 '번개사업'처럼 주먹구구식으로 추진해서는 안 된다. 해당 기업의 노력은 물론 범정부 차원의 다각적인 지원 및 협력 시스템이 구축돼야 한다. 그래야만 방위산업이 진정 황금알을 낳는 산업으로 부상할 수 있다. "10년, 20년 후 우리나라를 먹여 살릴 산업이 없다"는 재계의 걱정도 덜어줄 것이다.

"한국의 방위산업이 글로벌 파워로 급부상했다"는 미 군사전문지 디펜스뉴스의 최근 보도에 우쭐해하기는 아직 이른 것 같다.

- 2007년 8월 29일 한경데스크

한경 데스크

1971년 11월11일 청와대는 국방과학연구소(ADD)에 비밀지령을 내렸다. 카빈소총 10정, M1소총 2정, 경기관총 5정, 60mm 박격포 4문, 3.5인치 로켓포 4문, 수류탄 300발, 대전차 지뢰 20발 등을 4개월 내 국산화하라는 것. "총알이 안 나가도 좋으니 일단 만들어보라"는 박정희 대통령의 엄명이지만 ADD로서는 황당할 수밖에 없었다.

당시 우리나라는 무기개발의 기초인 금속 기계 전기 전자 화공학 등 관련 산업기반이 전무했다. 더욱이 책정된 연구개발비도 970만원(현재가치로 2억여원)에 불과해 개발과정은 가시밭길 자체였다. 개발팀들은 그 해 크리스마스는 물론 이듬해 설날 연휴까지 반납한 채 연구실 불을 밝혔다. 그 결과 4개월여 뒤

김 수 찬
사회부 차장

연말께 중동에서도 희소식이 날아들 것이라는 게 방산업계 관계자의 전망이다.

그러나 이제 막 걸음마를 시작한 국내 방위산업이 뜀박질을 하기 위해서는 몇 가지 문제점을 극복해야 한다. 무엇보다 내수시장 일변도에서 벗어나야 한다. 군이 주는 물량에만 의존하다보니 일감이 없으면 손을 놓고 있어야 한다. 방산업체의 평균 가동률이 50%대에 머물고 있는 것도 그런 이유다. 현대중공업 특수사업부(방산)의 경우 세종대왕함 건조가 끝나면 당분간 회사 내 민수(상선) 부문에서 일감을 떼어와야 할 판이다.

결국 수출시장 개척만이 살길이다. 그런데도 방위사업청 내 수출지원 인력은 20명이 고작이다. 미국은 논외로 치더라도 영국 프랑스 등 다른 방산 선진국만 해도 200

번개사업 과 방산 30년

인 1972년 4월 권총 시제품 개발에 성공하는 등 가시적인 성과를 냈다. 당초 4년 걸릴 것으로 예상됐던 권총 개발기간은 10분의 1 이하로 단축됐다.

번개사업이라는 이름처럼 '번갯불에 콩볶아 먹듯' 시작된 방위산업은 30여년이 지난 지금 괄목할 만한 성장을 하고 있다. 최근에는 바다 땅 하늘에서 잇달아 희소식을 전해주고 있다. 첫 이지스함인 '세종대왕함(7600t급)'이 진수된 데 이어 214급(1800t) 잠수함도 건조됐다. 육군의 차세대 주력 전차인 XK2(일명 흑표)는 국산화율 90%로 개발이 완료됐다. 공군의 기본 훈련기인 KT-1 50여대 5억달러어치가 터키에 수출된다. KT-1보다 고급 기종인 초음속 고등훈련기 T-50은 대 아랍에미리트(UAE) 수출건(50여대)을 따내기 위해 현재 영국 이탈리아 기종과 치열한 3파전을 벌이고 있다. 올

명에 달한다. 하루빨리 수출 전담기구를 만들어 방산업체들의 수출활동을 측면 지원해 터키 등으로 제한된 해외시장을 넓혀가야 한다. 또 독자적인 기술개발도 중요하지만 천문학적인 초기 투자비에 대한 부담을 덜기위해서는 미국 등 선진국과의 공동 프로젝트에도 적극 참여해야 한다.

이제 방위산업 육성은 30여년 전 번개사업처럼 주먹구구식으로 추진해서는 안된다. 해당 기업의 노력은 물론 범정부 차원의 다각적인 지원 및 협력시스템이 구축돼야 한다. 그래야만 방위산업이 진정 황금알을 낳는 산업으로 부상할 수 있다. "10년, 20년 후 우리나라를 먹여살릴 산업이 없다"는 재계의 걱정도 덜어줄 것이다. "한국의 방위산업이 글로벌 파워로 급부상했다"는 미 군사전문지 디펜스 뉴스의 최근 보도에 우쭐하기는 아직 이른 것 같다.

ksch@hankyung.com

한화 김승연·HD현대 권오갑 회장 신년사 속뜻은

2025년 새해가 밝았다. 기업들은 지난해보다 더 나은 한 해를 맞기 위해 저마다 새해 각오를 다졌다. 국내 정치 상황은 한 치 앞을 내다보기 어려울 정도로 불확실성의 연속이다. 글로벌 시장으로 눈을 돌려봐도 상황은 녹록지 않다. 기업들의 걱정이 클 수밖에 없는 이유이다. 그러다 보니, 임직원들에게 기술혁신을 통한 미래가치 확보 등을 강조하는 기업 총수들의 신년사에 관심이 쏠리는 것은 자연스러운 일이다. 올해 기업들이 나아갈 방향과 시장공략 전략 등 임직원들에게 당부하고 싶은 경영키워드가 담겨있기 때문이다.

이런 가운데 김승연 한화그룹 회장과 권오갑 HD현대그룹 회장이 신년사에서 공통적으로 '법과 원칙'을 강조해 눈길을 끌고 있다. 우연의 일치일 수도 있지만, 사실 이들 그룹의 방산 관련 기업들이 지난해 기술 유출 등을 둘러싸고 법적 분쟁에 휘말려 사회적 논란을 불러일으킨 것과 무관치 않은 것으로 보인다.

김승연 한화 회장은 글로벌 시장 공략을 요구하면서 임직원들의 윤리의식과 준법정신의 중요성에 대해 신년사 중 상당 부분을 할애해 얘기했다.

김 회장은 "다양한 사업들이 세계를 향해 나아가는 상황에 맞게 우리의 전략도 변화할 때"라며 "단순히 글로벌 시장에 참여하는 것을 넘어 세계 각국의 고객이 요구하는 최고 수준의 경쟁력을 갖춰야 하며, 우리의 기술력과 인적 역량이 곧 대한민국의 경쟁력이며 실력이 된다는 생각으로 각자의 자리에서 최선을 다해야 한다"고 밝혔다. 특히 김 회장은 "글로벌 시장에서 치열한 경쟁을 승리로 이끌기 위해 우리는 보다 윤리적이고 혁신적인 조직문화를 만들어야 한다"며 "글로벌 스탠다드에 부합하는 윤리의식과 준법 문화는 우리가 가장 앞서 나가는 글로벌 기업이 되기 위해 반드시 필요한 것"이라고 거듭 강조했다.

권오갑 HD현대그룹 회장도 신년사에서 임직원들에게 모든 의사결정 시 법과 원칙을 지키고, 도덕적 정당성을 갖춰야 한다고 요구했다. 권 회장은 "경쟁에서 살아남아야 하는 것은 기업의 숙명이지만, 모든 의사결정은 원칙에 따라야 한다"며 "올해는 특히 국내외에서 어려운 일들이 많이 있을 것이며 이럴 때일수록 의사결정의 순간순간마다 원칙을 생각하자"고 제안했다. 권 회장은 이어 "회사는 결코 누구 한 사람의 힘이나 의지만으로 운영할 수는 없다"며 "누구도 회사의 가치와 명예를 훼손할 권리는 없으며 이는 경영자만이 아니라, 우리 모두에게 해당되는 중요한 문제"라고 힘주어 말했다.

사실 공정한 경쟁을 통한 정도(正道) 경영이 바람직한 일이지만, 치열한 경쟁 속 목표 달성에 눈이 멀다 보면 법과 원칙을 어기는 유혹을 물리치기가 쉽지 않다. 지난해 한화오션, HD현대중공업 등 K-방산기업들이 기술 유출 등의 문제로 서로 법적 다툼을 벌이면서 산업계 전반에 큰 우려를 자아내기도 했다. 그중 일부분은 해소되긴 했지만, 새해에도 그 불씨는 여전히 사그라지지 않을 것으로 보인다.

그런 가운데 해당 그룹의 총수들이 신년사에서 다시금 '법과 원칙'을 강조한 만큼 2025년 새해에는 정정당당하게 공정 경쟁을 펼치는 한 해가 되었으면 한다. 지난해 달성하지 못한 방산 수출 목표 200억 달러도 법과 원칙의 기반 아래 공정경쟁 하에서만 달성이 가능할 것이다.

— 2025년 1월 7일 뉴시안 기자수첩

노란봉투법과 마스가(MASGA) 프로젝트

지난 19일 서울 용산 대통령실에서 열린 '미·일 순방 동행 경제단체 및 기업인 간담회'에 참석한 이재용 삼성그룹 회장, 구광모 LG그룹 회장, 박지원 두산그룹 부회장, 장재훈 현대자동차 부회장 등 대기업 총수들의 심경은 참으로 복잡했을 거 같다.

나라 밖에서 비 오듯 쏟아지는 관세폭탄은 기업에는 발등의 불이 됐다. 이미 현대차 등 상당수 기업이 미국의 관세정책 때문에 경영실적이 곤두박질치고 있다. 정부와 원팀이 돼 관세폭탄의 피해를 조금이라도 줄이기 위해 마스가(MASGA·미국 조선업 부흥) 프로젝트 등 온갖 아이디어를 짜내는 중이다.

이처럼 기업들은 나라 밖 관세폭탄을 막기에도 힘에 부치는데 지금 나라 안에서 만들어지고 있는 '여의도발(發) 폭탄'에 훨씬 더 신경이 쓰인다. 이 폭탄은 폭발력과 파급력이 커 기업들에는 훨씬 치명적일 수 있기 때문이다. 노동조합법 2, 3조 개정안(노란봉투법)이 그것이다.

기업과 경제단체, 주한 외국기업 단체까지 나서서 노란봉투법에 반대하고 있다. 상당수 국민도 노란봉투법에 대해 걱정하고 있다. 대한

상공회의소가 최근 실시한 설문조사에서 국민 10명 중 8명가량이 산업 현장의 노사분규가 지금보다 격화될 것이라고 답했다.

최근 한국노동법학회가 서울서 연 정책토론회에 참가한 진보 법학자들조차 '졸속 입법'이라며 우려를 쏟아내고 있다. 권오성 연세대 법학전문대학원 교수는 "원청의 사용자성 인정, 교섭 창구 단일화 관계에 대해 아무 지침도 마련하지 않고 법을 개정하는 것은 국회가 자신이 부담해야 할 노동정책에 대한 결정을 '정치적 결정과 가장 친해서는 안 되는 사법부'에 떠넘기는 꼴"이라고 꼬집었다.

그럼에도 불구하고 정부와 여당은 기어이 이달 말 노란봉투법을 국회 본회의에 상정해 표결처리한다는 입장이다. 기업들이 100번 양보해 노조법 개정안의 시행 시기라도 1년 이상 유예해달라고 사정하고 있지만, 막무가내이다. 기업들로선 소귀에 경 읽기식으로 답답하기 짝이 없다.

실용정부를 내세운 이재명 정부는 기업과의 소통은 역대 어느 정부보다 활발하다. 이재명 대통령은 취임 후 두 달여 동안 재계 총수들과 두 차례 공개 회동, 한 차례의 개별 비공개 만찬을 가졌다. 이밖에 지난 11일 또럼 베트남 공산당 서기장 방한 시 만찬 자리와 15일 국민임명식에도 기업인들을 대거 초청했다. 이 대통령은 기업인들과 만남 자리에서 "민생의 핵심은 경제 살리기이고, 경제의 핵심은 기업"이라고 말했다.

대통령이 기업인들과 자주 만나 소통하는 일은 바람직한 일이다.

기업인들과 잦은 스킨십을 통해 경영 현장의 애로 사항을 듣고, 정부의 경제정책 등에 대해 서로 허심탄회하게 의견을 나눌 수 있는 기회로 삼을 수 있기 때문이다. 특히 미국의 관세폭탄이라는 특수 상황에서 기업과 정부가 원팀이 돼 국익을 위해 함께 뛰는 모습을 지켜보는 국민들 입장에서도 든든한 생각이 들 것이다.

그러나 기업과 정부 간 소통은 결코 일방이어서는 안 된다. 기업이 정부 정책에 귀 기울이듯, 정부도 기업의 어려운 점에 마음을 열고 들어야 한다. 대다수 국민들이 졸속 입법이라며 노사 현장의 상황을 더 어지럽게 할 것이라고 경고한 노란봉투법을 정부와 여당이 이처럼 밀어붙이는 일은 도무지 이해되지 않는다.

정부가 한·미 관세 협상의 돌파구로 믿고 있는 마스가 프로젝트도 노란봉투법이 시행되면 도로 아미타불이 되지 않을까 우려된다. "개정안이 통과되면 한국조선업의 글로벌 경쟁력이 크게 추락할 것"이라는 최금식 부산조선해양기자재공업협동조합 이사장의 경고에 정부가 귀를 열었으면 한다.

-2025년 8월 21일 뉴시안 기자수첩

중대재해처벌법 vs 배임죄 이재명 대통령의 시각

"똑같은 장소에서 똑같은 사고(산업재해)가 같은 방식으로 발생하는 것은 충분히 예상할 수 있는 일이다. 이는 아주 심하게 얘기하면 법률적 용어로 미필적 고의에 의한 살인 아닌가? 죽어도 할 수 없다, 죽어도 어쩔 수 없지, 이런 생각을 한 결과가 아닌가"(7월 29일 대통령 주재 국무회의서)

"'한국에서 기업 경영활동을 하다가 잘못하면 교도소 가는 수가 있다'며 국내 투자를 망설이는 경우가 있다. 배임죄가 남용되면서 기업 활동을 위축시키고 있는 점에 대해 다시 한번 제도적 개선을 모색해야 할 때가 된 것 같다. 행정 편의적인 또는 과거형, 불필요한 또는 꼭 필요하지 않은 그런 규제들은 최대한 해소하거나 폐지할 수 있도록 하겠다"(7월 30일 대통령 주재 국무회의서)

이재명 대통령이 7월 29일과 30일 하루 간격으로 국무회의에서 발언한 내용이다. 이 대통령이 연일 기업 활동 관련하여 다소 '원색적인' 표현을 써가면서 강한 어조로 입장을 밝혔다. 이 소식을 접한 기업인들은 이틀 새 지옥과 천당을 왔다 갔다 한 기분이 들었을 거 같다.

법률가 출신답게 이 대통령은 기업 생산 현장에서 발생하는 '반복적인' 산업재해를 '미필적 고의에 의한 살인'으로 규정했다. 또 중대재해 사고를 막기 위해서는 '실질적 제재'가 필요하다며 강력한 경제적 제재 방안을 마련하라고 지시했다. 이에 민주노총 출신 김영훈 고용노동부 장관은 "장관직을 걸고 중대재해 감소에 힘을 쏟겠다"고 답했다.

이에 따라 산재 발생 해당 기업들은 물론, 대부분 기업이 산재 예방을 위한 '초비상 체제'에 돌입한 상태이다. 이 대통령의 지적처럼, 산재는 우리 산업 현장에서 반드시 사라져야 한다. 특히 예상할 수 있는 산재가 반복적으로 일어나는 것은 심각한 문제가 아닐 수 없다.

그러나 상당수 기업인들은 이 대통령의 지적에 수긍하면서도 한편으론 자신들을 '잠재적인 살인자'로 규정한 데 대해 매우 억울해하고 있다. 산업재해라는 게 만반의 예방조치를 취했음에도 불구하고, 부지불식간에 일어나기도 하기 때문이다. 건설 현장의 경우 곳곳에 위험이 도사리고 있어 사고 발생 가능성이 그 어느 곳보다 커 해당 기업의 최고경영자는 좌불안석일 수밖에 없다. 그야말로 "밤새 안녕하셨습니까"가 피부에 와닿는 인사이다.

산재 예방 차원에서 정부는 산재관련법을 대폭 강화했다. 지난 2022년부터 시행에 들어간 중대재해처벌법은 사고 발생 시 과태료를 내는 수준이 아니라, 사고 예방조치의 유무와 위험 요인 관리 체계 등을 평가해 최고경영자까지 형사 처벌할 수 있도록 했다.

이러다 보니 지난해 경영자총협회가 실시한 조사에서 기업들이 가장 부담스러운 규제로 중대재해처벌법을 첫손가락에 꼽았다. 2위인 주52시간제 등 근로 시간 규제보다 10% 포인트가량 많은 43.3%의 기업이 중대재해처벌법을 가장 부담스럽다고 답했다. 그런 만큼, 기업들은 법 시행에 대비해 관련 규정 및 근무 환경 개선 등 산재 예방을 위한 다각적인 방안들을 강구했을 것이다.

정부의 관련 법 강화 및 기업들의 예방 노력에도 불구하고, 산재 관련 사망 사고는 줄어들지 않고 있다. 고용노동부에 따르면, 중대재해처벌법이 우선 적용된 사업장(50인 이상, 건설업은 공사 금액 50억 원 이상)에서 발생한 사고 사망자는 법 시행 이전인 2021년 248명에서 지난해 250명으로 오히려 2명 늘었다.

최고경영자의 형사처벌까지 담은 훨씬 강화된 법이 도입된 지 3년 6개월이 지났고, 그동안 그 법의 철퇴를 피하고자 기업들이 예방 노력을 쏟아부었음에도 산재 사망 사고가 줄어들지 않고 되레 늘어났다. 통계는 기업인들만을 잠재적인 범죄자로 몰아세워 관련 법을 더욱 강화한다고 해결될 일이 아니라는 것을 반증하고 있다.

경영계는 이 대통령이 기업 임원들의 배임죄를 대폭 완화해 기업 활동을 측면에서 적극 지원하라고 지시한 것처럼, 산재의 경우에도 기업인들을 범죄자로만 취급하기보다 정부가 기업과 함께 보다 면밀한 분석과 대책 마련을 통해 산재를 줄이는 방안을 찾아 주길 바라고 있다. 매일 교도소 담장 위를 걷고 있는 기업인들이 어떻게 마음 놓고 기업 활동에 전념할 수 있겠는가.

- 2025년 7월 31일 뉴시안 기자수첩

경제폭망? 최불암도 '파~하' 웃을 일이다

아무리 선거유세용 '정치 레토릭'이지만 너무 심하다. 그냥 그렇게 주장하면 사실 여부와 상관없이 그렇게 믿는 극렬 지지자들이 확대 재생산해준다. 그러다 보니 전혀 근거 없는 얘기를 마치 사실인 것처럼 일단 내지르고 본다.

'경제폭망론'이 대표적이다. 일부 야당에서 4.10 총선 유세 지원을 하면서 우리 경제가 폭망했다고 유권자들을 부추기고 있다. 경제폭망론의 근거로 들고나온 게 높은 물가다. 거대 야당의 대표라는 분은 "2년 동안 살림이 너무 많이 망가졌다"며 "경제는 폭망하고 물가는 천정부지"라고 주장했다.

이른바 '대파 쇼'가 나온 것도 그래서다. 야당은 윤석열 대통령의 대파 가격 발언과 관련, 앞뒤 싹둑 잘라내고 자기들이 필요한 "대파 한 단에 875원이면 합리적"이라는 부분만 끄집어내 4.10 총선에 대표 캠페인으로 활용하고 있다. 한마디로 윤석열이 세상 물정을 모르는 대통령이라는 얘기다. 그러나 당시 윤 대통령과 염기동 농협유통 대표 간 대화를 들어보면 야당의 주장은 그야말로 억지다. 정말 최불

암 씨도 '파~하' 하고 웃을 일이다.

　최근 뉴시안이 보도한 정부의 주요 경제지표 몇 가지만 살펴봐도 야당의 경제폭망론은 도를 넘어도 한참 넘었다는 걸 알 수 있다.

　먼저 우리나라에 투자한 외국인 직접 투자 규모를 살펴보자.

　산업통상자원부는 올 1분기 한국 내 외국인직접투자가 70억 5,000만 달러를 기록했다고 발표했다. 이는 지난해보다 25.1% 늘어난 규모로 역대 1분기 최대실적을 갈아치웠다. 지난해도 연간 327억 4,200만 달러로 역대 최대실적을 일궈낸 바 있다. 이 같은 실적은 세계경제 성장 둔화, 고금리, 고환율 등 어려운 경제 여건을 극복하고 이룬 성과라 그 의미가 더 크다.

　어느 정신 나간 기업과 국가가 '경제폭망'한 나라에 이처럼 돈을 쏟아붓겠는가.

　수출은 또 어떤가. 올해 들어 1~2월 수출은 지난해보다 11.2% 늘어난 1,072억 달러를 달성했다. 5개월 연속 플러스 흐름을 이어가고 있다. 강경성 산업부 1차관은 "반도체 등 정보기술(IT) 품목을 중심으로 주력 품목 수출 호조세가 지속되면서 3월에도 수출 증가세와 흑자 흐름이 이어질 것"이라며 "우리 경제의 삼두마차인 소비, 투자, 수출 중 수출이 확실한 반등세를 보여주고 있다"고 강조했다.

　반도체 자동차 등의 수출 강세에 힘입어 경상수지도 호조세다. 한국은행에 따르면, 올 2월까지 경상수지는 68억 6,000만 달러 흑자로 집계됐다. 지난해 5월 이후 10개월째 흑자일 뿐 아니라 흑자 규모도

1월(30억 5,000만 달러)보다 커졌다.

외환보유고도 안정적이다. 한국은행이 발표한 3월 말 현재 자료에 따르면, 지난달 말 기준 외환보유액은 4,192억 5,000만 달러로 전월 말(4,157억 3000만 달러)보다 35억 1,000만 달러 늘었다. 3개월 만의 반등이며 7개월 연속 세계 9위 수준을 유지하고 있다.

일자리도 괜찮다. 통계청은 지난 2월 취업자 수가 2,804만 3,000명이라고 발표했다. 전년 동월 대비 32만 9,000명이 늘어났다. 지난 1월 38만 명 증가에 이어 2개월 연속 30만 명대를 회복하고 있다. 2월 전체 고용률은 61.6%로 1982년 7월 관련 통계가 작성된 이래 같은 달 기준으로 역대 최대치를 보였다.

이들 숫자가 문재인 정부가 의심받고 있는 것처럼 '통계 조작'이 아니라면, 우리 경제는 글로벌 경기 침체와 맞물려 갇혀있던 긴 터널에서 서서히 빠져나오는 중이라는 게 대다수 경제전문가의 공통된 진단이다. 물론 고물가 등 여전히 불안 요인도 있다. 아랫목에서 데워진 경기 열기가 자영업 서민 등 윗목으로까지 퍼지는 데 다소 시간이 더 필요할 수도 있을 것이다.

정작 이 같은 경기 회복세에 찬물을 끼얹고 있는 것은 바로 정치권이다. 4.10 총선을 앞두고 여야(與野) 가릴 거 없이 유권자들로부터 표를 얻기 위해 쏟아내는 선심성 공약들이 되레 경제를 망치지 않을까 걱정이다. 자기 돈 아니라고 마구 퍼주겠다는 정치권의 공약이 본인들이 걱정하는 '천정부지' 물가를 더 부추겨 국가 경제를 구렁텅이로 몰아넣을 것이 뻔하다. 정치인들이 그걸 몰랐다면 경제 공부를 좀 더 하길 간곡히 부탁한다. 알고서도 그런다면 정말 나쁜 사람들이다. 우리 유권자들이 4.10 총선에서 국민대표를 정말 잘 뽑아야 하는 이유이다.

− 2024년 4월 9일 뉴시안 데스크칼럼

美 관세폭탄 투하 직전, 현대차 노조가 할 일

현대자동차가 최근 발표한 올 2분기 실적을 살펴보면, 글로벌 시장 상황의 불확실성이 그대로 투영돼 있다. 그중 트럼프 행정부의 관세 정책이 가장 위협적이다. 현대차 2분기 판매, 매출 등 외형적 수치는 나무랄 데가 없다. 역대 최대 수준의 하이브리드 판매 및 금융 부문 실적 개선으로 매출 증가에 성공했다. 이 기간 도매 판매 기준 지난해보다 0.8% 늘어난 106만 5,836대를 팔았다. 덕분에 매출액도 전년 동기보다 7.3% 증가한 48조 2,867억 원을 기록했다.

하지만 화려한 외형 성장을 마냥 즐길 수만 없는 게 냉엄한 현실이다. 수익성이 악화되면서 외형 성장의 빛이 크게 바랬다. 2분기 영업이익은 전년 같은 기간 대비 무려 16% 가까이 줄어든 3조 6,016억 원을 기록했다. 2020년 이후 5년 만에 10%대 감소세로 돌아섰다.

현대차 관계자는 "국내, 미국, 유럽 등 주요 시장 판매량 증대로 외형적 성장이 가능했다"면서도 "미국 관세 영향이 본격화하고, 경쟁 심화에 따른 글로벌 인센티브 및 판매 비용 증가 등으로 영업이익이 줄었다"고 밝혔다.

이처럼 글로벌 시장 환경이 한 치 앞을 내다보기 힘든 상황으로 치닫고 있는데도 최근 임단협에 나선 현대차 노조는 강경 입장을 고수하면서 제 몫 챙기기에 여념이 없다. 노사 양측은 지금까지 12차 교섭을 이어갔지만, 입장 차를 좁히지 못한 채 여름휴가에 들어갔다. 노조는 임금 인상 및 성과급 지급은 물론 정년 연장과 임금피크제 폐지 등을 요구하면서 평행선을 달리고 있다. 이재명 정부가 고용노동부장관에 민노총 출신을 임명하는 등 출범과 함께 친노동 정책을 예고함에 따라 노조의 무리한 요구에 불을 붙이고 있는 셈이다.

여름휴가 후 노조가 본격적으로 강경한 하투(夏鬪)에 나설 것으로 보여 현대차는 미국 관세라는 대외 불확실성에 더해, 노사관계 불안이라는 대내 악재까지 겹쳐 하반기 경영에 빨간불이 켜질 것으로 우려하고 있다.

현대차 관계자는 "미국의 관세폭탄과 함께 글로벌 경영환경 불확실성이 커지는 상황에서 임단협을 둘러싼 노사 갈등이 아니라 합심해 돌파구를 마련해야 한다"고 강조했다.

특히 현대차의 강력한 라이벌인 토요타 등 일본 자동차업체들은 미국과의 '괜찮은' 관세 협상을 바탕으로 미국 시장공략에 시동을 걸며 속도전을 펼칠 만반의 준비를 마쳤다. 지금까지 현대차가 일본 차에 비해 경쟁력을 갖춘 것은 품질 대비 가격이 낮았기 때문이다. 그런데 이번 협상에서 일본 차 관세는 25%에서 15%로 낮아진 데 비해 한국 차 관세가 25%로 그대로 유지될 경우 미국이라는 최대 시장에서 한국 차가 달릴 공간은 사라지는 것이다.

　이런 상황에도 현재 한·미 양국 간 관세 협상마저 마찰음을 내고 있어 현대차로선 피를 말리고 있다. 25일 열릴 예정이었던 '한·미 2+2 통상 협의'가 미국 측의 갑작스러운 요청으로 연기돼 구윤철 부총리 겸 기획재정부 장관은 인천공항에서 발길을 돌려야 했다. 위성락 대통령실 국가안보실장도 협상 카운터파트인 마코 루비오 국무장관을 만나지도 못한 채 미국에서 돌아왔다.

　협상 시한이 채 일주일도 남지 않아 1분 1초가 아쉬운 판국에 양국 간 관세 협상에 이상 신호가 감지되고 있다. 한국 정부가 비상 관계 장관 회의를 갖는 등 대응 방안을 강구하고 있지만, 시한 내 돌파구를 찾을 수 있을지 미지수이다.

　현대차를 비롯한 국내 기업들은 현재로선 양국 간 협상 상황을 예의주시하면서 플랜B를 마련하는 등 대응책 준비에 여념이 없을 것이다. 현대차 노조도 미국 관세폭탄이라는 불확실성 해소를 위해 노사 간 갈등보다는 단합을 통해 '노사관계 불안'만이라도 제거해 회사 경영진의 무거운 짐을 나눠 짊어주길 바란다. 지금은 내부적으로 단결해 외부 위기를 극복하는 슬기로움이 간절한 때이다.

- 2025년 7월 25일 뉴시안 기자수첩

KAI 사장 후임에 '낙하산 인사' 그만

이재명 대통령 취임 첫날 사표를 던졌던 강구영 한국항공우주산업(KAI) 전 사장 후임 인선을 놓고 벌써 정관계에 잡음이 일고 있다.

강 전 사장은 지난달 4일 KAI의 최대 주주인 한국수출입은행을 방문해 사퇴 의사를 공식 전달했고 최근 사표가 수리됐다. 2022년 9월 취임한 강 전 사장은 오는 9월까지 임기가 남아 있었지만, 새 정부 출범 시점에 맞춰 3개월 먼저 자리에서 물러나기로 한 것이다.

강 전 사장의 사퇴와 동시에 후임 인선을 놓고 벌써 하마평이 무성하다. 현재 강은호 전북대 교수와 류광수 한화에어로스페이스 부사장, 문승욱 전 산업통상자원부 장관 등이 차기 사장 후보로 유력하게 거론되고 있다. 강 교수는 행정고시 33회 합격 후 공직에 입문, 2006년 방위사업청 개청 당시부터 방사청에서 근무했다. 현재도 전북대 특임교수로 방산 관련 활발한 활동을 하고 있다.

류 부사장은 KAI 전 경영진 출신으로 강구영 전 사장이 취임한 직후 해임돼 민간기업으로 자리를 옮겼다. KAI 내부 사정에 정통하고, 현장 실무 조직 운영에 경험이 풍부하다는 평가이다.

문 전 장관 역시 행시 33회 출신으로, 산업통상자원부에서 공직을 시작했다. 2011년 방사청 한국형헬기개발사업단 민군협력부장, 2016년 방사청 차장으로 각각 근무하며 방위산업에 대한 이해도도 떨어지지 않는다는 평가다.

당초 강 교수와 류 부사장의 이름이 많이 거론되는 상황에 최근 문 전 장관이 가세하면서 현재 3파전을 형성하는 분위기다. 이들은 또한 모두 군 출신이 아니라는 공통점을 갖고 있다.

KAI는 수출입은행과 국민연금공단이 1·2대 주주로, 사실상 정부 주도로 사장이 선임돼 왔다. 이에 정권 교체 시마다 정부와 인연이 있던 인사들이 사장에 취임하면서 낙하산 논란이 끊이질 않았다. 강 전 사장도 그런 논란에서 자유로울 수 없었다. 그가 정권이 교체되자마자 임기를 3개월이나 앞두고 서둘러 사표를 던진 것도 이와 무관치 않을 것이다.

다른 공기업들도 마찬가지지만, KAI의 사장은 그런 자리가 아니다. K-방산의 글로벌 위상이 높아지면서 국가 전략 산업을 대표하는 막중한 책임을 떠안게 된다. 특히 방산 개발 및 양산 프로젝트는 최소 10년 이상의 장시간이 소요되는 만큼, 최고경영자의 안정성이 기업 신뢰도는 물론 경영 안정성과도 직결된다.

그런 중책이 새 정권의 낙하산 인사로 인한 자리 나눠 먹기의 '제물'이 되어선 안 될 것이다. 특히 이재명 대통령 스스로 대선 과정에서 K-방산을 수출 전략산업으로 육성하겠다는 의지를 거듭 밝혀왔다. 또 대통령 직속 '방산 수출전략회의' 신설을 공식화한 만큼 KAI 최고경영자의 중요성을 누구보다 잘 알고 있을 것이다.

때맞춰 KAI 노조도 "새 사장이 구성원과 정서적 공감대가 형성되지 않는다면 총력 투쟁에 돌입하겠다"는 내용의 성명을 발표하는 등 숟가락을 얹을 태세다. 노조는 "이번 인선은 KAI의 정체성과 생존, 그리고 대한민국 항공우주산업의 기술 주권이 걸린 중대한 분기점"이라며 "KAI를 다시 정권의 입맛에 맞는 '낙하산 인사'에 맡기려는 시도가 진행되고 있음을 분명히 인식하고 있으며, 이에 대해 노동조합은 단호히 맞설 것"이라고 강조했다. 노조는 특히 사장 후보로 거론되는 인사들에 대한 평가를 통해 인선에 직접 개입하는 듯한 움직임마저 보여 우려를 낳고 있다.

KAI의 사장 선임은 이재명 정부의 사실상 첫 공기업 인선으로 향후 공기업 최고경영자 선임의 바로미터가 된다는 점에서 관련 업계의 관심이 집중되고 있다. 쓸데없이 노조에 빌미를 주지 않는 동시에, 글로벌 위상에 걸맞은 K-방산 대표 기업의 최고경영자를 뽑기 위해 이재명 정부는 첫 단추부터 제대로 끼우길 바란다.

- 2025년 7월 7일 뉴시안 기자수첩

HD현대重·한화오션의 美MRO사업 탈락 교훈

　도널드 트럼프 미국 대통령이 지난해 11월 당선 직후 윤석열 당시 대통령과의 통화에서 "미국 조선업에 한국의 도움과 협력이 절실하다"고 언급한 이후 한국 조선업계에 미국 조선시장은 블루오션으로 급부상했다. 특히 연 20조 원으로, 전체 1,500조 원 규모로 추정되는 미 해군 유지·보수·정비(MRO) 시장은 한국 조선업체들에 새로운 성장 기회로 주목받아왔다. 미국 해군함 MRO사업인 만큼, 동맹국인 한국 조선업체들이 뛰어난 기술력과 가격경쟁력 등을 내세워 시장공략이 한결 용이할 것으로 기대했다. 실제 한화오션이 이미 미국 해군 군수지원함과 급유함 등 2척의 MRO사업을 성공적으로 수행함에 따라 그런 기대감은 한층 커진 상태였다.

　그런데 최근 한국의 빅2 조선업체인 HD현대중공업과 한화오션이 미 해군 MRO사업에서 나란히 고배를 마셨다. 이들 두 회사가 올 3월 미국 해상수송사령부(MSC)가 발주한 미 해군 7함대 군수지원함 1척에 대한 MRO 입찰에서 탈락함에 따라, 순풍에 돛단배 같았던 미 해군 MRO사업에 비상 경고음이 강하게 울리고 있다.

일각에선 이번 탈락이 한국의 새 정부에 대한 미국 행정부의 견제구가 아니냐는 다소 걱정스러운 분석까지 내놓으면서 향후 양국 간 조선분야 협력이 어떻게 진행될지 촉각을 곤두세우게 하고 있다.

물론 업계에선 이번 사업 탈락에 큰 의미를 부여하지 않는 분위기다. 이번 입찰은 단일 선박 정비로 사업 난이도가 높지 않았고, 완전 경쟁 체제로 가격 중심의 평가가 이뤄졌기 때문에 수익성이 크게 낮다는 평가다.

따라서 한화오션은 스스로 중도에 입찰을 포기했고, HD현대중공업 역시 가격 경쟁에서 밀려 수주에 실패했다. 업계에선 기술력보다는 최저가 제안이 유리했던 구조라고 분석했다. 한국의 빅2 조선업체 대신 싱가포르 업체가 가격경쟁력을 내세워 이번 MRO사업을 따낸 것으로 알려졌다.

그러나 우리 조선업계와 새 정부는 이번 탈락을 아무 일 아닌 것처럼 넘겨선 안 될 일이다. 싱가포르를 비롯한 동남아 국가들의 의외의 선전에 긴장의 끈을 놓아선 절대 안 된다. 더욱이 일본은 관세협상 패키지에 미 해군 MRO를 비롯해 미국과의 조선 협력을 제안한다는 얘기까지 들려오고 있다. 물론 수익성이 크게 떨어지는데 쓸데없이 출혈 경쟁을 할 필요는 없다. 하지만 MRO사업의 특성상 양국 간 조선분야 협력관계 등 수익성 못지않게 고려해야 할 여러 가지 사항들을 다각도로 면밀하게 검토하면서 사업을 추진해야 할 것이다.

이재명 정부는 우리 조선업계와 함께 코리아 원팀(Korea One Team)

을 이뤄 이번 탈락의 원인과 대응 방안을 꼼꼼히 분석하는 등 향후 미 해군 MRO사업 수주에 한 치의 오차 없이 임했으면 한다. 특히 새 정부는 트럼프 행정부에 잘못된 시그널을 보내 한국조선업의 경쟁력을 '정치적으로' 훼손하지 않길 바란다. 최근 이재명 대통령 대신 나토 정상회담에 참석했던 위성락 국가안보실장도 "도널드 트럼프 미국 대통령은 많은 관심이 조선 분야 협력에 있다는 것이 확인됐다"고 밝힌 만큼, 우리 정부와 조선업계가 이런 호기를 제대로 살렸으면 한다. 실패는 한 번으로 충분하다.

- 2025년 6월 27일 뉴시안 기자수첩

美 USTR 대표가 일깨워준 '기업=국가경쟁력'

　지난해 11월 도널드 트럼프 미국 대통령 당선인이 제이미슨 그리어를 미국무역대표부(USTR) 대표로 공식 지명했을 때 전 세계 언론들은 트럼프 2기 경제의제의 핵심이 '관세'가 될 것이라고 내다봤다.
　그도 그럴 것이 그리어 대표는 트럼프 행정부 1기 때 밥 라이트하이저 USTR 대표의 비서실장을 지내면서 관세를 통해 중국 등과 한 차례 전쟁을 치른 바 있다. 트럼프는 당시 소셜네트워크(SNS) 트루스소셜에 "제이미슨 그리어를 USTR 대표로 지명하게 돼 기쁘다"며 "제이미슨은 불공정한 무역 행위에 맞서기 위해 중국 등 다른 국가에 관세를 부과하고 북미자유무역협정(NAFTA)을 미국·멕시코·캐나다 협정(USMCA)으로 대체하는 데 핵심적인 역할을 했다"고 전했다.
　그리어 대표는 또한 트럼프 행정부 1기 때 한·미 자유무역협정(FTA) 재협상에 참여했고, 한국과의 통상 소송에서 자문도 했던 트럼프 행정부 내 몇 안 되는 지한파 중 대표적 인사로 꼽힌다.
　그런 그가 지난 14~16일 사흘간 한국을 찾았다. 주 방문 목적은 물론 제주에서 열린 아시아태평양경제협력체(APEC) 통상장관회의 참석이다. 그러나 한국과 미국 두 나라가 오는 7월 8일 통상협상 시한을 앞둔 만큼, 그리어 대표는 안덕근 산업통상자원부 장관 등 한국 측 통상 대표와 잇달아 회담을 갖고 통상 현안에 대한 의견을 나눴다.

요즘 전 세계적으로 가장 핫이슈인 미국 통상 및 관세정책의 핵심 부서인 USTR 대표가 타이트한 일정에도 불구하고 지난 16일 오전과 오후로 나눠 HD현대 한화오션 등 한국의 조선업체 '빅2'의 최고경영자들과 이례적인 만남을 이어갔다. 그것도 USTR 측이 주한미국대사관을 통해 만남을 먼저 제안한 것으로 알려졌다.

그리어 대표는 이날 오전 정기선 HD현대 수석부회장과 단독면담을 가진 자리에서 양국 간 조선업 협력 방안을 논의했다. 정 수석부회장은 HD현대중공업과 미국 방산 조선사 헌팅턴 잉걸스사 간 협력 사례를 소개하며 공동 기술개발과 선박 건조 협력 그리고 기술 인력 양성 등 구체적인 협력 방안을 제시하며 두 나라 간 조선업 협력 확대 필요성을 강조했다. 이어 미국 내 중국산 항만 크레인의 독점적 공급 문제와 관련해 HD현대 계열사인 HD현대삼호의 크레인 제조 역량을 소개하며 공급망 확대를 위한 협력 강화를 제안한 것으로 알려졌다.

이어 이날 오후 그리어 대표는 국내 조선업계 최초로 미 해군 함정 MRO(유지·보수·정비) 사업을 수주하고 미국 현지 조선소(필리)를 인수한 한화오션의 김희철 대표이사를 만났다. 이 자리에서 김 대표는 미국 내 조선 생산 기반 확대와 기술 이전 방향을 중심으로, 공급망 안정과 산업경쟁력 강화를 위한 한화오션의 전략을 설명했다.

한화오션은 현재 거제사업장의 스마트 생산 시스템을 미국 필리조선소에 적용할 계획이다. 이를 통해 한화오션은 현지에서도 높은 수준의 선박 건조 기술과 생산성을 구현할 수 있을 것으로 기대하고 있다. 다양한 수요와 장기적인 생산 역량 확보를 고려해 미국 내 추가적인 생산 거점 설립도 검토 중이다.

김 대표는 "기술 이전과 생산 기반 구축을 넘어, 미국 조선업의 재도약을 함께 실현해 나가는 전략적 파트너가 되고자 한다"며 "검증된 기술과 스마트 생산 체계를 기반으로, 미국 현지에서도 실질적인 협력 성과를 만들어 나가겠다"고 밝혔다.

그리어 USTR 대표가 이처럼 한국의 빅2 조선사 대표와의 단독 면담을 먼저 제안하고, 한국정부의 통상 파트너인 안 장관보다 더 많은 시간을 할애한 것은 그만큼 미국 행정부가 한국 조선산업계에 기대하는 바가 크다는 것을 의미한다. 실제 업계 전문가들은 "한국의 조선 빅2가 미국 행정부의 가려운 곳을 적절히 긁어주면서 민간 외교 역할을 톡톡히 해냈다"고 평가했다.

덕분에 한국정부는 한국 조선업계가 보유한 강점을 지렛대 삼아 양국 간 통상협상에서 하나의 협상 카드로 활용할 수 있을 것으로 보인다. USTR 대표의 이번 한국 조선업체 방문은 한마디로 기업의 경쟁력이 바로 국가의 경쟁력과 직결된다는 반증이다.

다가오는 6.3 대선을 통해 들어서는 새 정부도 '기업의 경쟁력이 곧 국가의 경쟁력'이라는 사실을 가슴 깊이 명심하고 기업 경쟁력을 키우는데 경제 및 산업 정책 역량을 집중해주길 바란다.

- 2025년 5월 19일 뉴시안 기자수첩

K-방산보다 '팀코리아'가 정작 필요한 곳은?

 한국수력원자력(한수원)이 7일 체코 정부와 26조 원 규모 신규 원전 건설사업을 위한 최종 계약을 체결키로 했으나 체코 법원이 경쟁사 프랑스 EDF의 집행정지 가처분을 인용하는 바람에 최종 계약이 불발됐다.

 당초 체코 정부는 이번 프로젝트를 통해 수도 프라하에서 남쪽으로 220km 떨어진 두코바니와 130km 떨어진 테믈린에 각각 2기씩 원전 총4기를 건설할 예정이었다. 이번 계약은 우선 두코바니 지역에 5, 6호기 신규 원전 2기를 건설하는 것이다. 테믈린 3·4호기는 발주사와 함께 추후 결정하게 된다. 한수원이 두코바니 사업자로 확정되면 향후 추진될 테믈린 신규 원전 2기 건설 프로젝트에서도 우선협상대상자로 지정된다. 한수원이 나머지 2기마저 따낼 수 있는 유리한 고지를 선점한 셈이다.

 투자 규모로도 체코 역사상 최대 규모다. 체코 정부가 예상한 사업비는 1기당 약 2,000억 코루나(약 13조 원)로, 두코바니 2기 공사비는 26조 원에 달한다. 테믈린 2기 계약마저 따낸다면 총 52조 원 규모의 사업을 거머쥐게 된다.

비록 체코 법원의 판결로 최종 계약에 제동이 걸렸지만, 이번 '수주 작전'은 원전 업계는 물론 대한민국 경제, 산업계 및 정치권에 시사하는 바가 크다.

먼저, 이번 계약이 최종 체결되면 원전 본산지인 유럽 시장 진출의 교두보를 마련한다는 데 의의가 있다. 지난 1982년 유럽형 원전을 도입했던 한국이 이제는 유럽에 원전을 역수출할 수 있는 국가로 성장하게 된다.

특히 유럽 원자력동맹을 주도하고 있는 프랑스의 강력한 영향력 아래 유럽 원전사업 경험이 풍부한 최강 경쟁자인 프랑스 EDF와 당당히 겨룸으로써 K-원전의 경쟁력과 기술력을 다시 한번 입증했다.

이번 원전 프로젝트가 제 궤도에 오르면, 국내 원전 업계가 처음으로 내륙 국가에 짓는다는 점에서도 눈여겨볼 대목이다. 한국을 비롯해 전 세계 원전 대부분은 냉각수 확보를 위해 바닷가 인근에 자리잡고 있다. 지난 2009년 수주한 아랍에미리트(UAE) 바라카 원전도 마찬가지다. 원전 업계 관계자는 "두코바니 원전이 진행된다면 한수원 최초의 내륙형 원전"이라며 "이번 트랙 레코드를 통해 수출 스펙트럼을 더욱 넓혔다"고 말했다.

이번 프로젝트가 성사되면 2030년까지 원전 10기 수출 목표 달성의 강력한 모멘텀이 된다는 점에서도 주목된다. 세계적 수준의 경쟁력을 입증한 만큼, 중동에 이어 원전 본고장 유럽에서 공략의 발판을 마련함에 따라 제2, 제3의 원전 수출로 이어질 가능성을 한층 더 높였다. 지난 문재인 정부의 탈원전이라는 최악의 실책을 딛고 추진해 온 원전 생태계 복원도 더욱 가속화될 것으로 보인다.

이번 원전 수주는 무엇보다 팀코리아(Team Korea)가 일궈낸 쾌거라는 데 가장 큰 의의가 있다. 안덕근 산업부 장관은 "상업용 원전을 최초로 건설한 유럽에 원전을 수출하는 교두보를 마련하는 계기가 될 것"이라며 "원자력 산업에 필수적인 기술력과 국제적인 신뢰, 그리고 산업경쟁력은 팀 코리아의 최대 강점이었다"고 강조했다.

해외 원전사업은 국가대항전이자 국가 총력전인데 이번 원전 작전은 지난 3년여 동안 한수원과 협력업체, 원자력 학계와 연구기관, 정부 부처나 지원기관들이 합심해 노력한 결과라는 게 업계의 공통된 의견이다. 한수원이 주축이 된 '팀코리아'에는 한전기술(설계), 두산에너빌리티(주기기 시공), 대우건설(시공), 한전연료(핵연료), 한전KPS(시운전 및 정비) 등이 힘을 합치고 있다.

비단 원전사업뿐만 아니라 요즘 한창 주가를 올리고 있는 K-방산에도 팀 코리아 정신이 절실하다. K-방산업계도 팀코리아의 중요성을 인식하고 해외시장에서만큼 손을 맞잡는 지혜를 발휘해야 한다.

K-기업들이 해외시장에서 팀코리아 정신을 한껏 발휘해 성과를 내기 위해선 국내 정치권 내 '팀코리아' 정신이 선행돼야 하지 않을까 싶다. K-기업들이 해외시장 개척을 위해 바깥에서 아무리 팀 코리아를 외쳐도, 국내에서 여의도 정치인들이 국익을 도외시한 채 당리당

략에 따라 팀 코리아의 사기를 꺾는다면 무슨 소용이 있겠는가. 이번 체코 원전 작전이 국내 경제 산업계는 물론 여야를 떠난 정치권에 팀 코리아 정신의 좋은 본보기가 됐으면 한다.

– 2025년 5월 6일 뉴시안 기자수첩

한화에어로 유상증자, 투자자들은 신뢰한다는데

한화에어로스페이스 주가가 최근 52주 신고가를 경신하는 등 연일 상승세를 기록하고 있다. 지난달 20일 3조 6,000억 원의 유상증자 발표로 인해 60만 원대 초반까지 폭락했던 주가가 80만 원을 훌쩍 넘어 100만 원 돌파를 눈앞에 두고 있다.

시장과 투자자들은 한화에어로스페이스의 갑작스러운 역대 최대 규모의 유상증자 발표 초기만 해도 "유상증자로 주주가치가 훼손되는 것 아니냐"는 커다란 배신감 때문에 일제히 주식을 내던졌다. 일부 정치권까지 가세해 한화의 유상증자에 색안경을 끼고 보기 시작했다. 급기야 금융감독원이 지난달 27일에 이어 최근 두 번째 정정 신고를 요구하면서 한화에어로스페이스의 유상증자 계획에 제동을 건 상태이다.

그러나 최근 주가 반등 움직임 등에 비춰봤을 때 회사의 유상증자 필요성은 물론 중장기 미래 성장성에 대한 시장과 투자자들의 의혹이 말끔히 해소돼 시장 신뢰를 완전하게 회복했다는 게 시장 전문가들의 분석이다.

실제 한화에어로스페이스는 유상증자 규모를 당초 3조 6,000억 원에서 2조 3,000억 원으로 축소하는 등 유상증자 자금이 대주주 경영권 승계 과정에 이용되는 것 아니냐는 일각의 의혹을 해소하기 위한 조치를 취했다.

김동관 한화그룹 부회장 등 한화에어로스페이스 임원들도 "회사의 미래 비전에 대한 확신과 함께 책임경영을 통해 주주가치를 제고하겠다"는 의지의 표현으로 약 90억 원 규모의 회사 주식을 장내 매입해 시장의 신뢰 회복에 일조해왔다.

안병철 한화에어로스페이스 전략 부문 총괄사장도 최근 미래 비전 설명회를 갖고, 유상증자의 필요성과 절실함에 대해 호소했다. 안 사장은 "유럽 방산 시장 공략을 위한 불가피한 조치"며 "대주주 경영권 승계와 전혀 관계가 없다"고 강조했다.

도널드 트럼프 미국 행정부의 출범으로 인해 유럽 자체 방위비가 크게 늘어나는 건 호재지만, 유럽의 블록화로 인해 비(非)유럽 회사인 한화로선 시장공략에 한계가 있는 만큼, 유럽 진출을 통한 현지화를 위해 대규모 투자금이 필요하다는 게 안 사장의 설명이다.

한화는 이처럼 유상증자 규모를 크게 축소하는 한편 임원들의 자사주 매입과 함께 시장과 끊임없는 소통을 하면서 투자자들의 마음을 돌려놓고 있다. 그 결과가 최근 주가의 반등이라는 게 시장의 평가이다.

투자자들은 물론 증시 전문가들도 한화에어로스페이스에 대한 목표주가를 잇달아 높이며 유상증자 의혹 해소에 힘을 보태고 있다.

정동호 미래에셋증권 연구원은 "자금조달 및 투자계획 배경은 명확하다"며 "방산 생산캐파와 해외거점, 파트너쉽 등을 확대해 중장기 글로벌시장 점유율을 높이기 위한 것"이라고 분석했다. 정 연구원은 "미국 MCS 스마트 팩토리 사업과 사우디 방산 협력 우선협상 대상자가 중요한 마일스톤이 될 것"이라며 "향후 미국의 자주포 교체사업과 사우디의 K9, 장갑차 획득사업 등 수조원대 빅딜로 이어질 가능성이 크다"며 목표주가를 기존 67만 원에서 94만 원으로 대폭 올렸다.

교보증권도 "한화오션을 연결로 유상증자 계획 등을 반영해 이에 따른 한화에어로스페이스의 실적 추정치를 변경한다"면서 "올 1분기 실적은 매출액 5조 2,511억 원, 영업이익 5,147억 원을 기록할 것으로 추정한다"며 목표주가를 100만 원으로 상향했다.

투자자와 증권사들은 이번 대규모 유상증자로 인한 단기적인 시장 불안심리를 잘 극복하는 한편, 장기적인 성장 동력으로 연결될 수 있다는 점에서 긍정적인 평가를 내리고 있는 것이다.

그런 만큼, 금감원도 시장과 투자자들이 다시금 신뢰를 보내준 한화에어로스페이스의 유상증자 계획에 대해 조속히 긍정적인 판단을 내려주길 기대해본다. 자칫 유상증자가 제때 이뤄지지 않아 투자 시기를 놓칠 경우 한화에어로스페이스에 대한 시장 신뢰가 다시 악화돼 주가 폭락은 물론, K-방산 대표기업의 미래성장이 크게 훼손될 수 있기 때문이다.

- 2025년 4월 21일 뉴시안 기자수첩

트럼프 '관세폭탄'이 고맙다는 기업들

며칠 전 국내 한 종합상사 CEO를 만나 "트럼프 행정부의 관세정책 때문에 요즘 많이 힘들겠다"며 위로 겸 인사말을 건넸더니 예상했던 것과 전혀 다른 답변이 돌아왔다.

"물론 업종과 회사 규모에 따라 트럼프의 관세정책에 대한 체감온도가 다르겠지만, 우리 회사는 그래도 괜찮은 편"이라는 게 그의 설명이다. "시장 포트폴리오가 특정 지역에 편중돼 있지 않고 상품 구성도 잘 짜여 있어 관세폭탄의 충격은 견딜 만하다"고 덧붙였다.

최근 트럼프 관세정책으로 인한 국내 기업들의 하소연과 어려움만 접해온 기자에겐 그의 답변은 다소 신선한 충격이었다.

"'트럼프 개××' 하면서 남의 나라 대통령을 탓한다고 뾰족한 수가 생기는 게 아니다. 그럴 시간과 에너지가 있다면, 대안을 찾고 돌파구를 마련하는데 쏟는 게 낫지 않을까. 우리 힘과 의지로 변화시킬 수 있는 일에 집중해야 한다"

트럼프의 관세정책이 한국 기업들은 물론 전 세계 많은 기업에 엄청난 시련과 회사 존망의 위기까지 초래한 것은 엄연한 사실이다. 하지만 관세폭탄은 기업들에 위기와 또 다른 기회를 함께 제공할 것이다. 관세폭탄의 피해를 줄이기 위한 시장다변화, 생산성 향상, 상품 경쟁력 고도화 등 다양한 자구책을 통해 이를 현명하게 극복한 기업들에는 새로운 시장 기회가 활짝 열리게 된다. 반대로 트럼프 대통령 탓만 하면서 손을 놓은 기업들은 자연스럽게 도태될 것이다.

글로벌 시장은 그야말로 총알과 포탄이 빗발치는 전쟁터이다. 관세폭탄도 기업들을 위협하는 수많은 장애물 중 하나일 뿐이다. 기업들은 매일매일의 전쟁터에서 살아남기 위해 온갖 상상력을 발휘하고, 기발한 아이디어를 짜내야 한다.

현대제철과 포스코의 이른바 '루이지애나 동맹'이 바로 그것이다. 국내 1위 철강업체인 포스코가 2위 현대제철이 미국 루이지애나에 짓는 일관제철소 프로젝트에 참여하는 방안을 추진 중이다. 두 회사의 이른바 '루이지애나 동맹'이 이뤄지면 동종업계에서 경쟁하는 국내 라이벌 기업이 해외에서 손을 잡은 첫 번째 사례가 된다.

트럼프 행정부가 지난달부터 수입 철강재에 25% 과세를 부과하자 철강 라이벌들이 살아남기 위해 해외 공동 투자·생산 검토에 나선 것이다. 포스코가 제철소 건립 자금을 분담하는 조건으로 생산량 중 일부를 넘겨받는 방안 등을 놓고 협의 중인 것으로 알려졌다. 공동 투자·생산을 하면 현대제철은 투자 리스크를 포스코와 나누고 대신 포스코는 미국 생산 거점을 확보한다는 점에서 윈윈이 된다. 업계 일각에선 이번 루이지애나 건이 성사되면 두 회사 간 협력 분야가 수소

환원제철 등 미래 프로젝트로 확대될 것이라는 섣부른 전망까지 나오고 있다.

잘 알다시피 두 회사는 그동안 수차례 법적 분쟁에 휘말리는 등 국내에서 치열하게 경쟁해왔다. 사사건건 대립각을 세워온 철강 라이벌이 손을 잡기 위한 협상을 벌이는 것은 관세폭탄을 헤쳐 나가기 위한 생존전략이다. 평상시 같으면 도저히 받아들일 수 없는 일도 지금과 같은 극한의 상황에 내몰리면 생존을 위한 묘수로 번뜩이게 된다.

물론 회사 규모나 업종에 따라 관세폭탄이 치명적인 기업들도 많을 것이다. 특히 중소 중견기업들에는 커다란 시련일 수밖에 없다. 그렇다고 주저앉아 있을 수 없다. 트럼프 행정부의 관세폭탄을 계기로 지금까지의 비즈니스 방식에 개선할 점은 없는지 한 번 더 세밀하게 점검하는 등 기업의 내실을 단단하게 다지는 지혜를 모을 때이다.

모쪼록 현대제철과 포스코 간 협상이 잘 마무리돼 좋은 결과가 있길 기대해본다. 그리고 더 많은 '포스코-현대제철' 동맹이 탄생해 관세폭탄의 큰 파고를 슬기롭게 헤쳐 나갔으면 한다. 먼 훗날 트럼프 행정부에 감사하는 마음이 생길 수 있게 말이다.

- 2025년 4월 15일 뉴시안 기자수첩

불확실성 속 더욱 빛나는 현대차 투자

역시 믿을 건 기업뿐이다. 기업이 국내 경제의 든든한 버팀목 역할을 자처하고 나섰다. 대통령 탄핵사태로 국내 정국이 한 치 앞을 내다보기 어려울 정도여서 경제에 엄청난 타격을 줄 것으로 우려되고 있다. 해외 상황 역시 불확실하긴 마찬가지다. 미국 트럼프 행정부의 출범을 앞두고, 향후 대외무역 및 경제정책에 큰 변화를 예고해 기업들의 긴장도가 그 어느 때보다 높다.

국내외 정치 경제환경이 이처럼 불투명한데도 현대자동차그룹 정의선 회장이 2025년 새해 역대 최대 규모의 국내 투자를 감행키로 해 눈길을 끈다.

얼마 전 현대자동차그룹은 올해 국내에 24조 3,000억 원을 투자하기로 했다고 발표했다. 이는 지금까지 최대치였던 지난해 20조 4,000억 원보다 19% 증가한 규모로 해마다 투자 규모를 늘려가고 있는 것이다.

기업들은 지금과 같은 시계 제로인 상황에서 비상등을 켜고 서행하게 마련이다. 국내외 투자도 가장 소극적으로 하는 게 일반적이다.

현금을 가급적 최대한 쌓아 놓고 상황을 지켜보자는 태도를 견지한다.

그런데 정의선 회장은 달랐다. 정 회장은 지난 6일 경기도 고양시 '현대 모터스튜디오 고양'에서 열린 2025년 신년회에서 '공격경영'을 시사했다. 정 회장은 신년 메시지에서 "혁신을 향한 굳은 의지는 조직 내부를 넘어 외부로 힘차게 뻗어나가야 한다"며 "산업 패러다임 변화와 기술 발전을 선도하고, 핵심 분야에 과감히 투자하고 필요에 따라서는 경쟁자와도 전략적으로 협력을 할 수 있어야 한다"고 강조했다.

정 회장은 "올해 예측 불허의 국제 정세, 글로벌 비즈니스 환경 급변과 무역 갈등, 소비자 우위시장과 전기차 캐즘, 신흥 경쟁사들의 기술 발전과 도전, 기술혁신 가속화와 이로 인한 패러다임 변화 등 한 치 앞도 예측하기 어려운 경영환경에 직면해 있다"며 올해 경영 여건이 만만치 않을 것임을 예고했다.

그럼에도 불구하고, 올해 국내에 사상 최대 규모의 투자를 결정한 것은 위기 상황을 수동적으로 대처할 게 아니라 정면 돌파라는 승부수를 던진 것으로 보인다.

정 회장은 "우리 앞에 놓인 도전과 불확실성 때문에 위축될 필요는 없다"고 단언하고, "위기가 없으면 낙관에 사로잡혀 안이해지고, 그것은 그 어떤 외부의 위기보다 우리를 더 위험하게 만든다. 그런 점에서 외부로부터의 자극은 오히려 우리에게 도움이 될 수 있다"고 말했다. 이어 "우리에게 닥쳐올 도전들로 인해 비관주의적 태도에 빠지는 것 역시 경계해야 한다"면서 "위기에 움츠러들게 되면 지금 가진 것을 지키자고만 생각하게 된다"고 덧붙였다.

이를 위해 현대자동차는 무엇보다 미래 먹거리 확보에 대한 투자에 집중키로 했다. 전체 투자 규모 24조 3,000억 원 중 절반가량인 11조 5,000억 원을 연구개발(R&D)에 쏟아붓기로 한 것도 그 때문이다. 이와 함께 경상투자에 12조 원, 전략투자에 8,000억 원을 각각 집행키로 했다.

현대차그룹의 이번 연간 최대 규모 국내 투자는 경제활성화와 연관 산업의 고도화 촉진으로 전후방 산업의 동반성장에도 기여할 것이라는 업계 전문가들의 진단이다.

기업은 우리 경제가 어려움에 직면할 때마다, 이를 타개하기 위해 앞장서 왔다. 이번에도 예외는 아니다. 국민들도 어려운 가운데 큰 결단을 내린 현대자동차와 정의선 회장에게 큰 박수를 보낼 것이다.

- 2025년 1월 14일 뉴시안 기자수첩

방위사업청, KDDX 사업자 선정 지혜 발휘하라

요즘 해군참모총장을 비롯한 해군 관계자들의 속이 바짝바짝 타들어 가고 있다. 8조 원 규모의 한국형 차기 구축함(KDDX) 사업이 1년 가까이 지연되고 있어서다.

KDDX는 선체, 전투체계, 레이더, 각종 무장까지 모두 국내 기술로 건조되는 첫 국산 구축함으로, 6,000t급 새 구축함 6척을 해군의 주력 기동전단에 배치해 해군력을 강화하는 것을 목표로 하고 있다. 당초 2023년까지 기본설계를 완료하고, 2024년부터 상세설계 및 선도함 건조를 추진할 계획이었으나 사업자 선정이 1년 가까이 늦어지고 있다. 윤석열 대통령 탄핵으로 조기 대선을 앞두고 있어 사업자 선정이 아예 대선 이후로 더 미뤄지는 게 아니냐는 관측이 나오면서 한시라도 빨리 전력 보강을 해야 하는 해군 관계자들은 초조하기만 하다. 상황이 이렇게 된 데에는 사업자 선정을 주관하고 있는 방위사업청의 잘못이 크다는 게 방산업계 주변의 분석이다.

원래 이 사업의 개념설계는 한화오션이 맡았고, HD현대중공업이 기본설계를 책임져 지난 2023년 12월 완료했다. 다음 단계인 상세설계와 선도함(1번함) 건조 사업방식을 놓고 두 회사가 치열한 신경전을 펼치고 있다. 관례대로 라면 기본설계를 한 HD현대중공업이 사업자로 선정돼야 하지만 한화오션 측이 HD현대중공업 직원들의 '군사기밀 불법 탈취'를 문제 삼아 경쟁입찰을 해야 한다며 맞서고 있다. 양사 간 치열한 대립 속, 사업 주관처인 방위사업청이 이렇다 할 결론을 내지 못하면서 사업 일정이 한없이 늘어지고 있다.

방사청 관계자는 최근 정례 브리핑에서 "4월 안으로 분과위에 안건을 상정하는 것을 목표로 양사(HD현대중공업·한화오션)와 계속 협의 중이지만, 방위사업추진위원회(방추위) 일정은 결정되지 않았다"고 말했다. KDDX 사업은 방사청 분과위가 심의를 통해 상세 설계와 선도함(1번함) 건조를 맡을 기업을 정하고, 이어 방추위가 최종적으로 결정하는 절차로 진행된다.

방위사업청은 앞서 지난달 17일 열린 분과위에서 KDDX 안건을 논의했지만 수의계약, 경쟁입찰, 양사 공동개발 중 결론을 내지 못했다. 분과위 내 외부 위원들이 수의계약 방침에 반대한 것으로 알려졌다. 오는 27일 분과위에서 다시 논의하려고 했으나 위원 간 이견으로 안건을 올리지도 못한 상태이다.

양사 간 입장이 워낙 확고하다 보니 방사청이 의지를 갖고 사업을 추진하지 않는다면 4월은 물론 5월에도 최종 결론에 이르지 못할 것으로 보인다. 특히 대선을 한 달 앞둔 상황에서 양사 간 대립이 심각한 가운데 방위사업청이 과연 최종 사업자를 선정할 수 있을지 의문이다.

업계 주변에서 "두 회사야 서로 자존심을 건 상황에서 수주 경쟁에서 이기기 위해 자신들의 입장을 최대한 반영하기 위해 각종 여론전을 펼치는 것이 당연하다"며 "문제는 그 틈바구니에서 여론과 업체들의 눈치를 살피며 이러지도 저러지도 못하고 있는 방위사업청이 사업 지연의 가장 큰 책임을 피하지 못할 것"이라고 꼬집었다.

군 관계자는 "미래 군 전력 보강을 위해 국가적으로 추진하고 있는 프로젝트인 KDDX 건조는 대한민국 국방·안보의 질을 한 차원 끌어올릴 수 있는 사업"이라며 "방위사업청은 솔로몬의 지혜를 발휘해 국가방위와 국익을 최우선 순위에 놓고 KDDX의 최종 사업자 선정을 서둘러야 할 것"이라고 촉구했다.

- 2025년 4월 11일 뉴시안 기자수첩

K-함정수출 '코리아 원팀' 구성을 환영하며

　지난해 11월 HD현대중공업과 한화오션은 호주 수상함 수주전에서 함께 탈락하는 아픔을 겪었다. 가격 성능 등 다방면에서 경쟁상대인 독일 일본 기업들에 비해 앞서는데도 불구하고, 10조 원 규모의 사업을 눈앞에서 놓친 것이다.

　패인은 단 한 가지. 독일 일본 등 경쟁업체들은 정부와 원팀을 이뤄 총력 수주전에 나선 것과 달리, HD현대중공업과 한화오션은 각개전투로 싸움에 임했기 때문이다. 우리나라 조선업계의 라이벌인 이들 업체는 소송전에 휩싸이면서 갈등을 빚어왔다. 당시 많은 전문가와 언론들은 두 회사가 정부와 원팀을 이루지 않으면 캐나다 폴란드 등 다른 사업에서도 호주의 사태가 재발할 수 있을 것이라고 우려했다.

　이런 우려와 경고를 의식했기 때문인지 최근 HD현대중공업과 한화오션이 해외시장에서 손을 맞잡기로 했다는 소식이 전해지고 있다. 무척 반가운 소식이 아닐 수 없다. 최근 두 업체는 방위사업청의 중재 아래, '함정 수출사업 원팀 구성을 위한 양해각서(MOU)'를 체결했다.

이 MOU에 따르면, 두 업체는 함정 수출사업 참여시 정부와 함께 '코리아 원팀'을 구성하고, 상대적 강점이 있는 분야에서 수출사업을 주관하기로 했다. 전통적으로 HD현대중공업은 수상함 수출사업을, 한화오션이 잠수함 수출사업을 주관하고 다른 분야에서는 상대 기업을 지원하는 것이다.

양사는 "세계 함정 건조 수요가 늘어나고 있는 시점에 정부와 관련 기업이 'K-함정수출 원팀' MOU를 체결하게 된 것을 환영하며, K-함정수출 경쟁력 제고를 위해 적극적인 역할을 다해 해외 함정수주라는 결실을 맺겠다"고 강조했다.

석종건 방위사업청장도 "두 업체 간 MOU 체결이 한국 방산업계가 동반성장의 기틀을 마련하고 세계 무대에서 더욱 빛나기 위한 발걸음이자 새로운 전환점이 되기를 기대한다"며 "K-함정 수출, 더 나아가 글로벌 해양 안보 구축을 위해 정부 차원에서도 아낌없이 One Team을 지원할 것"이라고 말했다.

때마침 미국 국방장관의 방한 소식도 전해지고 있다. 트럼프 2기 행정부 출범 후 장관급 인사로는 처음으로 피터 헤그세스 장관이 다음 달 방한할 것으로 보인다. 헤그세스 장관은 한국 조선업체 방문도 조율 중인 것으로 알려졌다. 앞서 미국 의회가 해군 함정 건조를 한국 일본 등 동맹국에 맡기는 법안을 발의해 한국 조선업체들의 미 군함시장 진출의 길이 열릴 것으로 기대되고 있다. 미 해군은 지난해 295척인 군함을 2054년까지 390척으로 늘리기로 했다. 향후 30년 동안 약 1,600조 원에 달하는 시장이 열리는 셈이다. 이미 트럼프 대통령도 당선인 시절 윤석열 대통령에게 전화를 걸어 한국 조선업체에 SOS를 요청해 놓은 상태이다.

이처럼 향후 해외시장 잠재력은 무궁무진하다. 모쪼록 두 회사는 이번 MOU를 계기로 모처럼 찾아온 호기를 놓치지 않길 바란다. 해외 군함시장에서만큼은 'HD현대'나 '한화' 브랜드보다, 'KOREA ONE TEAM'의 일원으로 국익을 최우선으로 하는 전략을 펼치길 기대해본다.

− 2025년 2월 27일 뉴시안 기자수첩

K-방산업계에 희소식이 날아든다는데

최근 K-방위산업계에 연일 희소식이 날아들고 있다. "K-방산을 대한민국의 미래 성장동력으로 키우겠다"며 윤석열 대통령이 취임 직후부터 강하게 추진해왔던 K-방산육성 정책을 여야와 정부가 앞다퉈 측면 지원하고 나섰기 때문이다. 탄핵정국 등으로 나라 안팎이 어수선한 가운데 지난해 수출 목표 200억 달러를 달성하지 못해 사기가 한풀 꺾인 방산업체들엔 큰 힘이 될 것으로 보인다.

먼저 포문을 연 쪽은 아이러니하게도 윤 대통령의 K방산육성 정책에 사사건건 딴지를 걸어왔던 이재명 더불어민주당 대표이다.

이 대표는 최근 페이스북에 올린 글에서 "우리 방위산업은 가장 가시적인 우리나라 미래 먹거리이고, 각지의 전쟁 억지력을 높일 수 있게 하는 세계 안보 수호 수단이자 우리의 국격"이라며 "민주당은 국익을 위해 K방산을 적극 지원하고 육성하겠다"고 밝혔다. 그는 이어 "다변화하는 전장환경과 기술환경에 맞추어 연구를 진행할 수 있도록 국방연구개발에 지속적으로 투자해야 한다"며 "국가 차원에서 우리 무기를 구매할 방산 협력 파트너 국가를 발굴하고 국방 외교를 확장해가야 한다"고 강조했다.

윤 대통령이 그동안 강조해왔던 'K방산육성론'을 이 대표가 그대로 반복하는 듯해 많은 국민들이 고개를 갸우뚱하고 있지만, 방산업체들 입장에선 K-방산업체들의 발목잡기에 급급했던 야당 대표의 '변신'을 크게 환영하는 분위기이다.

실제 민주당은 지난해 방산물자 수출 때 국회 동의를 받도록 하는 방위사업법 개정안을 당론으로 정해 방산업체들의 큰 반발을 산 바 있다. 또 폴란드에 무기수출 확대 등을 위해 수출입은행 자본금을 10조 원 늘리는 수출입은행법 개정안에 대해서도 반대 목소리를 내 6개월 이상 처리가 지연되기도 했다. 이 대표의 K-방산 지원을 위한 전향적 발언이 나오자마자, 국민의힘이 "지난해 민주당이 당론으로 채택한 방위사업법 개정안부터 철회하라"고 촉구한 것도 그런 이유에서다.

이 대표의 돌변에 대해 논란이 일고 있는 가운데 정부와 국민의힘도 K-방산 수출을 지원하기 위한 정책을 내놔 방산업체들의 사기를 북돋우고 있다.

당정은 지난 10일 국회에서 'K-방산 수출 지원을 위한 당정협의회'를 열고 방산 수출 경쟁력 제고를 위해 3조 원 규모의 각종 지원책을 마련하겠다고 밝혔다. 당정은 이를 위해 인공지능(AI)·우주·첨단소재·유무인 복합 체계 등 10대 국방전략 기술에 2027년까지 총 3조 원 이상을 투자하기로 했다.

또한 소재·부품 분야의 우수 중소기업이 글로벌 공급망에 원활하게 편입될 수 있도록 업체당 최대 50억 원을 2년 동안 지원하겠다는 계획도 내놨다. 한국수출입은행과 한국무역보험공사 등을 통한 금융 패키지 지원, 퇴직 군인 및 국방과학연구소 과학자들의 취업 제한 완화 등의 지원책도 마련하기로 했다. 모처럼 여야가 한목소리로 "K-방산을 대한민국의 미래 먹거리로 육성하겠다"며 각종 지원책을 발표함에 따라 방산업체들은 가뭄에 단비를 만난 격이다. 특히 여전히 의혹의 눈초리를 거두지 못하고 있는 상황이지만, 이 대표의 약속에 업계는 크게 고무됐다.

부디 K-방산업계에 대한 이 대표와 민주당의 공약(公約)이 공약(空約)으로 끝나지 않길 기대해본다. 방산업계와 국민의힘이 요구하고 있는 것처럼 먼저 '방위사업법 개정안'부터 철회하길 바란다. 그래야 국민들도 민주당의 진심을 믿게 될 것이다.

- 2025년 2월 11일 뉴시안 기자수첩

GV80, 니가 왜 거기서 나와?

도널드 트럼프 미국 대통령 당선인의 취임식을 앞둔 지난 18일(현지 시각) 트럼프 일가의 공군기 탑승 현장에 현대자동차그룹의 럭셔리 스포츠유틸리티 차량(SUV)인 제네시스 GV80이 포착됐다.

로이터통신 등 외신에 따르면 이날 트럼프 당선인 장녀 이방카 트럼프와 그의 남편 재러드 쿠슈너는 취임식이 열리는 워싱턴DC로 향하기 위해 미국 플로리다주 팜비치 국제공항에 도착했다.

당시 이들이 탑승할 미국 공군기 'C-32' 트랩 바로 왼쪽에 흰색 GV80이 주차돼 있었던 것. GV80 차량은 이방카가 트랩 옆에서 대기하던 공군 관계자와 인사를 나누고 비행기에 오르는 동안 전 세계 생중계됐다. 이어 트럼프 당선인과 부인 멜라니아 여사도 막내아들 배런과 같은 공군기에 올랐는데 이때는 이 차량은 보이지 않았다.

이를 두고 여러 추측성 보도가 잇달았다. 현대차가 트럼프 당선인 취임식에 100만 달러(약 14억 5,000만 원)를 기부한 데 따른 일종의 반대급부라는 얘기도 나왔다. "누군가를 태워준 뒤 바로 돌아간 게 아닌가"라는 또 다른 추정과 함께 "그렇다면 누가 이 GV80을 탔을까"

라는 궁금증이 꼬리를 물었다.

　사실 트럼프 취임식에 기부금을 낸 자동차업체는 현대차뿐만 아니다. 앞서 미국 자동차업체인 제너럴모터스(GM), 포드뿐 아니라 일본 토요타까지 글로벌 자동차들도 모두 트럼프 취임식에 기부금을 내놨다. 물론 현대차그룹이 '성의 표시' 차원에서 이번에 처음으로 기부금을 내긴 했다.

　현대차 입장에선 미국은 판매 비중이 가장 클 뿐 아니라 차량 판매 단가도 높아 반드시 지켜야 하는 시장이다. 트럼프와 미 공화당이 인플레이션감축법(IRA)에 따른 전기차 보조금 제도에 부정적인 입장이라 보조금이 폐지될 경우 현대차의 전기차 판매와 신형 전기차 개발이 차질을 빚을 수 있다. 조지아주 서배너의 전기차 전용 공장(HMGMA)은 지난해 조기 운전에 들어갔고, 올해 중 정식 가동을 앞두고 있다.

　그런데 이번 GV80의 노출 건과 관련, 정작 서울의 현대자동차그룹도 이 사실을 언론 보도를 통해 알았다는 것. 현대차 관계자는 "우리도 언론 보도를 통해 알았다"며 "미국 법인 차원에서 이뤄진 일인지 아직 파악이 안 됐다"고 밝혔다. "여러 가지 추측성 보도가 나오고, 국내 언론의 문의가 많이 있었지만 더 이상 아는 게 없다"고 덧붙였다. 이 관계자는 그러나 "이번 노출 덕분에 GV80 홍보 효과는 매우 클 것 같다"고 밝혔다. 이미 GV80은 지난 2021년 2월 '골프 스타' 타이거 우즈가 미국 로스앤젤레스에서 운전하다 도로 아래로 굴러떨어지는 중대한 사고를 당했을 당시 다리만 다쳐 안전성이 주목받은 바 있다. 당시 사고 덕분에 미국 내 소비자들 사이에 GV80의 안전성에 대한 신뢰는 크게 높아졌다.

세계인들의 이목이 집중됐던 트럼프 취임식을 앞두고 대통령 일가의 항공기 탑승 때 하얀색 GV80이 '깜짝' 등장한 것이 우연의 일치인지, 아니면 현대차그룹 또는 미국 법인이 트럼프 대통령 측과 사전 조율한 의도된 노출인지 알 길은 없지만, GV80의 홍보 효과는 금액으로 따지면 천문학적인 규모에 달할 것으로 보인다.

- 2025년 1월 22일 뉴시안 기자수첩

10조 원 호주 호위함 수주 실패 시사점

도널드 트럼프 미국 대통령 당선인의 "한국 조선업 건조 능력이 뛰어나다"는 한마디에 국내 조선업계가 한껏 들뜬 지 하루 만에 비보가 날아들었다.

HD현대중공업과 한화오션이 호주 정부가 발주한 10조 원 규모 호위함 수주전에서 숏리스트에 포함되지 못하고 탈락했다. 호주 국가안보위원회(NSC)는 신규 호위함사업에서 일본 미쓰비시중공업 '모가미'와 독일 티센크루프마린시스템의 'MEKO'가 최종 후보로 선정됐다고 밝혔다. 호주 정부는 이들 두 업체를 대상으로 추가 선정 작업을 통해 내년 우선협상자를 뽑게 된다.

당초 HD현대중공업과 한화오션은 경쟁업체들에 비해 뛰어난 군함 건조 능력과 저렴한 가격 등을 최대 장점으로 앞세워 호주 군함 사업의 유력한 후보로 점쳐 왔다. 그러나 아쉽게도 결과는 예상과 달랐다.

호주 정부는 기존 호주 군함이 독일 군함이 기반이 된데다, 일본 미쓰비시는 승조원의 수를 대폭 줄일 수 있다는 점을 들어 독일과 일본

업체를 후보로 선정했다고 설명했다.

실제 호주 정부의 설명이 사실과 부합할 가능성이 높다. 즉, 한국 조선업체들이 갖고 있는 매력보다 경쟁업체들의 강점에 호주 해군이 더 후한 점수를 매겼을 수도 있다.

그럼에도 불구하고, 이번 호주 사업 수주 실패는 한국 업체들이 되짚어보아야 할 많은 시사점을 던져주고 있다. 특히 향후에도 폴란드, 캐나다 등 해외시장 수주 경쟁이 계속될 것이므로 이번 호주사업 실패를 반면교사로 삼아야 한다.

독일과 일본의 경우, 단일 기업이 출전해 자국 정부와 협조를 이뤄 호주 정부를 효과적으로 공략한 것과 달리, 한국은 특수선사업 '빅2'가 동시 수주전에 참전함에 따라 전략적인 공략이 쉽지 않았을 것으로 분석된다. 실제 현지에서 "한국은 왜 두 개 업체가 동시에 뛰어들었느냐"는 얘기가 나왔다고 한다.

국방부 장·차관 등 우리 정부 고위관계자도 호주를 잇달아 방문해 측면 지원을 했지만, '두 개 업체 동시 참전'이라는 불리한 상황을 극복하는데 역부족이었다. 지난 6월 방산수출전략회의에서 대통령실 고위 관계자도 "K-방산의 성공을 위해 업체들이 보다 대승적 입장을 견지하고 선의의 경쟁을 이어 나갈 필요가 있다"고 지적한 바 있다.

올해 우리 정부는 방산 수출 200억 달러 달성을 목표로 설정했지만, 현재 추세대로라면 목표 달성이 쉽지 않을 전망이다.

앞으로 K-방산을 국가의 차세대 성장 동력으로 키우려면, 무엇보다 정부의 행정적 지원과 국회의 입법적 지원이 절실한 가운데, 우리 방산 기업들도 보다 효과적이고 스마트한 시장공략 전략과 전술로 재무장해야 할 것으로 보인다.

현재 70조 원에 달하는 캐나다 잠수함 프로젝트의 핵심 인사인 앵거스 탑시 해군 참모총장이 방한해 우리 조선 기업들을 접촉하고 있다. 트럼프 미 대통령 당선인이 했던 것처럼 탑시 해군 총장도 우리 조선회사의 건조 능력을 높게 평가하고 있다고 한다. 호주 실패의 경험을 딛고, 그런 평가가 사업수주로 이어지도록 하기 위해선 건조 능력 못지않게 시장공략을 위한 업체 간 전략적 제휴 능력이 더 절실히 요구된다.

자유시장 체제에서 경쟁을 통해 살아남아야 하는 것은 기업의 숙명이지만 우리 K-방산기업들에 지금 필요한 것은 경쟁할 때와 협력할 때를 구분할 줄 아는 지혜가 아닐까 싶다.

- 2024년 11월 10일 뉴시안 기자수첩

K-방산수출 증대를 위해 국회가 할 일

더불어민주당과 조국혁신당 일부 의원들이 지난 9월 19일 서울 여의도 국회 소통관에서 체코 원전 수출 관련 덤핑 수주 의혹을 제기하며 "체코 원전 수출을 전면 재검토하라"고 목소리를 높였다. 지난 7월 우선협상대상자로 선정된 우리나라의 체코 두코바니 원전사업 본계약 확보를 위해 윤석열 대통령이 현지에서 정상외교를 펼치고 있는 시점에 일부 야당 의원들이 안방에서 지원 사격은커녕 근거도 없는 터무니없는 주장으로 어깃장을 놓고 있었다.

윤석열 정부는 지난 문재인 정부가 초토화시킨 대한민국 원전산업의 르네상스를 꾀하며 체코는 물론 폴란드 네덜란드 등으로 수출 전선을 확대하기 위해 기업-정부가 팀코리아를 이뤄 전방위 외교활동으로 수출 활동을 측면에서 지원하고 있다.

이번 체코 원전사업은 체코 역사상 최대 규모 투자 프로젝트로 알려져 있다. 두코바니 5·6호기는 건설이 확정됐고, 테믈린 3·4호기는 체코 정부와 발주사가 추후에 결정할 방침이다. 체코 측이 예상한 사업비는 1기당 약 13조 원씩 총 26조 원이다. 만약 한수원이 추가로 2기를 수주할 경우 총 52조 원 규모로 늘어난다. 체코 원전은 단순히 원전 최대 4기 수주를 넘어 글로벌 원전시장 진출의 신호탄을 쐈다는 데 의미가 크다. 여야를 떠나 K-원전수출은 당리보다 국익을 앞세워 범국가 차원에서 적극 응원하고 힘을 보태야 한다.

원전산업뿐만 아니다. 지금 최대 활황기를 맞고 있는 K-방산도 마찬가지이다. 원전과 함께 현 정부가 야심차게 밀어붙이고 있는 K-방산은 해외시장에서 주요 경쟁국들과 치열한 싸움 끝에 연일 대박의 승전보를 알리고 있다.

덕분에 주요 방산기업들은 올 3분기에도 큰 폭의 성장을 이어가며 K-방산 전성시대를 예고하고 있다. 한화에어로스페이스 한국항공우주산업(KAI) 현대로템 LIG넥스원 등 4대 방산 기업의 올 3분기 합산 영업이익은 총 7,538억 원으로 추산된다. 이는 지난해 같은 기간 대비 3.2배 늘어난 규모이다. 이들 기업의 매출 합계 추정치도 총 5조 3,602억 원으로 지난해보다 30.9% 증가할 것으로 예상된다.

방산기업들의 이 같은 노력에도 불구하고 올해 방산수출 목표 200억 달러 달성은 쉽지 않을 전망이다. 물론 올해도 아직 두 달가량 남아 있어 추가 수출 계약 소식이 전해지리라는 한 가닥 희망이 남아 있긴 하다.

이를 위해선 기업의 노력도 중요하지만, 무엇보다 국가 차원의 지원이 필수적이다. 특히 방산수출 확대를 위해서는 금융정책 지원이 뒷받침돼야 하는데 국회가 적극적인 입법을 통해 지원활동을 강화해야 한다.

　이처럼 국회가 발 벗고 나서서 모처럼 호기를 맞은 K-방산 지원을 위한 입법 활동을 강화해도 모자랄 판에 '입법부 규제'를 통해 방산 수출의 앞길에 걸림돌이 될 수 있다는 소식이 들려 기업들의 걱정이 태산 같다.

　민주당은 지난 4일 국회에서 의총을 열고 4성 장군 출신 김병주 의원이 대표 발의한 방위사업법 개정안을 당론으로 채택했다고 한다. 이 개정안은 정부가 방산업체의 방산물자 수출을 허가하려면 사전에 국회 동의를 받도록 하는 내용이다. 정부가 국회에 수출 허가를 동의해 달라고 요구하면 국회가 비공개로 심의해 30일 안에 동의 여부를 결정하게 돼 있다.

　이에 대해 방산기업 및 전문가들은 "행정부에 입법부까지 수출규제에 숟가락을 얹겠다는 발상"이라며 "향후 방산수출에 악영향을 끼칠 것"이라고 한목소리로 우려했다. 불과 두 달 전 K-원전 수출에 대한 야당의 어깃장을 지켜봤기 때문이다.

　K-원전, K-방산 등 대한민국의 미래 성장 동력에 대해 우리 입법부가 할 일은 각종 입법활동을 통해 당리보다는 국익을 최우선하고 있다는 것을 몸소 실천하는 것이다.

- 2024년 11월 5일 뉴시안 기자수첩

폭스바겐 공장폐쇄와 현대차 노조

　독일 국민차로 이 나라의 대표적 자동차메이커인 폭스바겐 기사가 4일 조간신문을 대대적으로 장식했다. 기사의 골자는 폭스바겐이 1937년 창사 이래 처음으로 자국 내 공장폐쇄를 검토하고 있다는 것. 한델스블라트 등 현지 언론 보도에 따르면, 올리버 블루메 폭스바겐 최고경영자(CEO)가 2일(현지 시각) 노사협의회에서 "자동차산업이 몹시 어렵고 심각한 상황"이라면서 이 같은 계획을 밝혔다. 경영진은 최소한 완성차 공장과 부품 공장을 한 곳씩 폐쇄하는 방안을 검토 중인 것으로 알려졌다.
　일본 토요타자동차에 이어 세계 2위 자동차 생산업체인 폭스바겐이 이처럼 사상 최대 위기를 맞게 된 것은 비야드(BYD) 등 중국 전기차 공세 속 전동화 전환이 늦어진 탓이다. 비야드 등은 저가 공세로 폭스바겐의 텃밭인 중국은 물론 유럽시장을 크게 잠식 중이다. 폭스바겐그룹의 올 상반기 판매는 430만 1,000대로, 작년 같은 기간 444만 8,000대보다 3.3% 줄었다. 특히 폭스바겐 판매량의 35%를 차지하고 있는 중국 내 판매는 134만 대로 1년 전보다 7.4%나 줄었다.

국내 전문가들은 글로벌 자동메이커 2위 업체인 폭스바겐의 위기는 우리나라 현대자동차그룹에 기회와 동시에 위기가 될 것으로 진단했다.

먼저 기회의 측면에서 폭스바겐이 공장폐쇄 등으로 생산 차질을 빚을 경우, 글로벌 3위인 현대자동차그룹이 그 빈틈을 파고들면서 중장기적으로는 2위 자리까지 넘볼 수 있다는 것. 중국 시장에 지나치게 의존하고 있는 폭스바겐과 달리 현대자동차그룹은 상대적으로 대중(對中) 의존도가 크지 않다는 것도 강점으로 작용하고 있다.

그러나 중국 업체들의 고속질주에 현대자동차그룹이 제대로 대응하지 않으면 폭스바겐처럼 큰 위기에 봉착할 수 있다는 경고도 나오고 있다. 현대차의 주력 시장인 미국에서 중국 자동차가 멈춰 있지만, 이런 상황이 영원히 지속된다고 아무도 장담할 수 없다.

폭스바겐의 위기가 현대차 노사에 던지는 교훈은 분명하다.

중국 자동차들의 저가 공세에 맞서기 위해선 현대차는 디자인과 성능에서 지금처럼 압도적인 우위를 차지해야 한다. 이를 위해 연구개발에 대한 대대적인 투자를 통해 초격차 경쟁력을 이어 나가야 한다고 전문가들은 입을 모은다.

경영진의 노력과 함께 무엇보다 현대차 노조의 전향적인 자세 전환이 필요하다. 폭스바겐이 이번에 해외의 수많은 공장 중 굳이 독일 공장을 폐쇄키로 한 것은 낮은 생산성 때문이라는 것을 현대차 노조는 직시해야 한다. 높은 인건비와 각종 복지 정책 때문에 독일 공장의 생산성이 중국 동남아 등지의 다른 공장에 비해 크게 떨어졌다.

이번 사태로 폭스바겐은 1994년부터 노조와 약속했던 고용안정 협약도 파기 절차를 밟을 것으로 보인다. 슈피겔은 약 2만 명가량의 인력구조조정도 불가피할 것으로 내다봤다.

뼈를 깎는 자기혁신이 없다면 공장도, 일자리도 언제든지 사라질 수 있다. 현대차 노사는 폭스바겐의 독일 공장폐쇄가 결코 강 건너 불구경이 아니라는 사실을 깊이 새겼으면 한다. 폭스바겐의 위기를 한 단계 더 도약하는 기회로 삼을 것인지, 아니면 폭스바겐처럼 위기에 빠져 허둥댈 것인지는 결국 현대차 노사가 어떻게 하느냐에 달려있다.

– 2024년 9월 4일 뉴시안 기자수첩

현대자동차의 벤츠 전기차 화재 대응법

현대차·기아가 최근 닷새 간격으로 '전기차 배터리 안전' 관련 보도자료를 냈다. 지난 15일 '현대자동차·기아, 전기차 안심 점검 서비스 실시'에 이어 20일 '현대차·기아, 전기차 배터리 100% 완전 충전해도 안전'이라는 내용의 보도자료를 잇달아 발표한 것. 기아도 같은 날 '전기차 배터리 이상 시 고객에게 문자서비스'라는 별도의 보도자료를 언론사에 돌렸다.

이들 보도자료는 "현대차·기아 전기차 배터리는 안전하다"며 "혹시라도 걱정이 큰 소비자들을 위해 안심 점검 서비스를 제공한다"는 게 주요 골자이다.

지난 1일 인천에서 발생한 메르세데스 벤츠 전기차 배터리 화재사고로 소비자들 사이에 '전기차 포비아'가 걷잡을 수 없이 확산되는 가운데, 전기차에 대한 불신을 덜어주기 위해 언론을 통한 발빠른 홍보대책을 마련한 것으로 보인다.

현대자동차는 한발 더 나아가, 회사 홈페이지에 '현대자동차 전기차 고객 안내 사항'이라는 팝업창을 띄워 전기차 배터리 제조사 및 안심 점검서비스에 대한 자세한 내용도 고객들에게 공지했다. 기아도 별도 팝업창을 열고 '기아 차종별 배터리 제조회사'에 대해 안내하고 있다. 팝업창은 긴급한 사항이나, 사태의 심각성을 널리 알리고자 할 때 기업들이 자사 홈페이지에서 많이 활용하는 공고 방식이다.

전기차 화재 해당 기업인 메르세데스 벤츠의 홈페이지가 다소 '한가롭게' 보이는 것과는 사뭇 대조적이다. 벤츠는 불안에 떠는 소비자들을 위한 전기차 무상점검을 사고 발생 보름가까이 지난 8월 14일부터 시작했다. 현대차가 사고 후 일주일만인 8월 8일부터 실시한 것과 비교된다. 또 현대차가 무상점검 기간을 무기한으로 정한 것과 달리 벤츠는 올해말까지로 한정해놓은 것도 눈에 띈다.

화재사고 해당기업이다보니 초기 대응책이 다소 미흡할 수 있고, 추후 법적 책임에서 자유로울 수 없어 입장표명이 조심스러울 수 밖에 없다는 점을 감안하더라도, 화재사고에 임하는 세계적인 자동차 기업의 자세 치고는 크게 실망스럽다는 게 대체적인 반응이다.

그렇다면 현대차가 배터리 화재로 인한 전기차에 대한 국민불신을 자초한 벤츠보다 한발 더 나아가 소비자들의 불신을 차단하고, 전기차 배터리의 안정성을 강조하는 대국민 홍보를 대폭 강화한 것은 왜일까?

일각에선 타사의 잘못을 반면교사 삼아 자사 브랜드 홍보 및 마케팅을 펼친 게 아닌가 하며 색안경을 끼고 보는 시각도 있긴 하다. 그러나 이는 사실과 크게 다르다는 게 기자의 생각이다. 무엇보다 현대차는 이번 배터리 화재로 막 움트기 시작한 글로벌 전기차시장의 '공멸'에 대한 위기감을 크게 느꼈을 것으로 보인다. 비단 벤츠 만의 문제가 아니라 현대차·기아는 물론 전 세계 자동차산업계가 힘을 합쳐 전기차에 대한 부정적 시각을 사전에 막아야 한다는 절박함이 컸을 것으로 보인다. 실제 벤츠 화재사고 이후 국회에선 전기차 관련 규제 법안들이 봇물을 이루고 있고, 전기차 관련 매출에도 심각한 영향을 미치고 있다.

다음으로 전기차 안정성에 대한 현대차·기아의 자신감도 한몫 했을 것으로 추정된다. 실제 현대차·기아는 '배터리 100% 충전해도 안전하다'는 장문의 보도자료에서 전기차 기술 우수성과 배터리 안정성을 조목조목 짚어주면서 소비자들의 불신을 줄이기 위해 안간힘을 쏟았다.

이번 벤츠의 인천 화재사고에 발 빠르게 대처하는 현대차·기아의 대응은 국내 시장뿐만 아니라 글로벌자동차업계의 맏형으로 한 단계 더 성장했다는 인상을 지울 수 없었다.

최근 미국 시장조사기관인 J.D.파워가 미국 소비자들을 대상으로 실시한 2024 신차 첨단 기술 만족도 조사에서 제네시스와 현대차가 벤츠 BMW 렉서스 등을 제치고 1위를 차지한 것도 우연이 아니었으리라.

– 2024년 8월 25일 뉴시안 기자수첩

방산기업에 선의의 경쟁 당부한 인성환 제2차장

"K-방산의 성공을 위해 업체들이 보다 대승적 입장을 견지하고 선의의 경쟁을 이어 나갈 필요가 있다"

지난 12일 용산 대통령실에서 제5차 방산수출전략평가회의를 주재한 국가안보실 인성환 제2차장이 방산기업들에 특별히 당부한 얘기이다. 이날 회의는 올해 방위산업 수출 목표 200억 달러(약 27조 5,000억 원)를 달성하기 위해 정부와 민간 방산기업이 협력 방안을 논의하는 자리였다. 국방부, 기획재정부, 외교부, 산업통상자원부, 방위사업청 등 정부 부처는 물론, 한화에어로스페이스, 현대로템, LIG넥스원, KAI, HD현대중공업, 한화오션, 풍산 등 국내 주요 방산기업 관계자들이 대거 참석했다.

참석한 기관과 방산업체는 올해 상반기 수출실적을 점검하는 동시에 남은 하반기 수출 계획 등을 꼼꼼히 챙겼다. 민간기업들은 "주요 방산 구매국가들이 현지화, 기술 이전, 부대 창설 등을 포함한 '포괄적 패키지' 제공을 요구하는 등 수출시장 변화에 맞춰 정부의 전폭적인 지원이 필요하다"고 요청했고, 정부는 "방산 협력을 위해 국가별

고위급 협의를 지속하는 동시에 필요한 경우 '정부 합동협상단'을 구성해 적극 지원하겠다"고 화답했다.

그런데 이날 회의를 마무리하면서 인성환 제2차장이 '뜬금없이' 기업 간 선의의 경쟁을 당부한 이유는 뭘까. 아마도 한국형 차기구축함(KDDX) 사업을 두고 벌이고 있는 국내 굴지의 방산기업 간 법정 다툼이 신경 쓰였기 때문일 것이다. KDDX 사업은 총사업비 7조 8,000억 원 규모로 특수선 분야의 최대 규모이기에 기업 간 치열한 수주전이 벌어지고 있다.

지난 3월 한화오션 측이 HD현대중공업의 임원을 고발한 데 이어 HD현대중공업 측도 한와오선을 고소하는 등 두 업체 간 싸움이 격화되고 있는 양상이다.

앞서 HD현대중공업 직원 9명은 지난 2012~2015년 방위사업청·해군본부 등을 수차례 방문해 KDDX 개념설계 보고서를 비롯한 여러 함정 사업과 관련된 군사기밀을 불법 열람·공유 등을 한 혐의로 2018년 4월 기무사령부 보안감사에 적발됐다. 이들은 모두 유죄판결을 받았다.

한화오션 측은 임원의 개입 관련 증거가 다수 존재함에도 이들에 대한 적절한 제재가 없었으며, 후속 사업을 계속 수행할 수 있다는 것은 잘못된 선례를 만들 수 있다고 주장하며 지난 3월 기자설명회를 개최했다.

이에 HD현대중공업 측은 지난달 3일 한화오션 측을 허위 사실 적시 및 출판물에 의한 명예훼손 혐의로 고소했다. 한화오션이 지난 기자설명회에서 주장한 내용들이 일방적인 짜깁기를 바탕으로 한 것이며, 지속적인 언론 노출로 직원들이 정신적인 피해를 봤다는 것이다.

인성환 제2차장이 이날 회의에서 밝혔듯이 K-방산 수출은 윤석열 대통령이 직접 챙기는 국가의 핵심 사업이다. 최근 K-방산의 글로벌 열풍이 불면서 한국 방산은 한 단계 더 도약하기 위한 기로에 서 있다.

이런 상황에서 국내 굴지의 방산기업들이 치열한 법정 다툼을 벌이는 게 크게 신경이 쓰였을 것이다. 민간기업 입장에서 법정 다툼이 생존을 위한 경쟁의 일환이다 보니, 정부 입장에서 이래라저래라 간섭하기가 쉽지 않겠지만, 인성환 제2차장이 윤석열 대통령의 우려를 에둘러 전달했을 수도 있다.

모쪼록 양사 간 법정 다툼이 제2도약을 향한 성장통으로 하루빨리 치유됐으면 하는 바람이다. 이날 회의에 참석했던 한화오션과 HD현대중공업 관계자들도 정부와 국민의 걱정을 회사에 잘 전달했으리라 믿는다.

- 2024년 6월 13일 뉴시안 기자수첩

폴란드 방산수출 위한 '금융계약' 속히 체결하라

요즘 한화에어로스페이스 현대로템 등 방산업체 직원들은 밤잠을 설치고 있다.

지난 2022년 폴란드와 대규모 방산 수출계약을 따냈을 때만 해도 "대한민국이 글로벌 빅4 방산 대국으로 우뚝 서는데 미력이나마 보태고 있다"는 자부심이 컸다. 그런데 최근 그 자부심이 점차 초조함과 불안감으로 바뀌어 가고 있는 것.

폴란드 내 정치 지형이 급변하는 동시에 역내 방위산업에 대한 EU 스탠스가 한국에 매우 불리하게 작용하면서 수십조 원 규모의 수출계약에 이상신호가 잇딸아 감지되고 있어서다.

속사정은 이렇다. 한국 방산업계는 2022년 폴란드와 124억 달러(약 16조 7,000억 원) 규모의 1차 수출계약을 맺었다. K-2전차 180대, K-9자주포 212문, FA-50 경공격기 48대 등을 폴란드에 판매하는 내용이다. 이어 300억 달러(40조 4,000억 원)에 달하는 2차 계약을 추진했다.

그런데 문제가 발생했다. 방산계약은 수출 규모가 커 기업 간 거래이긴 하지만 대개 정부 간 계약(G2G) 성격이 강하다. 따라서 수출국이 저리의 정책금융·보증·보험을 지원해주는 게 관례인데 한국수출입은행(수은)의 정책금융 한도가 부족해 추가 수출계약을 맺을 수 없게 됐다.

이에 정부가 발 벗고 나서 시중은행들을 통해 신디케이트론을 제시하고, 국회도 수은법을 개정해 수은의 법정자본금 한도를 15조 원에서 25조 원으로 늘리는 등 적극 지원했다. 김주현 금융위원장도 지난달 폴란드 금융감독청장을 만난 자리에서 방산·원전·인프라 등 향후 확대될 대규모 협력 프로젝트에 대해 한국 정부와 금융권의 확고한 금융지원 의지를 밝히기도 했다.

우리 정부와 국회의 발 빠른 대응에도 불구하고, 여러 사정으로 인해 아직 양측간 금융계약이 체결되지 않고 있어 방산업체 직원들이 좌불안석이다. 수출계약을 확정지을 금융계약 체결 시한은 오는 6월 말로 두 달 앞으로 바짝 다가온 상태이다.

이런 상황에서 폴란드 내 정치 지형 변화가 우리에게 매우 불리하게 돌아가고 있다. 지난해 10월 정권 교체로 새로 집권한 폴란드 신정부는 전 정부가 추진해온 한국산 무기수입 대신 '폴란드 무기 국산화'에 역량을 집중할 수 있다는 징후가 여러 곳에서 감지되고 있다.

실제 최근 폴란드 국방부는 폴란드 최대 방위전자제조업체인 WB그룹과 7대 플라이아이 무인항공시스템 계약을 체결했다. 이번 계약은 향후 수년간 폴란드군에 총 1,600대의 드론으로 구성된 400대의 플라이아이시스템을 공급하는 대규모 프로젝트이다.

최근 방한한 마르친 쿨라섹 폴란드 국유재산부 차관도 '자국산 우선주의'를 내비쳐 우리 업계를 바짝 긴장시키고 있다. 그는 방한 중간 X(트위터)에 K-2 전차 사진과 함께 "폴란드 국산화를 가정하면 탱크 구매에 드는 비용은 증가할 수 있지만, 장기적으로 보면 이런 비용은 감소할 것이다. 폴란드 산업은 기술, 역량, 제품으로 풍부해질 것"이라는 글을 올린 바 있다.

게다가 방한에 앞서 폴란드 국방부 홈페이지에는 'K2 K9 계약에 대한 재검토'라는 표현을 사용하기도 해 폴란드 신정부 내의 분위기가 심상치 않음을 간접적으로 확인할 수 있는 대목이다.

여기에 EU도 거들고 나섰다. EU는 최근 역내 방산물자 도입 비중을 높여야 한다는 권고를 내놓으면서, 친EU 성향의 폴란드 신정부의 자국 방위산업 육성 움직임에 힘을 실어주고 있다. 이런 분위기를 반영하듯, 최근 미국의 모 방산업체가 폴란드 정부 측과의 미팅을 요청했지만 거절당한 것으로 알려졌다. 한국방산업체들에는 미국업체가 폴란드 정부에 퇴짜맞은 게 남의 일 같지 않다는 것이다.

한화에어로스페이스 등 방산업계 관계자들은 양측간 금융계약이 체결되지 않아 아직 2차 계약이 발효되지 않은 만큼, 이들 방산계약이 폴란드 정치권의 핫이슈로 떠오를 가능성이 충분하다고 판단하고 있다.

이에 따라 국내 방산업계는 정부가 지금까지 신속하게 대응했지만,

폴란드 내 정치지형 등 외부 환경이 훨씬 더 냉엄하고 빠르게 변하고 있는 만큼, 수출계약을 확정 짓는 양측 간 금융체결이 하루빨리 이뤄질 수 있길 고대하고 있다.

　오는 6월 말 예정된 금융체결 시한이 하루하루 다가오면서 대한민국의 글로벌 4대 방산강국으로의 도약을 꿈꾸는 방산업체 직원들 불면의 밤은 더욱 깊어져 가고 있다.

- 2024년 4월 25일 뉴시안 데스크칼럼

기업 '기업(氣UP)'하는 4.10 총선 만들자

얼마 전 재계에서 두 가지 큰 뉴스가 발표됐다. 4.10 총선 선거운동에 묻혀 국민들의 관심을 크게 끌진 못했지만 우리 산업 및 경제계는 물론 국민들의 실생활에 긍정적인 영향을 미칠 희소식임에 틀림없다.

현대자동차그룹의 대규모 채용과 메가 투자계획이 바로 그것이다. 현대차그룹은 향후 3년 동안 8만 명을 신규로 채용하고, 총 68조 원을 연구개발(R&D) 등에 투자하겠다고 발표했다. 현대자동차 임직원 수가 7만 명가량 되는데 그보다 많은 8만 명을 신규 채용하겠다는 것이다. 현대자동차 같은 직원 규모의 회사를 하나 더 만들겠다는 것과 같다. 직접 고용만 8만 명인데, 이로 인한 국내 부품산업 추가 고용 유발 인원 11만 8,000명까지 포함하면 20만 명 가까운 고용창출 효과가 있다는 설명이다. 건설, 철강 등 다른 산업으로의 파급 효과까지 감안하면 고용 규모는 기하급수적으로 늘어난다.

이처럼 대규모 고용창출과 함께 현대차그룹은 2026년까지 3년간 국내 연구개발(R&D) 등에 68조 원을 투자한다고 밝혔다. 연평균 22

조 7,000억 원을 투자한다는 것이다. 지난해 투자한 17조 5,000억 원보다 30% 늘어난 규모이다.

현대차그룹은 또 서울 삼성동 부지에 추진 중인 글로벌비즈니스센터(GBC) 프로젝트를 대한민국과 서울을 대표하는 랜드마크로 키워 일자리 창출, 경제활력 제고 등 국가경제 활성화에 보탬이 되겠다는 약속도 했다.

같은 날 ㈜LG도 대규모 투자계획을 발표했다. LG는 그룹 차원에서 2028년까지 향후 5년간 약 100조 원을 국내에 투입하기로 했다. LG의 글로벌 총투자 규모의 65%에 해당하는 것이다. LG는 인공지능(AI), 바이오, 클린테크와 같은 미래 기술과 배터리, 자동차 부품, 차세대 디스플레이 등 성장 분야에 국내 투자액의 50%를 투입해 차별화된 경쟁력을 확보한다는 전략이다.

이미 2년 전에 향후 5년간 450조 원을 투자하기로 밝힌 삼성그룹은 차질 없이 이행해 나가겠다는 입장이다. SK그룹 등도 조만간 투자계획을 밝히는 방안을 검토 중인 것으로 알려졌다.

요즘처럼 경영환경이 불투명한 상황에서도 기업들이 이처럼 투자와 고용을 늘리는 것은 무엇보다 핵심기술 선점을 통해 초일류 기업으로 거듭나기 위함이다. 그 바탕에는 대규모 고용창출과 국가경제 활성화에 기여한다는 기업의 사회적 책무가 깔려 있는 것이다.

현대차그룹 관계자는 "국내의 대규모 고용 창출과 집중적인 투자를 통해 미래 사업 경쟁력을 지속적으로 강화해 대한민국 글로벌 리더십

구축에 기여하기 위한 것"이라고 강조했다.

그런데 국내 정치로 시선을 돌리면 절망감에 무기력함이 몰려온다. 특히 4.10 총선을 앞둔 최근 정치권의 행태를 보고 있자면 걱정과 실망부터 앞선다. 장래 나라 경제를 걱정해 어려운 경영환경을 무릅쓰고 마련한 기업들의 대규모 투자계획이 빛이 바랠까 두렵기까지 하다.

이른바 '국민대표'를 자신을 보호하기 위한 방탄용 호위무사쯤으로 여기는 '공천'이 횡행하는가 하면 "젊은이들에게 수십만 원씩 나눠 주겠다", "대학등록금을 면제해주겠다" 같은 세금 퍼주는 정책만 쏟아내고 있다.

반면 기업인들의 기(氣)를 살려줘 기업인들이 정말 기업하고 싶은 마음이 들게 하는 공약과 정책은 눈을 씻고 봐도 찾을 수가 없다. 되레 길 가다 횡재하듯 주운 '금배지'의 위세를 앞세워 기업을 겁박하고, 기업인들을 윽박지르는 후진적인 정치가 반복되지 않을까 싶다. 정치인들은 자신들이 흥청망청 쓰는 세금이 어디서 나오는지 알고 있을까 궁금하다.

고(故) 이건희 삼성 회장이 1995년 베이징에서 "기업은 2류, 행정은 3류, 정치는 4류"라고 일갈했는데, 30년 가까운 세월이 흘렀지만, 우리의 정치는 오히려 5류, 6류로 끝 모를 추락을 거듭하고 있다.

4.10 총선, 2주도 채 남지 않았다. 유권자들이 정말 올바른 선택을 해야 한다.

- 2024년 3월 29일 뉴시안 데스크칼럼

윤석열 대통령이 은행권에 던진 화두

지난 1일 주요 시중 은행장들의 가슴이 철렁 내려앉지 않았을까. 윤석열 대통령이 이날 서울 마포구 한 북카페에서 열린 비상경제민생회의를 주재하면서 한 발언 때문에 은행 관계자들은 요즘 좌불안석일 게다.

'용산'과 사전교감한 건지 아니면 그냥 오비이락인지 이날 은행연합회가 공개한 지난해 5대 은행의 임직원 1인당 평균 연봉이 1억 원을 넘었다는 보고서는 불에 기름을 끼얹는 격이 됐다. 대통령의 발언과 오버랩되면서 일반 서민들이 느끼는 상대적 박탈감의 상승효과에 이보다 더 좋은 재료가 있을까 싶다.

소상공인과 주부 회사원 택시기사 등 다양한 직업과 연령대의 서민 60여 명이 참석한 가운데 타운홀미팅 방식으로 이뤄진 이날 회의에서 윤 대통령은 은행을 강도 높게 비난했다.

한 소상공인의 대출 금리 관련 발언에 대해 윤 대통령은 "우리나라 은행은 일종의 독과점 상태"며 "앉아서 돈을 벌고 있고, 갑질도 많이 한다"고 날을 세웠다. 글로벌 금융회사는 고객 유치를 위해 다양한 대출 상품을 만들고, 적극적으로 영업도 하는데 독과점 상태인 한국 은행들은 그렇지 않다는 게 윤 대통령의 판단이다.

윤 대통령은 심지어 은행 내부 인사 문제까지 건드렸다. "우리나라 은행은 기획부서 출신들이 다 올라가지, 일선 영업한 사람들이 최고위직에 잘 못 올라간다"고 목소리를 높였다.

이날 윤 대통령 작심 발언의 배경은 알려지지 않았다. 은행 경영방식 및 인사 등에 대해 윤 대통령이 평소 느낀 소신을 밝힌 것인지, 아니면 '눈물로 호소하는' 소상공인을 대상으로 한 이날 미팅의 성격상 즉석에서 약간 오버해서 한 발언인지는 모르겠다.

그 어느 쪽이든 윤 대통령의 은행권 관련 발언은 좀 더 신중하게 했어야 한다는 아쉬움이 남는다. '사이다' 발언으로 고금리에 시달리는 자영업 서민들의 가슴을 뻥 뚫어주는 맛은 있었겠지만, 자유시장경제가 작동하는 대한민국의 경제·금융시스템에 어울리는 일인지 곰곰이 생각해볼 일이다. 자칫 '포퓰리즘' 또는 '관치금융'으로 비춰 향후 정작 필요한 금융정책을 펼치는 데 있어서 득보다 실이 많을 수 있기 때문이다.

그렇다고 우리나라 은행들이 전혀 문제가 없다는 얘기는 결코 아니다. 사실 윤 대통령이 이날 지적한 내용은 '발언 형식'이 지나쳤을 뿐이지 금융정책 당국은 물론 일반 국민들도 많이 공감하고 있는 이슈들이다.

물론 금융시장 환경과 제도 및 정책이 다른 글로벌 금융시장과 우리나라 상황을 직접 비교하면서 단시간에 그 수준까지를 요구한다는 점에서 은행들도 나름 할 말도 많고, 억울할 수도 있을 것이다. 어쩌면 지금 우리나라 은행들이 받고 있는 여론의 따가운 시선은 과거 금융을 '정치화'한 정치권과 이에 협조한 금융권 간 합작품의 결과물이라는 게 전문가들의 공통된 의견이다.

금융시장의 정상화를 위해 무엇보다 정치가 금융권과 일정한 거리는 두는 결단을 내려야 할 것이다. 여기에 발맞춰 은행권도 정치만 탓할 게 아니라 스스로를 돌아보는 계기로 삼아야 한다. 윤 대통령의 발언을 '사회공헌'을 더 늘리라는 의미로 받아들이고 적당히 넘어가려 한다면, 우리 은행들이 해마다 신년 목표로 내세우는 글로벌 일류금융회사로의 도약을 위한 다짐은 그야말로 공염불에 그칠 수 있기 때문이다.

— 2023년 11월 3일 뉴시안 데스크칼럼

한국경제인협회, 국민경제교육 맡아줘라

전국경제인연합회가 지난달 18일 한국경제인협회(한경협)로 이름을 바꾸고 새롭게 출범했다. 한경협은 정경유착의 오명을 씻고 민간경제싱크탱크로 거듭나겠다는 각오를 다졌다. 류진 회장은 "첫째, 한국경제 글로벌 도약의 길을 열고, 둘째, 국민과 소통하는 동반자로, 셋째, 신뢰받는 중추경제단체가 되겠다"고 약속했다.

류 회장이 국민과 약속한 3가지 외 한가지 꼭 추가하고 싶은 게 있다. 바로 '국민 경제교육'을 맡아줬으면 한다. 우리나라 경제교육의 현주소를 살펴보면 10대 경제강국과는 한참 거리가 있다.

기획재정부가 지난해 10월~11월 초·중·고교 학생 각 5,000명을 대상으로 실시한 경제 이해력 조사에서 학생들의 점수는 평균 60점 안팎인 것으로 나타났다. 2020년 조사 때보다는 소폭 나아졌지만, 여전히 많이 부족한 상태이다.

초등학교와 중학교에선 경제 관련 과목이 별도로 없다. 고등학생이 되면 경제를 선택과목으로 배울 수 있지만, '어려울 것 같다'는 막연한 두려움에 외면당하고 있다. 실제 지난 6월 치러진 대학수학능력시험 모의평가에서 경제 과목을 선택한 학생은 1.5%에 그쳤다. 2023학년도 수능에선 1.1%에 불과했다.

이처럼 청소년 시절 경제교육을 제대로 받지 못하다 보니 성인이 된 후에도 개선의 여지가 없다. 지난해 한국개발연구원(KDI)이 실시한 전 국민 경제이해력 조사의 평균 점수는 56점으로 낙제 수준이다.

교육 현장의 선생님들도 답답하긴 마찬가지다. 지난 2020년 전국 초·중·고 사회·경제 수업 담당 교사 730명을 대상으로 실시한 조사에 따르면, 69.3%의 교사가 지난 2년간 경제수업 관련 직무연수를 받지 못했다. 수업 시간 등이 부족하다 보니 진도도 끝내지 못한다. 교과 진도를 100% 달성한 학교는 20~30%에 불과하다. 교사 10명 중 8명가량은 "경제교육 수업을 하면서 어려움을 느끼고 있다"고 토로했다.

물론 경제교육의 1차적 책임은 학교에 있다. 하지만 경제 단체들의 역할도 학교 못지않다. 실제 한국경제인협회도 전경련 시절 교사, 군인, 경찰, 사법연수생, 주한 외교관 등을 대상으로 경제교육에 적극 나선 적이 있다.

지난 2017년까지 해마다 두 차례 전국 초·중등교사 경제교육 역량 강화 연수 프로그램을 운영해왔다. 최신 경제교육 노하우를 일선 교사들에게 전달하고 동시에 시장경제에 있어서 기업가들의 역할과 중요성 등을 강조해왔다. 전경련 시절인 지난 2016년 주부 등 일반인들을 대상으로 시장경제교육 강사도 양성한 바 있다.

그러나 어떤 이유에서인지는 2017년 이후 전경련은 경제교육 관련 교사 연수프로그램을 더 이상 진행하지 않고 있다.

이번에 한경협으로 새롭게 출범하면서 정경유착의 고리를 끊어내고 대국민 소통을 대폭 강화하겠다고 선언한 만큼, 국민 경제교육을 책임져 주었으면 하는 바람이다. 교육이 바로 서야 나라가 바로 서듯이, 경제교육, 특히 청소년들을 대상으로 한 경제교육이 제대로 이뤄져야 기업가 및 기업 활동에 대한 국민들 이해의 폭이 더욱 넓어질 것이다.

경제교육이야말로 한경협이 가장 잘 알고, 또 가장 잘할 수 있는 분야이다. 학교보다 훨씬 더 실질적이고 현장감 있는 콘텐츠를 보유하고 있을 뿐만 아니라, 그 콘텐츠를 학생이나 교사들에게 효과적으로 전달할 수 있는 전직 임원 등 강사진도 풍부하기 때문이다.

시장경제와 기업활동에 대한 국민적 이해와 관심을 높여 기업의 든든한 후원군을 양성해내는 게 대정부 로비보다 장기적으로 훨씬 값어치 있는 일일 것이다. 한경협이 이번에 새로 만든 윤리헌장에 "자유민주주의와 자유시장경제의 확산과 강화에 진력을 다한다"는 구절이 있다. 기업과 기업가들이 자유민주주의와 자유시장경제의 단단한 반석 위에 서서 마음 놓고 기업활동에 전념할 수 있는 환경을 만들어주는 게 한경협의 최우선 과제이다.

- 2023년 10월 4일 뉴시안 데스크칼럼

썰렁한 주한 외국대사관

 서울 중구 정동 주한 영국대사관. 지난해와 달리 대사관 분위기가 무겁게 가라앉아 있다. 특히 상무관실은 개점 휴업상태. 대부분 직원이 일손을 놓고 있다.
 IMF 한파로 한국기업 유치를 위한 투자세미나와 사절단 방한 프로그램들이 줄줄이 취소되거나 보류된 탓이다. 그동안 한국기업 유치에 가장 적극적이었던 영국대사관은 올해 중 30여 건의 투자세미나 등을 계획했었다. 비수기인 1월에만도 과학교육워크샵 등 3건이 예정돼 있었다. 그러나 최근 본국 정부와 기업들은 대부분 취소 또는 보류라는 안타까운 소식들만 전해오고 있다. 이런 식이라면 올해는 10건도 채 안 될 전망이다. 지난해와는 사뭇 대조적이다.
 물론 '한·영 만남 200주년'의 해여서 특별 기획된 이벤트들이 많은 탓도 있었지만 지난해 영국대사관은 60여 건의 투자세미나와 사절단 방한 프로그램을 치렀다. 한 달에 평균 5건꼴인 셈이었다. 덕분에 투자유치를 담당하는 상무과 직원들은 서울·부산 등 전국을 누비며 행사 준비 관계로 정신없는 나날을 보냈다. 너무 바빠 개인 시간을 가질 수 없다고 불평도 했다.

　남대문 근처에 자리잡고 있는 주한 독일대사관. 이곳도 상황은 비슷하다. 예년 같으면 한 해 동안의 투자세미나 계획 등이 수립돼 이미 준비단계에 접어들 시점이다.

　그러나 올해는 아직 본국 정부나 기업들로부터 감감무소식이다. 지난해 투자 및 기술 세미나 10여 개를 포함, 40개 행사를 주관했던 독일대사관은 올해는 그 절반 수준에도 못 미칠 것으로 내다봤다.

　주한 미국 대사관은 올해 계획된 행사들의 규모와 시기를 조정하는 내부 작업에 착수했다. 이미 올봄에 열기로 했던 소비자용품박람회는 일단 가을로 미루고 행사 규모도 대폭 축소키로 했다. 대사관마다 다소 차이가 있긴 하나 IMF 한파로 대부분이 썰렁한 겨울을 보내고 있다는 얘기다.

　"휴일을 반납하면서까지 바쁘게 돌아다녀도 좋으니 70년대 영국이 그랬던 것처럼 한국도 IMF체제에서 빨리 벗어나 해외투자 여력을 회복했으면 합니다"

　한 외국대사관 상무과 직원의 새해 소망이다.

- 1998년 1월 16일 한경 취재여록

외국 기업인들의 쓴소리

외환위기 이후 1년간 큰 변화 중의 하나가 주한 외국 기업인들의 '언론자유'다. 예전에는 언론사에서 외국 기업인들에게 인터뷰나 기고를 요청하면 사양하기 일쑤였다. 점잖은 표현으로 사양이지 사실은 기피였다. 괜히 말 한번 잘못했다가 한국 정부에 찍혀 미움을 사면 본전도 못 건진다는 생각 때문이었다. 그래서 한국을 떠나는 외국인들이 후임자에게 잊지 않고 당부하는 것도 입조심이었다.

이러다 보니 외국기업인들은 한국 정부에 하고 싶은 말이 있어도 꿀 먹은 벙어리인 양 참고 살았다. 자연 정부와의 대화는 단절될 수밖에 없었다. 그리고 한국 안에서 하고 싶었던 말을 밖에 나가서 했다. 대부분 좋지 않은 얘기들이다. 이런 과정이 한국의 고립으로 발전됐고 그 결과는 환란의 한 원인이 됐다. 그러나 최근 들어 외국 기업인들이 굳게 다물었던 입을 열기 시작했다.

한국경제신문이 매주 시리즈로 연재하고 있는 '한국의 경제개혁-외국인 좌담회' 참석 요청에도 흔쾌히 응하고 있다. 정부 비판에도 스스럼이 없다. 불만과 요구사항이 봇물 터지듯 쏟아져 나온다. 이제는 우리 정부가 귀를 열 차례다. 때론 듣기 민망한 말도 있고, 자존심을 건드리는 얘기도 있을 수 있다. 하지만 여전히 글로벌 스탠더드는 우리에겐 경전이다. 말이 많아졌다고 귀를 막는 순간 제2의 환란이 시작될 수도 있다.

- 1998년 12월 3일 한경 취재여록

군인공제회 새 이사장의 조건

김승광 군인공제회(이하 공제회) 이사장이 오는 24일 3년 임기를 마치고 물러난다. 육군 중장으로 예편한 후 2003년 3월 취임한 김 이사장은 그동안 군은 물론 재계로부터 공제회의 위상을 크게 높였다는 평가를 받고 있다.

사실 3년 전만 해도 회원인 군인들조차 자신들의 돈을 맡아 키워주는 공제회의 실상을 제대로 알지 못했을 정도였다. 공제회는 그러나 굵직굵직한 기업M&A와 부동산 개발 투자를 성공시키면서 'M&A시장의 큰손', '투자의 귀재', '토종기업 지킴이' 등의 별칭을 얻는 동시에 시장의 막강파워로 자리매김하고 있다.

4조 원 규모의 자산을 굴리고 있는 공제회는 실제 지난 3년간 금호타이어 해태제과 두산인프라코어 진로 등의 기업M&A를 성공적으로 이끌었으며 지금도 대우건설 인수를 위해 뛰고 있다. 덕분에 순익도 크게 늘었다. 2002년 439억 원이었던 순익은 2003년 907억 원으로 두 배 이상 늘었다. 지난해에는 금호타이어 매각 등을 통한 특별이익 발생으로 순익이 1,000억 원을 훌쩍 넘을 것으로 보인다.

국방부는 현재 김 이사장의 뒤를 이을 새 이사장 인선작업을 벌이고 있다. 현역 및 예비역 장성 10명이 지원했을 정도로 경쟁이 치열하다. 군은 물론 시장에서도 새 이사장이 누가 될지에 촉각을 곤두세우고 있다. 공제회가 국민경제에서 차지하고 있는 비중이 크다는 방증이다. 그런 만큼 국방부는 새 이사장 인선작업을 더욱 엄격하고 신중하게 해야 한다. 새 이사장이 갖춰야 할 첫 번째 조건은 시장에 대한 이해이다. 군 생활을 오래하다 보면 시장 감각이 떨어지기 쉬운데 쟁쟁한 기업들과 경쟁해 살아남기 위해서는 최고경영자(CEO)의 시장 감각이 중요하다.

또 최근 해외시장 개척에 열을 올리고 있는 만큼 국제금융 및 부동산투자기법 등에 대한 지식도 겸비해야 한다. 물론 새 이사장이 소신껏 일할 수 있도록 공제회를 산하기관이 아닌 별도의 민간기업으로 인정하는 국방부의 자세 변화가 가장 우선 돼야 한다.

군 주변에서는 군인 27만 명을 회원으로 둔 공제회의 투자 성패는 군의 사기와 직결된다는 우스갯소리가 있다. 국방력 강화를 위해서라도 정말 새 이사장은 잘 뽑아야 한다.

- 2006년 3월 20일 한경 취재여록

어느 중기인(中企人)의 희망

"도대체 90%라는 게 말이나 됩니까? 과거처럼 기술력이나 제품력이 떨어진다면 할 말이 없지만 이젠 비슷한 수준에 도달했습니다. 몇몇 부분에선 오히려 앞서갑니다. 가격도 훨씬 싸죠. 그럼에도 국산을 외면하니…"

얼마 전 만난 중소기업인 A씨의 하소연이다.

골프카 생산 전문업체를 경영하는 A씨는 최근 순수 국내 기술로 골프카를 개발해 판매에 나섰지만 골프장의 외면으로 어려움을 겪고 있다며 고충을 털어놨다.

현재 국내 골프장엔 3,000대의 골프카가 운영 중이다. 시장 규모는 연 450억 원으로 추산된다. 이 중 일본산 제품이 점유율 90%를 기록하면서 시장을 독점하다시피 하고 있다.

A씨는 "이처럼 일제에 밀려 국산 골프카의 설 자리가 갈수록 줄어들고 있다"며 "솔직히 과거에는 일제에 비해 품질이 크게 떨어졌던 게 사실이지만 이젠 국내 기술도 많이 향상됐다"고 강조했다.

최근 국산 골프카로 교체한 강남 300컨트리클럽의 최희덕 코스관리부 주임은 "배터리 성능 등 일제와 비교해 손색이 없다"며 "자동차에 적용한 4륜 독립현가장치 때문인지 승차감은 훨씬 좋다"고 말했다. 최 주임은 "무엇보다 애프터서비스가 제때 이뤄진다는 게 가장 좋은 것 같다"며 "일제 골프카를 사용할 때는 부품이 없어 일본서 공수해 오는 경우가 많아 AS에 며칠씩 걸렸다"고 덧붙였다.

국산 골프카의 또 다른 강점은 가격 경쟁력이다. A씨는 "일제에 비해 30%가량 저렴하다"고 강조했다. 자연히 부품가격도 싸다는 설명이다. 이 회사가 자체 조사한 자료에 따르면 구동모터의 경우 국산이 110만 원대인 데 비해 일제는 121만~238만 원대이다. 또 국산 배터리와 앞면 바람막이 창은 일제에 비해 가격이 4분의 1 수준이다.

"단지 국산이라는 이유로 무조건 구매하고 일제라고 배척하는 애국심 마케팅에 기대려는 것이 결코 아닙니다. 과거 습관적으로 일제를 구매했던 골프장 경영자들이 앞으로는 품질 가격 AS 등을 꼼꼼히 따져본 후 제품을 선택해줬으면 하는 마음뿐입니다"

국산 골프카의 시장점유율을 최소 30%까지 끌어올리겠다는 A씨가 골프장 경영자들에게 보내는 간절한 메시지다.

- 2006년 5월 1일 한경 취재여록

북핵과 주한외국기업

 지난 13일 낮 12시 서울 하얏트호텔 그랜드볼룸. 주한 유럽상공회의소(소장 장 자크 그로하)가 윤광웅 국방부 장관을 초청해 '한반도 안보상황과 참여정부의 국방정책'을 주제로 강연회를 가졌다. 주한 외국상공회의소가 우리나라 국방 최고책임자를 초청, 국방정책에 대한 설명을 들은 것은 이번이 처음이었다. 북한 핵 위기가 최근 국제 사회의 최대 이슈로 등장함에 따라 한반도 안보에 대해 주한 외국 기업인들의 걱정도 그만큼 크다는 것을 방증한 셈이다.
 이날 강연회에는 독일 프랑스 등 유럽의 주요 국가 대사 10여 명을 비롯해 기업인 등 100여 명이 참석했다. AP 등 외신은 물론 국내 언론들의 취재 열기도 뜨거웠다. 윤 장관은 이날 강연회에서 한·EU관계, 북핵문제 해결 방안, 한·미 동맹의 필요성, 국방 개혁 등에 대해 20여 분간 영어로 설명했다.
 윤 장관은 "(안보 불안 없이) 한국에서 안정된 경제활동을 할 수 있느냐는 게 여러분의 주된 관심사일 것"이라며 "북한의 군사 위협에 확고한 태세를 유지하고 있기 때문에 걱정하지 말라"고 강조했다.

하지만 주한 외국 기업인들의 생각은 달랐다. 한 핀란드 기업인은 북한의 장사정포 공격 가능성에 대해 우려를 나타냈다. 이 기업인은 "한국에서 15년을 살아 북한의 공격에 (한국인들처럼) 무뎌질 때도 됐는데 그래도 가끔 불안하다"며 서울 방어대책을 물었다. 북한의 위협에 익숙해진 자신이 그럴진대 밖에서 한반도를 바라보는 외국인 투자자들은 오죽하겠느냐는 걱정도 담겨 있는 듯했다.

우연의 일치겠지만 이날 윤 장관의 강연회가 시작되기 바로 5분 전, 북한 경비정 두 척이 서해 북방한계선(NLL)을 침범했다. 이렇듯 한반도에는 북한발(發) 불안요소들이 남아 있다. 이는 주한 외국인들에게는 더욱 민감한 문제이다.

외국인 투자자들이 진정 바라는 것은 "다 잘 해결될 것"이라는 립서비스보다 북핵 문제의 심각성을 인식하고 이에 적극 대응해 나가는 우리 정부의 자세일 것이다.

- 2005년 5월 16일 한경 취재여록

NG족, 사오정 그리고 2+5

　정부가 엊그저께 국가 비전2030 일환으로 인적자원활용 '2+5' 전략을 발표했다. 국방부 교육인적자원부 노동부 재정경제부 등 무려 6개 부처가 관여했다. 비록 급조한 인상을 지울 수는 없지만 정부가 국가인적자원 활용에 적극 나서겠다는 나름의 의지를 반영한 것으로 보인다. 2+5 전략이란 한마디로 2년 일찍 취직하고 5년 늦게 퇴직하도록 하자는 개념이다. 정부 계획대로 된다면 7년 더 일할 수 있으니 매우 바람직한 일이다.
　그런데 과연 현실은 어떤가.
　전문가들은 정부의 2+5 전략은 탁상공론의 전형이라고 평가하고 있다. 2+5 전략 중 '2'만 봐도 그렇다. 정부는 2년 빨리 취직할 수 있도록 하기 위한 첫 조치로 군 복무 기간을 6개월 단축하기로 했다. 군 전력 약화 우려, 예산확보 등의 문제점은 논외로 하더라도 군 복무 기간을 단축하게 한다고 젊은이들이 빨리 직장을 잡을 수 있을까.
　지금 대학가에 떠도는 '대오(대학 5학년) NG(No Graduation)족' 등 신조어가 청년 취업난을 그대로 보여주고 있다. 취직이 어렵다 보니 저마다 졸업을 한두 해 미루고 해외어학연수 등에 힘을 쏟고 있다. 최근 한 취업사이트 조사에 따르면 1997~2005년 사이 4년제 대학생들의 재학 기간은 평균 5년 11개월이다. 결국 젊은이들이 노동시장에 일찍 진출하지 못하는 것은 군 복무도 한 요인이겠지만 장기불황 등으로 시장이 이들을 받아줄 여력이 없기 때문이다. 그래서 6개월 일찍 군 복무를 끝내더라도 이들이 그만큼 일찍 노동시장으로 유입된다는 보장은 없다. 오히려 취업 준비 기간만 6개월 더 늘리는 결과를 초래하지 않을까.

2+5 전략 중 '5'도 마찬가지다. 정부는 5년 더 일할 수 있게 하기 위해 '정년연장장려금' 신설을 추진하고 있다. 또 정년을 낮게 정한 기업주를 벌주는 조치도 마련했다. '삼팔선', '사오정' 등이 넘쳐나고 있는 현실에서 이들 조치가 과연 약발이 먹힐지 의문이다. 경기가 살아나 주문만 밀려든다면 기업들은 정부가 하지 말라 해도 일자리를 만들고 정년을 늘릴 것이다.

결국 2+5 전략은 기업들이 더 많은 일자리를 만들도록 정부가 기업을 경영하기 좋은 환경을 조성해줘야 성공할 수 있다. 그렇지 않으면 2-5 전략으로 전락할 수도 있음을 정부가 알았으면 한다.

- 2007년 2월 8일 한경 취재여록

취재여록

NG족, 사오정 그리고 2+5

정부가 엊그제 국가비전2030 일환으로 인적자원활용 '2+5' 전략을 발표했다. 국방부 교육인적자원부 노동부 재정경제부 등 무려 6개 부처가 관여했다. 비록 급조한 인상을 지울 수는 없지만 정부가 국가인적자원 활용에 적극 나서겠다는 나름의 의지를 반영한 것으로 보인다. 2+5전략이란 한마디로 2년 일찍 취직하고 5년 늦게 퇴직하도록 하자는 개념이다. 정부 계획대로 된다면 7년 더 일할 수 있으니 매우 바람직한 일이다.

그런데 과연 현실은 어떤가. 전문가들은 정부의 2+5전략은 탁상공론의 전형이라고 평가하고 있다. 2+5전략 중 '2'만 봐도 그렇다. 정부는 2년 빨리 취직할 수 있도록 하기 위한 첫 조치로 군복무기간을 6개월 단축키로 했다. 군 전력약화 우려, 예산확보 등의 문제점은 논외로 하더라도 군 복무기간을 단축시킨다고 젊은이들이 빨리 직장을 잡을 수 있을까. 지금 대학가에 떠도는 '대오(대학5학년)' 'NG(No Graduation)족' 등 신조어가 청년 취업난을 그대로 보여주고 있다. 취직이 어렵다 보니 저마다 졸업을 한두 해 미루고 해외어학연수 등에 힘을 쏟고 있다. 최근 한 취업사이트 조사에 따르면 1997~2005년 사이 4년제 대학생들의 재학기간은 평균

5년 11개월이다.

결국 젊은이들이 노동시장에 일찍 진출하지 못하는 것은 군 복무도 한 요인이겠지만 장기불황 등으로 시장이 이들을 받아줄 여력이 없기 때문이다. 그래서 6개월 일찍 군 복무를 끝내더라도 이들이 그만큼 일찍 노동시장으로 유입된다는 보장은 없다. 오히려 취업준비기간만 6개월 더 늘리는 결과를 초래하지 않을까.

2+5전략 중 '5'도 마찬가지다. 정부는 5년 더 일할 수 있도록 하기 위해 '정년연장장려금' 신설을 추진하고 있다. 또 정년을 낮게 정한 기업주를 벌주는 조치도 마련했다. '삼팔선' '사오정' 등이 넘쳐나고 있는 현실에서 이들 조치가 과연 약발이 먹힐지 의문이다. 경기가 살아나 주문만 밀려든다면 기업들은 정부가 하지 말라 해도 일자리를 만들고 정년을 늘릴 것이다.

결국 2+5전략은 기업들이 보다 많은 일자리를 만들도록 정부가 기업하기 좋은 환경을 조성해줘야 성공할 수 있다. 그렇지 않으면 2-5전략으로 전락할 수도 있음을 정부가 알았으면 한다.

김수찬 사회부 기자 ksch@hankyung.com

경제를 아시나요?

장인은 군 출신이다. 당시 대부분이 그랬겠지만, 어려운 집안 형편 때문에 대학 진학은 엄두도 못 내고 1960년 4월 간부후보생으로 군에 입대했다. 1969년 말 베트남전에도 참전했다. 맹호부대 1연대 통신대장으로 꿰년에서 1년간 근무했다. 80년대 초 소령으로 예편하기 전까지 20년가량 푸른 제복을 입었다.

장인은 전역 후 제법 큰 규모의 공기업에 재취업했다. 이 회사 사장으로 자리를 옮긴 군 상관의 배려 덕분이었다. 구매, 연구개발, 총무 부서 등을 거치면서 정년까지 일했다. 한마디로 장인은 행복한 군인이었다.

군인으로 20년, 그 후 샐러리맨으로 15년이라는 비교적 성공적인 인생 2모작을 했다. 장인뿐만이 아니었다. 60~80년대는 군 출신에게 많은 혜택이 주어졌다.

공기업의 사장 자리는 대부분 예비역 장성의 몫이었다. 책임감·리더십 등을 높이 사 기업들 스스로 군 출신을 선호했던 시절이었다.

그러나 요즘은 어떤가. 사회의 칼바람이 매섭다. 군 전역 간부들의 취업률은 갈수록 하락 추세다. 일자리의 질도 나빠졌다.

보훈처에 따르면 최근 5년간 제대한 중장기 군 복무자(장교·부사관)의 취업률은 2007년 64.6%에서 지난해 41.3%로 뚝 떨어졌다. 민간기업에서도 '사오정(45세 정년)', '오륙도(56세까지 직장 다니면 도둑)와 같은 흉흉한 말이 떠돈 지 오래인데, 군 간부들이 비집고 들어갈 틈도 좁아질 수밖에 없다.

그렇다면 세찬 풍파를 어떻게 헤쳐나가야 할까. 이제 군 간부들도 경제 마인드로 스스로를 무장하고, 시장친화적인(market-friendly) 군인으로 거듭나야 한다.

직업의 특성상 최전방에서 대부분 시간을 보내야 하는 군 간부들로서는 경제교육을 받을 기회가 드물다. 특히 부사관 양성기관의 교육과정에는 경제 관련 과목을 아예 찾아보기 어렵다.

자가보유율 통계는 경제생활과 동떨어진 군 간부들의 삶을 여실히 보여준다. 국방부 자료에 따르면, 2009년 현재 군인의 자가보유율은 31.5%로, 일반 국민(67.5%)의 절반에도 못 미친다. 봉급 규모가 비슷한 일반 공무원에 비해서도 훨씬 낮다.

군 차원에서 간부를 위한 재테크·부동산투자·재취업 등 관련 프로그램을 마련해 보다 다양한 교육 기회를 제공해줘야 하는 이유다. 부대장의 의지만 있다면, 전국경제인연합회·금융사·언론사 등 민간 부문에서 다양한 경제교육 프로그램을 갖추고 있는 만큼 큰 도움을 줄 수 있을 것이다. 경제교육을 통해 군 전역 간부들이 사회에 안

착할 수 있어야만 우리 군도 강군으로 거듭날 수 있다. 경제교육은 곧 국방의 첫걸음인 셈이다.

— 2012년 8월 27일 국방일보 병영칼럼

라스베이거스의 변신

국제자동차용품 전시회가 열리고 있는 미국 라스베이거스 국제컨벤션센터. 이 센터의 한 켠에서는 포크레인 등 건설장비의 소음이 요란하다. 내년 12월 말 완공을 목표로 확장공사가 한창이다.

"이번 공사로 전시 공간을 추가로 확보, 굵직굵직한 국제전시회를 본격 유치하겠다"는 게 라스베이거스 전시회 측 홍보책임자인 에리카 브랜드빅(34)씨의 설명이다.

도박의 도시 라스베이거스의 낮 모습이 달라지고 있다. 밤새 도시를 밝히던 화려한 네온사인과 대박을 꿈꾸던 사람들의 꿈이 사그라지는 아침이면 '화장기없는' 황량한 사막 도시로 변하던 라스베이거스. 그러나 이제는 컨벤션산업 등 새로운 산업을 일으켜 낮의 도시로도 탈바꿈해가고 있다.

라스베이거스는 10월에서 3월로 이어지는 관광 비수기를 겨냥, 컨벤션산업 육성에 눈을 돌렸다. 최근 들어서는 철을 가리지 않고 전시회를 유치하고 있다. 미국의 컨벤션 도시인 애틀랜타시의 아성을 위협할 정도다.

라스베이거스에서 해마다 열리는 국제회의 및 전시회 수는 컴덱스 쇼를 비롯 2,400여 개에 이른다. 올 1~8월까지 전시회에 들른 관람객은 266만 4,000여 명. 이는 지난해 라스베이거스를 찾은 관광객 3천3백만 명의 8% 선이다.

이 기간의 전시회에서 얻은 경제적 효과는 29억 7,000만 달러. 지난해에 비해 12% 증가한 것이다. 지난해 전체 카지노 수입 70억 달러의 절반에 육박하는 규모다.

라스베이거스는 도박 도시라는 '오명'을 씻고 가족 단위 리조트 도시로 거듭나기 위해 안간힘을 쏟고 있다. 택시에 '온 가족이 함께 와서 즐기세요'라는 광고를 달도록 했다. 호텔들은 어린이 전용 놀이터를 마련하고 있다. 시내 곳곳에는 '자이로드롭' 등 가족이 즐길 수 있는 놀이시설이 들어서고 있다. 가족 관광객을 유치하기 위한 것이다.

폐광지역의 경제를 살리기 위해 태어난 강원도 정선의 스몰카지노. 이 한국판 라스베이거스에서는 벌써 하룻밤에 수천만 원을 날리는 '도박꾼'들이 속출하고 있다는 소식이다.

라스베이거스의 변신을 타산지석으로 삼아야 할 것 같다.

– 2000년 11월 7일 한경 특파원코너

공공 개혁의 겉과 속

정부는 최근 공공 부문의 경쟁력 강화를 위해 주요 공직에 개방직을 늘리고 능력급제를 도입하는 등 다양한 정책을 내놓고 있다. 그러나 대표적 공공 부문인 공기업의 경영진 인사를 둘러싼 잡음이 여전히 끊이지 않는 것을 보면서 정부 정책에 다소 회의적인 생각도 감출 수 없다.

이런 상황에서 얼마 전 이스라엘 공기업이 세계 최고 수준의 경쟁력을 발휘할 수 있는 비결을 살짝 엿볼 기회가 있었다. 군수산업 취재를 위해 찾은 이스라엘 최대 기업이자 국영 항공우주업체인 IAI에서였다.

IAI의 경우 모쉬 케렛 사장(72)이 올해로 21년째 최고경영자 자리를 맡고 있다. '장기 집권' 비결을 묻자 케렛 사장은 "매일 열심히 운동한 덕분"이라고 위트 있게 받아넘겼다. 일흔을 넘긴 케렛 사장은 틈만 나면 지중해에서 서핑을 즐길 만큼 건강하지만 그게 비결의 전부는 아닐 게다. 내각책임제의 나라로 걸핏하면 정권이 바뀌는 이스라엘에서 라빈 총리 시절 임명된 케렛 사장이 그간 정권이 여섯 번이

나 바뀌었는데도 건재할 수 있는 배경은 무엇일까.

IAI 지분 100%를 갖고 있는 이스라엘 정부로서는 마음만 먹으면 언제든 자기 사람을 앉힐 수도 있다. 매출 2조 2,000여억 원에 직원 1만 5,000명을 거느린 공기업의 사장 자리는 정권 입장에서 보면 군침을 흘릴 만도 하다.

"사장을 바꾸고 싶은 유혹을 느낀 총리도 있었겠지요. 하지만 기업에 대한 평가는 시장에 맡기는 게 현명하다는 결론을 내리고 유혹을 뿌리쳤을 것이라고 봅니다. 국영 기업이라도 정치 논리보다 시장 논리를 따라야 살아남을 수 있죠. 정권의 입맛에 따라 사장을 갈아치운다면 경영 안정성과 장기적인 전략 수립은 불가능하죠"(도론 서스릭 IAI 홍보 담당 부사장)

엄격한 정경분리 원칙 덕분인지 IAI는 승승장구하고 있다. 당초 항공기 수리 회사로 출발한 이 회사는 인공위성 관련 분야에서 조기경보 시스템 개발에 이르기까지 최첨단 항공 기술력을 세계적으로 인정받고 있다. 매출의 80%가량이 해외시장에서 미국의 보잉 등과 경쟁해 올린 수출실적이라는 점이 이를 입증한다.

IAI에 비춰 우리 공기업 현실은 어떤가.

청와대 인사수석이라는 분이 '(공기업 사장들 중) 어지간히 하신 분들은 스스로 거취를 결정해야 한다'고 사퇴를 종용하는 상황에서 케렛 사장 같은 전문경영인이 나오기를 기대하는 것은 난센스일 것이다. 대개 정권 창출에 기여한 낙하산 인사들로 기껏 1~2년간 임시직처럼 자리를 지키다가 정권이 바뀌기 무섭게 보따리를 싸는 게 우리 공기업 사장의 현주소다.

'한국도로공사 등 10여 개 공기업을 정밀 조사한 결과 비자금 조성, 인사권 전횡 등 내부 비리가 심각한 수준에 이르렀다'는 부패방지위원회의 최근 공기업 경영 실태 보고서도 현 공기업 경영 및 인사시스템과 무관치 않다.

과거 권위주의 시대에나 있었을 법한 공기업의 비리와 낙하산 인사가 계속되는 까닭은 무엇일까. 공기업 사장 자리를 정권 창출의 전리품쯤으로 여기는 관료주의 때문이 아닌가 싶다.

국가 균형발전을 위해 공기업을 지방에 골고루 나눠준다는 정부의 공기업 지방 이전 정책에서도 관료주의 냄새가 물씬 풍긴다. 특히 한전 등은 엄연한 상장회사인데도 시장의 우려 등은 안중에 없어 보인다.

현 정부는 공공 부문의 혁신을 입버릇처럼 강조하지만 공기업도 기업인 만큼 정권의 몫이 아니라 시장의 몫으로 돌려줘야 한다는 평범한 진리를 이스라엘에서 배워야 할 것이다.

- 2005년 4월 4일 한경데스크

군산市, 괜찮은 거래

올해 전북 군산시의 예산은 4,800억 원이다. 이 중 시가 자체 충당하는 재원은 1,248억 원뿐이다. 재정자립도가 26%에 불과하다는 얘기다. 전국 하위권이다. 군산에 세워진 산업단지는 텅텅 비어 있다. 군장국가산업단지의 경우 400만 평 중 63만 평이 분양됐다. 이 중 58만 평은 2~3년이 넘도록 실제 투자로 이어지지 않고 있다.

지역 소상공인의 인내심도 한계에 다다랐다. 군산지역 최대 번화가였던 창성동 개복동 영화동 등지에는 추석 대목을 앞둔 요즘에도 문을 닫는 점포들이 늘고 있다. 옛 군산시청 부지 1,300평에 들어선 로데오 건물에 입주해 있던 점포들도 하나둘씩 빠져나가고 있다.

자연 인구도 줄고 있다. 하루 평균 13명이 군산을 등진다. 이처럼 고사 직전의 지역경제를 살리기 위해 군산 시민들에게 단돈 한 푼이 아쉬운 실정이다.

사실 군산에 기회가 전혀 없었던 것은 아니다. 지난해 중·저준위 방사성폐기물 처리장(방폐장)만 유치했더라도 상황은 크게 달라질 수 있었다.

그러나 방폐장은 좀 더 적극적으로 유치에 나선 경주 시민들에게 돌아갔다. 3,000억 원이라는 막대한 정부 지원금과 함께. 군산시 5개 대학교수협의회는 방폐장 유치에 따른 생산유발효과가 최소 3조 3,903억 원, 최대 22조 4,818억 원이라고 밝혔다.

고용유발효과도 최소 2만 9,032명, 최대 20만 5,860명이라고 했다. 인구 26만여 명의 군산시로선 꿈같은 숫자이다.

방폐장 유치에 실패한 군산시민들이 땅을 치며 아쉬워했던 것은 어쩌면 당연한 일이다. 수천 명의 성난 시민들은 시민문화회관 앞에서 민주노동당 민주노총 등의 화형식을 거행했다. 민노당 민노총 등의 흑색선전과 무책임한 행동 때문에 방폐장 유치에 실패했다는 게 그 이유였다.

상실감에 빠져있던 군산 시민들에게 최근 또 한 번의 기회가 찾아왔다. 방폐장 유치 실패의 경험을 거울삼아 군산시는 이번만큼은 그 기회를 놓치지 않았다. 군산시는 최근 직도사격장에 자동채점장비(WISS)를 설치하기 위한 국방부의 산지전용허가 신청을 공식 허가했다. 덕분에 1년 넘게 계속된 찬반 갈등도 일단락됐다. 군산시는 '국가안보 우선'이라는 거창한 이유를 내세웠지만 속내를 들여다보면 먹고 사는 문제 해결이 너무도 급했던 것이다.

정부 지원금 3,000억 원의 용도도 이미 정해놨다. 예산 부족으로 장기 표류했던 고군산도 연결도로 건설(1,200억 원) 등도 가능해졌다. 당장 건설경기가 살아나는 것은 물론 주변 상권 활성화도 기대된다.

1조 2,000억 원이 소요되는 군산경제자유지역 지정에 대해 긍정적으로 검토하겠다는 정부의 약속을 받아낸 것도 큰 수확이다. 군산시는 앞으로 중앙정부와의 협력적인 관계를 구축해 후속지원을 이끌어내겠다는 복안도 갖고 있다.

이 같은 군산시의 결정에 민주노동당과 일부 시민단체들은 "문동신 군산시장이 3,000억 원에 직도를 팔아먹었다"며 갈등을 부추기고 있다. 그러나 중앙정부와 '괜찮은 거래'를 했다고 믿는 대다수 군산시민은 더 이상 속지 않을 게 분명하다.

민생 최우선 정치를 외쳐온 민주노동당도 이제 군산 유권자들의 민의가 무엇인지 정확히 파악해야 한다. 그렇지 않으면 군산시민들의 '뜨거운 맛'을 또다시 보아야 할 것이다.

- 2006년 9월 27일 한경데스크

초전도체와 주식투자의 잘못된 만남

㈜서남의 지난달 27일 종가는 3,030원이다. 최근엔 4,000원 후반 5,000원대 초반에서 거래가 이뤄지고 있다. 이 회사의 주식은 지난달 27일부터 17거래일 동안 상한가 5번, 하한가 2번을 맞았다. 그런 와중에 3,000원대 머물러 있던 주가가 한때 종가 기준 1만 2,610원까지 치솟아 연일 신고가를 갈아치웠다. 한마디로 롤러코스터를 탔다.

잘 알려진 대로 초전도체 테마주로 분류됐기 때문이다. 상황이 이상하게 돌아가자, 급기야 서남은 회사 홈페이지 공지를 통해 "현재 상온상압 초전도체를 개발했다고 주장하는 연구기관과는 어떠한 연구협력이나 사업교류가 없었다"며 "최근 주식시장에서 자사가 관련주로 여겨져 집중되고 있는 상황은 우려스럽다"고 밝혔다. 회사의 부인 이후에도 주가는 두 번 더 상한가를 쳤다.

더 흥미로운 것은 이 회사의 최대 주주는 그 틈을 타 자신이 보유한 주식 전량을 팔아치웠다는 것. 개인투자자들이 열심히 이 회사 주식을 사들일 때 미련 없이 던져 큰 차익을 챙긴 것으로 알려졌다. 누구보다 회사 내부 사정을 속속들이 파악하고 있었을 최대 주주마저 '서남'을 버린 것이다.

박용섭 경희대 물리학과 교수가 한 매체와의 인터뷰에서 밝힌 내용은 더욱 기가 막힌다. 박 교수는 "(서남은) 2019년부터 액체 질소로 초전도 상태를 유지하는 송전선을 1~2㎞ 길이로 시험 운영하고 있다"며 "그런데 만약 LK-99가 진짜 상온 초전도체라면 서남은 바로 망할 회사"라고 단언했다. 초전도체는 저항이 0인 물질인데, 만약 LK-99가 상온 초전도체라면 에너지 손실 없이 전기를 멀리까지 보낼 수 있게 돼 서남이 공들이고 있는 '송전선'은 무용지물이라는 얘기다.

비단 서남뿐만 아닐 것이다. 최근 상온 초전도체 테마주로 분류돼 주식시장의 핫이슈로 뜨고 있는 기업들 대부분이 서남과 크게 다르지 않다. 상온 초전도체는 그야말로 '과학'이다. 정답이 여러 개일 수가 없다. 이미 세계 3대 학술지 중 네이처와 사이언스가 LK-99에 대해 부정적인 의견을 내놓았다. 사이언스는 "상온 초전도체 주장의 짧고 화려한 삶"이라는 논평을 통해 회의론을 제기했다. 국내 학회가 구성한 검증위원회도 비슷한 입장이다. 한국초전도저온학회 LK-99검증위원회는 "LK-99 시편(샘플)을 일부 제조한 결과, 현재까지 초전도성을 나타내는 측정 결과는 없다"고 주장했다.

이쯤 되면, 상온 초전도체는 사이언스지의 표현대로 '짧고 화려한 삶'을 마감해야 한다. 그런데도 여전히 개인투자자들을 유혹하고 주식시장을 유린하고 있다. 초전도체의 실체가 사실상 '거짓'으로 드러났음에도 초전도체 관련 테마주 광풍이 멈추질 않는 것은 왜일까. '가치투자자의 탄생' 저자 윌리엄 브라운의 주장처럼, 아무리 주식투자가 '자연과학'이 아닌 '사회과학'이라고 100번 양보해도 최근 주식시장을 혼란에 빠트린 초전도체 열풍은 쉽사리 이해되지 않는다.

분명 나쁜 의도를 가진 특정 세력이 주식시장을 교란시키고 그 틈을 이용해 이익을 취하려 하지 않고서야 이런 일이 일어날 수 없다는 게 대부분 시장 전문가들의 진단이다. 여기에 '한방'을 노린 개인투자자들이 이들 세력의 농간에 부나방처럼 시장에 뛰어들어 상황을 더 악화시키고 있다. 투자는 결국 개인의 판단으로 이뤄진다. 그 결과도 개인 스스로 감당해야 할 몫이다. 다만, 개인투자자들에게 잘못된 정보로 허황된 꿈을 심어주는 시장의 질서는 바로잡아야 한다.

다소 늦은 감은 있지만, 다행히 금융 당국도 최근 초전도체 테마주 과열에 대해 주시하고 있다. 김소영 금융위원회 부위원장은 "자본시장에서 과열을 일으켰던 초전도체 등 테마주 쏠림현상을 관리하겠다"며 "테마주에 대한 정확한 사실을 제공할 수 있도록 시스템을 정비하고 시장 교란 행위 여부를 엄정히 단속할 방침"이라고 강조했다. 초전도체라는 자연과학과 주식투자라는 사회과학이 잘못 만나 생긴 주식 광풍은 하루빨리 잠재우는 게 시장 질서를 바로잡는 길이다.

주식투자는 '비이성적인' 인간의 행위라고 진단한 브라운도 "진정한 가치투자는 장기적으로 도움이 되는 좋은 기업을 사는 데서 나온다"고 강조한다. 요즘 초전도체에 매몰돼 있는 개인투자자들이 귀담아들을 충고이다.

— 2023년 8월 22일 뉴시안 데스크칼럼

경제자유구역이 살길

경제자유구역인 송도국제도시에 투자하려는 외국인기업에 가장 필요한 것은 뭘까. 자금력? 아니다. 인내심이다. 느긋하게 기다리는 법을 모르면 아예 투자계획을 접는 게 낫다. 사업계획에서부터 정부승인을 받는 데까지의 과정을 살펴보면 그 이유는 분명해진다.

외국인기업이 일단 개발계획을 수립해 해당 시·도지사와 협의하는 데 7개월가량 소요된다.

거쳐야 할 관련 부서만 35~40개다. 여기서 끝이 아니다. 지식경제부 등 10개 중앙부처와 11개 위원회가 기다리고 있다. 이들 부처와 또 4개월가량 씨름해야 한다. 마지막으로 경제자유구역위원회 심의·의결에 1개월이 걸린다.

'만만디(慢慢的·천천히)'라는 중국도 이러지는 않는다.

인천시의 경쟁상대인 상하이시 푸둥특구청의 천융자 주임은 "글로벌투자자금이 가장 필요로 하는 것은 행정의 스피드"라고 강조한다. 푸둥특구청이 정부인·허가 등 관련 업무를 1~3개월 내 원스톱으로 처리해주는 것도 이 때문이다. 이 차이는 결국 투자성적표에 그대로 반영된다. 상하이시는 세계 500대 다국적기업 중 380여 개를 유치했다. 총투자 금액은 500억 달러에 달한다.

인천의 경우 500대 기업 중 IBM 등 달랑 2곳을 끌어들였다. 투자 유치 금액도 15억 달러에 불과하다. 다행히 새 정부가 문제의 심각성을 알고 경제자유구역을 활성화하는 방안을 내놓았다.

외국인투자기업의 개발계획 승인 기간 단축, 소득·법인세 감면 혜택 확대 등이 골자다. 경제자유구역을 낳기만 하고 전혀 돌보지 않았던 무책임한 참여정부와는 다르긴 하다. 하지만 언 발에 오줌 누기 식 정책으로 경제자유구역의 문제를 근본적으로 풀 수는 없다. 무엇보다 관할 지방자치단체와 중앙정부가 경제자유구역에 대한 인식부터 바꿔야 한다. 지자체는 우선 경제자유구역이 '내 것'이라는 생각을 버리는 게 좋다. 물론 지자체로서는 없는 살림을 쪼개 기껏 경제자유구역을 개발해놓으니 뒤늦게 이를 넘보는 중앙정부가 못마땅할 수 있다.

인천시는 1986년부터 지금까지 송도국제도시 개발에 1조 5,000억 원을 투입했다. 그러나 앞으로 사회간접자본시설 등에 들어가야 할 돈이 훨씬 더 많다. 중앙정부의 재정지원과 협조 없이 경제자유구역은 결코 굴러갈 수 없다. 이는 지자체가 누구보다 더 잘 알고 있다. 그런데도 "중앙정부는 돈만 내놓으라"는 식이면 곤란하다. 경제자유구역 관할 지자체 중 일부는 경쟁력이 크게 떨어지는 곳도 많다. 중앙정부의 손길이 필요한 부분이다.

지자체는 "(마음을) 비우면 오히려 (경제자유구역이) 더 채워진다"는 점을 명심해야 한다. 중앙정부도 마찬가지다. 보다 대승적인 차원에서 접근해야 한다. 참여정부처럼 경제자유구역 관할권을 놓고 지자체와 갈등을 빚다 마음에 들지 않는다고 그냥 내팽개쳐서는 안 된다. 경제자유구역은 한국이 글로벌경제로 발돋움할 수 있을지를 판가름하는 잣대이기 때문이다.

양측이 경제자유구역의 지분을 놓고 감정싸움을 벌이는 것은 기업인이나 국민들 눈에는 결국 공무원들의 밥그릇 싸움으로밖에 비치지 않는다. 그 틈바구니에서 죽어나는 것은 기업과 국민뿐이다.

— 2008년 5월 26일 한경데스크

2부

Freedom is not free

2부 칼럼 분석

노병들의 고국 걱정

워싱턴기념비 링컨메모리얼 등 각종 기념비와 기념관들이 몰려있는 미국 워싱턴DC의 내셔널 몰. 한국전쟁에서 목숨을 바친 미군들을 추모하기 위한 '한국전 참전기념비(Korean War Veterans' Memorial)'도 이곳에 있다. 이 기념비에는 "전혀 알지도 못하는 나라(한국)와 한 번도 만난 적이 없는(한국) 사람들을 지키려다 사라져 간 미국의 아들과 딸들을 추모합니다"라고 적혀있다.

윤광웅 국방장관은 제38차 한·미 안보협의회(SCM) 참석을 위해 19일(현지 시각) 워싱턴을 방문해 기념비에 헌화하는 조촐한 행사를 가졌다. 이날 윤 장관의 헌화 행사는 기념비를 찾은 미국인 아시아인 등 수십 명의 관광객들이 지켜보는 가운데 치러졌다. 특히 대한민국 재향군인회 미국 동부지회(지회장 김홍기) 회원 30여 명도 자리를 함께 했다. 6·25전쟁과 월남전에 모두 참가했다는 한 70대 '노병'은 "요즘 고국에 대한 걱정 때문에 잠 못이룬다"며 "과연 한국에 안보가 있는지 국방장관에게 물어보기 위해 이 자리에 왔다"고 했다.

김홍기 지회장은 윤 장관의 헌화 행사가 끝난 직후 "몇 말씀 드리겠다"며 상의 안주머니에서 '결의문'을 꺼내 읽기 시작했다.

"10월 9일 강행한 북한의 핵실험은 7,000만 동포를 인질로 삼은 도발이며 이런 상황에서 전시작전통제권을 환수하는 것은 국민들을 불안에 빠뜨리는 일이다"

장관 수행원들의 저지로 김 지회장은 준비해온 글을 끝까지 다 읽지는 못했다. 하지만 정부의 대북포용정책 중단, SCM 의제에서 전시작전통제권 제외 등 세 가지 요구는 빠뜨리지 않고 윤 장관에게 전달했다.

노병들의 갑작스러운 결의문 낭독에 당황해하던 윤 장관은 "여러분의 걱정은 충분히 알겠지만 한·미동맹은 미래를 향해 굳건히 발전해야 하므로 모든 사람들이 지혜를 모아 어려움을 해결하고자 한다"고 답한 뒤 서둘러 자리를 떴다. 윤 장관은 과연 만리타국에서 고국의 안녕을 걱정하는 노병들의 마음을 얼마나 이해했을까.

혹시 나이가 드신 분들이 우리 군의 발전상을 모른 채 걱정하고 있다고 생각하지는 않았을까. 참전기념비 옆 벽에 새겨진 "Freedom is not free(자유에는 대가가 따른다)"라는 글귀가 더욱 선명하게 보였다.

— 2006년 10월 21일 한경 취재여록

취재여록

老兵들의 고국 걱정

워싱턴기념비 링컨메모리얼 등 각종 기념비와 기념관들이 몰려있는 미국 워싱턴DC의 내셔널 몰. 한국전쟁에서 목숨을 바친 미군들을 추모하기 위한 '한국전 참전기념비(Korean War Veterans' Memorial)'도 이곳에 있다. 이 기념비에는 "전혀 알지도 못하는 나라(한국)와 한번도 만난 적이 없는 (한국)사람들을 지키려다 사라져 간 미국의 아들과 딸들을 추모합니다"라고 적혀있다.

제38차 한·미안보협의회(SCM) 참석차 19일 (현지시간) 워싱턴을 방문한 윤광웅 국방장관이 이곳 기념비를 찾아 헌화하는 조촐한 행사를 가졌다. 이날 윤 장관의 헌화행사는 기념비를 찾은 미국인 아시아인 등 수십명의 관광객들이 지켜보는 가운데 치러졌다. 특히 대한민국 재향군인회 미국 동부지회(지회장 김홍기) 회원 30여명도 자리를 함께 했다. 6·25전쟁과 월남전에 모두 참가했다는 한 70대 '노병'은 "요즘 고국에 대한 걱정 때문에 잠을 못이룬다"며 "과연 한국에 안보가 있는지 국방장관에게 물어보기 위해 이 자리에 왔다"고 했다.

김홍기 지회장은 윤 장관의 헌화행사가 끝난 직후 "몇 말씀 드리겠다"며 상의 안주머니에서 '결의문'을 꺼내 읽기 시작했다. "10월 9일 강행한 북한의 핵

실험은 7000만 동포를 인질로 삼은 도발이며 이런 상황에서 전시작전통제권을 환수하는 것은 국민들을 불안에 빠뜨리는 일이다." 장관 수행원들의 저지로 김 지회장은 준비해온 글을 끝까지 다 읽지는 못했다. 하지만 정부의 대북포용정책 중단, SCM 의제에서 전시작전통제권 제외 등 세 가지 요구는 빠뜨리지 않고 윤 장관에게 전달했다.

노병들의 갑작스런 결의문 낭독에 당황해하던 윤 장관은 "여러분의 걱정은 충분히 알겠지만 한·미동맹은 미래를 향해 굳건히 발전해야 하기 때문에 모든 사람들이 지혜를 모아 어려움을 해결하고자 한다"고 답한 뒤 서둘러 자리를 떴다. 윤 장관은 과연 만리타국에서 고국의 안녕을 걱정하는 노병들의 마음을 얼마나 이해했을까.

혹시 나이드신 분들이 우리 군의 발전상을 모른 채 걱정을 하고 있다고 생각하지는 않았을까. 참전기념비 옆 벽에 새겨진 'Freedom is not free(자유에는 대가가 따른다)'라는 글귀가 더욱 선명하게 보였다.

워싱턴=김수찬 사회부 기자
ksch@hankyung.com

전시작전권 논란 속 안규백 장관

이재명 정부 첫 국방장관 후보자로 낙점된 안규백 의원은 지명과 동시에 화제 만발이다. 1961년 이후 64년 만에 군인이 아닌 민간인 출신 국방장관 후보자라는 점 때문에 언론의 스포트라이트를 받고 있다. 현역이 아닌 단기사병(방위)으로 군 복무를 마쳤다는 점도 눈길을 끄는 대목이다.

일각에서 군 내부 사정을 잘 모르는 민간인이 장관이 되면 군 장악력이 약해질 것이라는 우려가 있는 것도 사실이다. 그러나 안 후보자는 국회 국방위원회에서 14년가량 활동하면서 국방 분야 전문성을 갖췄다는 게 정·관계의 평가이다. 20대 국회에선 국방위원장까지 맡아 국회 내 '국방통'으로 불리고 있어 일각의 우려는 기우에 불과하다는 것이다.

그러나 최근 안 후보자는 국회 인사청문회 과정에서 또 다른 의미의 '화제'를 낳고 있어 국민들의 우려를 자아내고 있다. 안 후보자는 15일 열린 국회 인사청문회에서 전시작전통제권(전작권) 환수 시기를 묻는 말에 "이재명 정부 임기 중 전작권 전환을 목표로 하는 것으로 안다"고 밝혔다. 이어 그는 "2006년부터 한·미 합의로 주기적인 평가 등의 단계를 거쳐 우리 군의 피나는 노력으로 상당한 성과를 이뤘다고 알고 있다"며 한 걸음 더 나아갔다. 국회 '국방통'으로 자신의 군내 정보력 등을 과시하는 듯한 인상을 지울 수 없다.

그러나 정작 대통령실은 이 같은 안 후보자의 발언이 알려진 직후 "후보자로서의 개인 의견"이라고 선을 그었다. 강유정 대변인은 "정부도 공약 사항으로 전작권 환수를 언급한 바 있지만, 5년 안이라는 식의 시한을 정하는 것은 전혀 대통령실 내에서(고려하고) 있는 시간이나 숫자는 아니다"고 했다. 전작권 전환 시기를 두고 대통령실과 국방장관 후보자 간 엇박자가 발생한 것이다.

전작권 전환 이슈는 트럼프 2기 행정부 들어 주한미군 감축 또는 역할 조정(전략적 유연성 확대)과 연계된 매우 민감한 사안이다. 1953년 상호방위조약 체결 이후 한·미가 구축해온 대북 안보 태세는 물론, 미·중 패권전쟁 및 북·중·러 밀착 움직임 속에서 한반도 안보에 근본적인 변화를 초래할 수 있는 중대한 이슈다.

경제적 문제도 있다. 전작권 환수를 위해선 단기에 수십조 원의 국방 비용을 추가 투입해야 한다. 이러한 추가 국방 비용은 기존 국방 예산으로는 턱없이 모자란다. 전시 소요 화력, 드론전 대비 등까지 포함하면 말 그대로 천문학적 재원이 필요하다.

현실이 이런데도 불구하고 트럼프 행정부가 "이재명 정부 출범과 동시에 한국이 전작권 환수 문제를 미국과의 관세 협상 패키지 등으로 활용하려는 게 아닌가" 하는 의구심을 갖게 하는 것은 심각한 문제이다. 실제 국정기획위원회는 물론 대통령실도 "(전작권 환수 관련) 미국과 논의 중"이라고 언급해 트럼프 행정부를 자극한 바 있다.

그나마 다행히도 최근 미국을 다녀와 트럼프 행정부와 미국 정가의 분위기를 누구보다 잘 알고 있는 위성락 국가안보실장이 이를 의식해 "이재명 정부에서 전작권 협의를 새로 시작한 것은 없다"고 해명까지 했다.

그런데 이런 해명이 있은 지 하루 만에 안 후보자가 또다시 전작권 환수 시기를 못박아 국민들의 불안을 부추기는 동시에 한·미 관계에도 좋지 않은 영향을 미칠 것으로 보인다.

안 후보자는 이제 더 이상 '정치인'이 아니다. 50만 한국군을 지휘하는 국방장관은 국민의 생명과 국가의 안보를 책임지는 막중한 자리라는 것을 잊지 말아야 한다. '민간인'이자 '정치인' 국방장관에 대한 일각의 우려가 기우로 끝나길 바라는 국민들의 기대를 저버리지 않길 당부한다.

– 2025년 7월 16일 뉴시안 기자수첩

자주국방의 환상

#1

4일 오전 10시 국방부 브리핑룸. 육군본부 군수참모부는 국방부가 적극 추진 중인 자주국방의 청사진인 '국방개혁2020'을 뒷받침하기 위해 군수분야의 변화 및 혁신 계획을 발표했다.

주요 내용은 다음과 같다.

△전투장비 등 육군 보유장비의 절반가량은 수명을 다한 노후 장비이다 △이들 장비 교체 비용으로 2011년까지 연간 5500여억 원이 필요하나 예산배정은 1000여억 원에 불과하다 △전투장비 유지를 위해 필수적인 군수시설은 1970년대 수준으로 붕괴사고 및 화재에 취약하다 △버스부족으로 장병들은 20~30년 전처럼 트럭 짐칸에 실려 외박 나간다.

#2

3일 오전 11시 국방부 브리핑룸. 윤광웅 국방장관과 합동참모본부 간부들은 전날 전직 국방장관 등 군 원로들의 전시 작전통제권(작통권) 환수반대를 반박하는 긴급 기자회견을 가졌다.

주요 내용은 다음과 같다.

△일부 군 원로들이 군의 발전상을 이해하지 못한 채 작통권 환수에 반대한다 △군은 그러나 2012년 공중조기경보기,이지스급 구축함, 214급 잠수함 등 최첨단무기시스템을 확보,작통권을 독자 수행할 수 있는 능력을 갖추게 된다.

며칠 전 국방부에서 하루 간격으로 이뤄진 브리핑이다. 하지만 기자가 느낀 두 브리핑간 시차는 40년 이상 나는 듯했다. 이미 수명을 다한 낡은 전투장비에 공중조기경보기, 이지스함 등 최첨단 무기시스템이 오버랩되면서 우리 군의 실체에 대해 다소 혼란스럽기까지 했다. 군의 일부 시계는 여전히 1970~80년대를 가리키고 있는 가운데 한쪽에선 2020년을 설계하고 있는 셈이다.

물론 이 두 상황이 서로 양립할 수 없는 것은 아니다. 현실이 초라하다고 해 미래를 꿈꾸지 말라는 법은 없기 때문이다. 하지만 이 같은 시차를 극복하는 데는 천문학적인 비용을 지불해야 한다. '국방개혁 2020'을 달성하기 위해서는 15년간 총 621조원의 국방예산이 필요하다는 게 국방부의 계산이다.

이 같은 재원을 마련하기 위해 2002년 6.3%, 2003년 7.0% 각각 증가한 국방예산을 2020년까지 연평균 11%가량 늘려야 한다. 하지만 경제가 쑥쑥 자라던 때라면 모를까 저성장시대로 접어든 지금 쉽지만은 않다. 나랏돈을 쓸 곳도 한두 곳이 아니다. 참여정부의 복지

예산 수요도 기하급수적으로 늘고 있다. 이러다 보니 여당 내에서조차 국방예산 증액을 부담스러워한다. 열린우리당 강성종 의원은 "지나친 국방예산 증액은 국가경쟁력의 걸림돌이 될 수 있는 만큼 개혁안의 예산 부분을 보다 면밀히 검토해야 한다"고 지적한 바 있다.

더욱이 첨단무기시스템 몇 대 확보한다고 해 '자주국방'이 이뤄지는 것처럼 여론을 호도하는 것도 바람직하지 않다. 특히 몇몇 장비는 2012년에 배치 여부도 불투명하다. 국방부가 독자적 정보수집 능력 확보수단으로 내세우고 있는 공중조기경보기가 단적인 예이다. 미 보잉과의 가격협상 결과에 따라 2012년 도입 자체가 무산될 수도 있다. 최첨단 무기시스템의 경우 실전배치 후 운용 노하우를 쌓을 시간도 충분히 가져야 한다. 단 1초의 국방 공백도 허용해서는 안 되기 때문이다.

국방은 국민생명은 물론 국가존립과 직결되는 사안인 만큼 신중에 신중을 더해도 모자람이 없다는 것을 명심해야 한다.

― 2006년 8월 9일 한경데스크

한경 데스크

장면#1

4일 오전 10시 국방부 브리핑룸. 육군본부 군수참모부는 국방부가 적극 추진중인 자주국방의 청사진인 '국방개혁2020'을 뒷받침하기 위해 군수분야의 변화 및 혁신 계획을 발표했다. 주요내용은 다음과 같다. △전투장비 등 육군 보유장비의 절반가량은 수명을 다한 노후 장비이다 △이들 장비 교체비용으로 2011년까지 연간 5500여억원이 필요하나 예산배정은 1000여억원에 불과하다 △전투장비 유지를 위해 필수적인 군수시설은 1970년대 수준으로 붕괴사고 및 화재에 취약하다 △버스부족으로 장병들은 20~30년 전처럼 트럭 짐칸에 실려 외박 나간다.

장면#2

3일 오전 11시 국방부 브리핑룸. 윤광웅 국방장관과 합동참모본부 간부들은 전

김수찬
사회부 차장

날 전직 국방장관 등 군 원로들의 전시 작전통제권(작통권) 환수반대를 반박하는 긴급 기자회견을 가졌다. 주요 내용은 다음과 같다. △일부 군 원로들이 군의 발전상을 이해하지 못한 채 작통권 환수에 반대한다 △군은 그러나 2012년 공중조기경보기, 이지스급 구축함, 214급 잠수함 등 최첨단무기시스템을 확보, 작통권을 독자 수행할 수 있는 능력을 갖추게 된다.

며칠 전 국방부에서 하루 간격으로 이뤄진 브리핑이다. 하지만 기자가 느낀 두 브리핑간 시차는 40년 이상 나는 듯했다. 이미 수명을 다한 낡은 전투장비에 공중조기경보기, 이지스함 등 최첨단 무기시스템이 오버랩되면서 우리군의 실체에 대해 다소 혼란스럽기까지 했다. 군의 일부 시계는 여전히 1970~80년대를 가리키고 있는 가운데 한쪽에선 2020년을 설계하고 있는 셈이다. 물론 이 두 상황이 서로 양립할 수 없는 것은 아니다. 현실이 초라하다고 해 미래를 꿈꾸지 말라는 법은 없기 때문이다.

하지만 이 같은 시차를 극복하는 데는 천문학적인 비용을 지불해야 한다. '국방개혁 2020'을 달성하기 위해서는 15년간 총 621조원의 국방예산이 필요하다는 게 국방부의 계산이다. 이 같은 재원을 마련하기 위해 2002년 6.3%, 2003년 7.0% 각각 증가한 국방예산을 2020년까지 연평균 11%가량 늘려야 한다. 하지만 경제가 쑥쑥 자라던 때라면 모를까 저성장시대로 접어든 지금 쉽지만은 않다. 나랏돈을 쓸 곳도 한두 곳이 아니다. 참여정부의 복지예산 수요도 기하급수적으로 늘고 있다. 이러다 보니 여당내에서조차 국방예산 증액을 부담스러워 한다. 열린우리당 강성종 의

자주국방의 환상

원은 "지나친 국방예산 증액은 국가경쟁력의 걸림돌이 될 수 있는 만큼 개혁안의 예산부분을 보다 면밀히 검토해야 한다"고 지적한 바 있다.

더욱이 첨단무기시스템 몇대 확보한다고 해 '자주국방'이 이뤄지는 것처럼 여론을 호도하는 것도 바람직하지 않다. 특히 몇몇 장비는 2012년에 배치 여부도 불투명하다. 국방부가 독자적 정보수집능력 확보 수단으로 내세우고 있는 공중조기경보기가 단적인 예이다. 미 보잉과의 가격협상 결과에 따라 2012년 도입 자체가 무산될 수도 있다. 최첨단 무기시스템의 경우 실전배치 후 운용 노하우를 쌓을 시간도 충분히 가져야 한다. 단 1초의 국방 공백도 허용해서는 안되기 때문이다. 국방은 국민생명은 물론 국가존립과 직결되는 사안인 만큼 신중에 신중을 더해도 모자람이 없다는 것을 명심해야 한다.

ksch@hankyung.com

요코스카 기지와 작통권

일본 도쿄에서 서남쪽으로 차로 1시간 30분가량 달리면 요코스카 기지를 만난다. 이곳은 일본 내 최대 군항으로 주일 미 해군 제7함대가 자리잡고 있다. 제7함대는 태평양, 인도양, 동북아지역 등을 관할하는 미 해군의 핵심 기지이다.

이를 반영하듯 최근 배치된 이지스 순양함 '샤일로'를 비롯 구축함 '머스틴' 등 수십 척의 미 군함이 둥지를 틀고 있다. 그런데 정작 일본 해상자위대는 항구의 대부분을 미 해군에 내준 채 남의 집에 얹혀있는 듯 귀퉁이를 사용하고 있다. 주객이 완전히 뒤바뀐 것이다. 그런데도 대다수 일본인들은 크게 개의치 않는다. 일본 NHK의 한 기자는 "미군이 주민들에게 피해를 주지 않는 한 일본인들은 별로 관심이 없을 것"이라며 '일본인의 자존심 운운하는' 한국인 기자를 되레 이해 못 하겠다는 눈치였다. 요코스카 기지는 미·일 군사동맹의 끈끈함을 보여주는 대표적인 사례다.

요코스카 기지뿐만 아니다. 일본 공군 자위대는 주일 미군 사령부와 미 5공군 사령부가 있는 도쿄 인근 요코타 공군기지로 들어가 '한

집살림'을 차리기로 했다. 미·일 양국이 동맹을 넘어 군사일체화로 가고 있다는 평가까지 나오는 것도 그래서다.

일본이 미국과의 동맹을 강화하는 이유는 뻔하다. 명분보다 실리를 좇으며 군사대국을 향한 발걸음을 재촉하기 위해서다. 잠재적인 적국인 북한과 중국에 대한 강력한 견제의 메시지도 담고 있다. 차기 총리로 확실시되는 아베 관방장관도 "외교정책의 기본은 미·일 동맹"이라고 못박았다.

이에 화답하듯 미국도 일본을 거들고 나섰다. 케빈 마허 오키나와 주재 미 총영사는 "일본은 주일 미군을 위해 전기 수도요금은 물론 미군부대가 고용한 일본인들의 인건비까지 대신 지급할 정도로 미군에 매우 협력적"이라고 치켜세웠다. 일본은 주일 미군을 위해 국방비(약 450억 달러)의 10%를 쓰고 있다.

한발 더 나아가 "한국과 중국은 일본의 군사대국화에 대해 걱정하지 않아도 된다"며 은근슬쩍 일본의 대변인 노릇까지 자처하고 있다. 미국이 일본의 군사강국 움직임을 암묵적으로 지지하는 것은 물론 중국에 견제구를 던지면서 동북아지역에서의 영향력을 지속적으로 확보하기 위해서다.

이처럼 각자의 계산기를 두드리며 미·일 양국이 군사동맹을 강화하는 동시에 서로의 실익을 챙기고 있는데 과연 한국은 무엇을 하고 있는가. 전시작전통제권 환수를 통한 국방의 자주권 확보라는 명분에 너무 집착하고 있는 것은 아닌지 곰곰이 생각해봐야 한다. 그리고 작통권 환수가 우리에게 어떤 실익을 가져다줄는지도 냉정하게 따져봐야 한다. 이미 작통권 환수를 둘러싸고 나라가 두 동강이 난 상태이다. 국론분열 양상이 도를 넘어 국가 에너지를 쓸데없이 낭비하고 있다.

요코스카 기지를 미 해군에 통째로 내주고 그 대가로 실리를 찾는 일본을 보면서 실리와 명분 사이에 우리가 무엇을 선택해야 할지는 분명해 보인다. 때마침 노무현 대통령이 오는 14일 미국 워싱턴에서 부시 대통령과 정상회담을 갖는다. 노 대통령의 실리외교를 기대해 본다.

- 2006년 9월 6일 한경데스크

뒷북치는 국방장관

 2월 4일. 보잉 다소 등 4개 업체가 제시한 가격이 당초 국방부의 목표가보다 지나치게 높아 가격협상이 결렬됐다. 며칠 뒤 차세대전투기(FX) 구매사업을 총괄하는 최동진 국방부 획득실장은 "업체들이 제시한 가격이 '현실성 있는' 것으로 판단해 가계약을 맺기로 했다"고 말했다. 국방부는 이들 업체로선 가격을 내릴 만큼 내렸다는 입장이어서 추가 협상을 벌여도 가격을 더 낮추기는 어려울 것이라고 설명했다.

 그로부터 한 달 뒤인 3월 18일. 가격협상 결렬, 예산 부족 등을 이유로 일부에서 FX사업이 전면 중단될 수 있다는 소문이 나돌고 있는 시점이었다. 이런 루머를 의식한 듯 김동신 국방장관은 "FX사업 일정을 연기하지 않고 예정대로 추진하겠다"며 진화에 나섰다. 국제입찰을 이제 와서 연기하면 국가신인도에 엄청난 타격을 줄 수 있기 때문에 그대로 추진할 수밖에 없다는 얘기였다.

 4월 30일. FX 사업자로 미국의 보잉사가 최종 낙점된 지 한참 지난 시점. 김 장관은 보잉의 제리 대니얼스 군용기·미사일시스템 부문 사장을 만났다. 국방부 황의돈 대변인은 "(김 장관은) 대니얼스 사장을 만난 자리에서 '앞으로 추가협상에서 우리 국민이 납득할 수 있는 수준으로 가격을 낮추지 않으면 이 사업의 추진 자체가 불가능할지도 모른다'고 단호하게 경고했다"고 전했다.

지난 2월엔 입찰업체로선 더 낮추기 힘든 적정가격 수준이라고 판단했던 국방부가 보잉 손을 들어준 지 한참 지난 시점에 뒤늦게 '강경발언'을 한 저의는 무엇일까. 왜 이번에는 국가신인도를 염두에 두지 않고 '무산 가능성'까지 언급했는지 궁금하다.

한 푼이라도 싸게 사자는데 반대할 사람은 없다. 하지만 프랑스 러시아 등과 팽팽한 경쟁을 벌이면서도 가격을 깎지 않았던 보잉이 공급자로 최종 낙점된 이 시점에 와서 낮춰주리라고 기대하는 우리 국방부가 너무 순진해 보인다.

혹시 국방부가 FX사업이 미국 쪽으로 돌아간 데 대한 비판 여론을 의식한 나머지 대내용으로 한번 해본 얘기라면 이른바 글로벌시대의 국민 수준을 지나치게 낮게 평가했다는 느낌을 지울 수 없다.

- 2002년 5월 2일 한경 취재여록

佛 군수업체의 항변

 프랑스 군수업체인 다소가 지난 5일 하얏트호텔에서 기자회견을 했다. 차세대 전투기(FX) 사업에서 미국 보잉에 고배를 든 후 한국을 떠나면서 가진 '고별' 기자회견으로, 지난 2년 6개월간의 수주 활동을 정리하고 돌이켜보는 자리이기도 했다.
 다소의 이브 로빈스 국제협력 담당 부사장은 회견 내내 국방부 등 한국정부에 대한 섭섭함을 감추지 않았다. 'FX기종에 대한 2단계 평가작업을 중지하라'며 국방부를 상대로 낸 가처분신청이 법원으로부터 기각돼 여기에 걸었던 일말의 기대마저 무너진 다음이어서 다소의 실망감은 더욱 컸다. 로빈스 부사장은 "기밀을 이유로 국방부가 관련 자료 공개를 거부해 법원이 제대로 판단을 내릴 수 없었다"며 안타까워했다. 이번 FX사업을 "다소가 승리했지만 계약은 보잉이 가져간 불공정 게임"이었다고 주장한 그는 "국방부가 FX 사업에서 '정치적' 고려를 한 것에 대해선 불만이 없다"며 "그러나 고려의 시기가 적절치 않았다"고 꼬집었다.
 정치적 고려를 염두에 뒀다면 국제경쟁입찰에 부쳤을 당시 이를 공개했어야 한다는 것이다. FX사업 중간에 평가 방법을 바꿔 '남의 잔치에 들러리' 서는 결과를 초래한 건 국제경쟁입찰의 생명인 투명성·공정성을 훼손한 명예롭지 못한 일이라고 덧붙였다. 국가 신인도에도 좋지 않은 영향을 미칠 수 있다는 주장이었다.

그는 또 "한국의 방위산업시장은 미국을 위한 사냥터"라며 "앞으로 민간 부문을 제외한 한국 방산시장에서의 수주 경쟁에 참여하지 않겠다"고 선언했다. 미국 일변도인데다 공정성마저 보장되지 않는데 뛰어드는 것은 무의미하다는 말이다.

이날 다소가 지적한 내용이 '유구무언이어야 할 패자'가 털어놓는 푸념으로만 들리지 않은 것은 왜일까. 물론 우리 국방부와 정부 입장에서는 다소의 주장이 터무니없는 것일 수 있다. 그러나 새겨볼 대목도 적지 않다.

FX사업에 이어 현재 진행 중인 차세대 구축함(KDX-Ⅲ)에 장착될 1조 2,000억 원 규모의 전투 장비시스템 도입사업에 참가한 한 업체가 벌써부터 불공정 시비를 제기하고 있는 터여서 더욱 그렇다.

- 2002년 6월 8일 한경 취재여록

軍 '아무 문제 없다'더니

　국방부는 지난 4, 5월 군 최고위급인사들이 참여하는 회의를 잇달아 가졌다. 지난달 21일에도 김동신 국방장관 주재로 월드컵을 대비한 최종 평가 회의가 열렸다. 월드컵대회를 안전하고 평화로운 분위기 속에서 치를 수 있도록 대테러 작전 등 군 경계 태세를 점검하기 위한 자리였다.

　이날 회의에서도 이남신 합참의장, 육·해·공군 참모총장, 해병대 사령관 등이 참석해 육상은 물론 하늘과 바다에서 발생할 수 있는 '만약의 사태'에 즉각 대응키 위한 대테러 작전 및 훈련계획 등을 심도 있게 논의했다. 그러나 우리 군이 이처럼 월드컵 비상경계 태세에 돌입한 상황에서도 북한 경비정과 어선은 끊임없이 서해 연평도 부근 북방한계선(NLL)을 넘나들었다.

　올해 들어서만 14차례나 NLL을 침범했다. 6월에만 6차례의 월경 행위가 자행됐다. 우리 군은 그때마다 "북한 경비정들은 조업 중인 북한 어선들을 단속하는 과정에서 NLL을 단순 침범한 것으로 추정된다"며 "이와 관련, 북측의 특이 동향은 없었다"는 발표를 되풀이했다. 군의 발표만 봐서는 '북한의 NLL 침범은 서해에서 일어나는 일상사로 크게 신경 쓰지 않아도 된다'는 뜻으로 해석하는 데 무리가 없었다.

29일 서해 도발 당일 북한 경비정 2척이 NLL을 넘어왔을 때도 '단순 월경'으로 판단했다. 전처럼 경고방송만 하면 순순히 돌아갈 줄 알았다는 것이다. 그래서 무장이 빈약한 고속정 등을 사건 현장에 파견했다. 1999년 제2연평해전 때처럼 초계함이나 공군 전투기의 지원도 없었던 것으로 전해졌다. 군은 뒤늦게 30일 연평도 인근에 해·공군력을 2배로 증강한다고 했다. 실로 '소 잃고 외양간 고치는 식'이다.

만약 월드컵 전에 이렇게 했더라면 북의 도발은 방지할 수 있었을지도 모른다. 우리는 월드컵대회를 개최하면서 전 세계에 한국인의 저력을 유감없이 발휘해 왔다. 하지만 폐막 하루 전 터진 북의 도발로 형언할 수 없는 상처를 입었다. 우리 군의 '유비무환' 태세에 대한 의문이 제기되는 건 당연한 일이다.

혹시 군수뇌부가 햇볕정책이란 통일정책을 너무 의식한 나머지 전술적인 대응 태세를 안이하게 해오지 않았는지 철저하게 점검되어야 한다.

— 2002년 7월 1일 한경 취재여록

어민들은 어떡하라고

'산재한 어망 때문에 군 작전이 상당한 영향을 받고 있다.', '생계 터전인 바다에서 어망을 치고 고기 잡는 일을 문제 삼으면 도대체 어민들은 어디로 가야 하나.'

북한군이 서해 도발을 자행한 지 열이틀째인 10일 김동신 국방장관이 연평도를 찾았다. 군 장병들을 격려하고 제2연평해전이 일어났던 현장을 둘러보기 위해서였다.

제2연평해전 때 침몰한 고속경비정과 동급인 참수리 365호정을 타고 교전 현장으로 향하는 선상에서 김 장관을 수행한 군 고위관계자들은 어민들이 쳐놓은 어망을 문제 삼고 나섰다.

해군의 한 관계자는 조업 구역 내 어망을 가리키며 "얼마나 많은 어망이 쳐져 있는지를 봐라"며 "낮에는 그래도 육안으로 식별이 돼 피해 다닐 수 있지만 야간에는 속수무책"이라고 고충을 털어놨다.

또 다른 군 관계자는 "그깟 어망 때문에 함정이 작전을 수행 못 한다고 하면 국민들은 이해 못 하겠지만 어망에 한 번 걸리면 그 배는 끝장"이라고 말했다.

합참은 실제 이번 제2연평해전 때 어민들이 쳐놓은 어망 때문에 초계함이 교전 현장에 늦게 도착했다고 발표했다. 군 관계자들의 설명을 듣고 있던 김 장관도 "막상 현장에 와보니 해군의 작전환경이 매우 열악하다는 것을 절감했다"고 말했다. 김 장관은 심지어 "우리 군은 2개의 적과 싸우고 있다는 느낌을 받았다"며 "하나의 적은 물론 북한이며 또 다른 적은 불법 어로 활동과 어망들"이라고 덧붙였다.

그러나 연평도 주민들의 생각은 달랐다. 교전 현장을 둘러보고 연평도로 돌아오기 위해 갈아탄 행정선(船)에서 만난 한 주민은 "지난 수십 년간 해온 어로작업이 제2연평해전의 원인이 됐고 교전 당시 어망들이 군 작전에 지장을 준 것처럼 비친다면 어민들 입장에서는 억울할 것"이라고 말했다. 자신은 직접 어업에 종사하지 않는다고 밝힌 그는 "물론 불법 어로 활동과 어망 설치는 비난받아야겠지만 합법적으로 어로 활동을 하는 대다수 어민들까지 도매금으로 넘겨선 안 될 것"이라고 꼬집었다.

서해 도발로 인한 상처가 채 아물기도 전 군과 어민들 사이에 또 다른 상처가 생기지나 않을까 걱정스럽기만 하다.

- 2002년 7월 11일 한경 취재여록

국방硏은 시민단체?

국방부 산하연구기관인 한국국방연구원(원장 황동준)이 지난 25일 개최한 이라크 추가 파병 관련 심포지엄을 두고 군 주변에서 논란이 일고 있다.

'이라크 추가 파병, 어떻게 국익을 최대화할 것인가'를 주제로 열린 심포지엄에는 정계 학계 시민단체 관계자 등이 참석해 이라크 파병문제를 놓고 열띤 토론을 벌였다. 토론은 당초 예정된 시간을 넘어 1시간 가까이 더 이어진 것으로 알려졌다. 이날 심포지엄은 국방연구원이 이라크 추가 파병과 관련 사회 각층의 다양한 의견을 들어보겠다고 마련한 자리였다.

국방연구원의 한 관계자는 "이라크 추가 파병이 국민들의 최대 관심사로 떠오른 지금 이라크 추가 파병에 대한 찬·반 양측의 입장을 토론하는 공론의 장을 마련했다"고 밝혔다. 그는 "이번 심포지엄에서는 국방연구원은 파병을 전제로 하지 않고 매우 중립적이고 순수한 연구기관의 입장에서 공론의 장만 제공했다"고 설명했다.

국방연구원은 이번 심포지엄에서 토론한 내용을 정리하여 조만간

책자로 발간해 조영길 국방부 장관에게 보고하고 이를 국방정책에 반영할 수 있도록 할 계획이다.

군 주변에서는 그러나 "과연 국방연구원이 이 시점에서 이라크 파병 찬반 논쟁을 주제로 한 심포지엄을 개최하는 게 시의적절한가"라는 비난의 목소리가 높다. 이미 이라크 추가 파병을 공식 입장으로 결정한 국방부의 산하연구기관이 뒤늦게 추가 파병 문제를 놓고 찬반 논쟁을 벌이는 장을 마련한 게 결코 바람직하지 않다는 주장이다.

군의 한 관계자는 "시민단체라면 몰라도 국방부 산하기관이 뒤늦게 추가 파병 찬반 문제를 놓고 심포지엄을 개최하는 게 이해가 안 간다"고 목소리를 높였다.

이미 청와대나 국방부 등 우리 정부가 추가 파병 사실을 공식 입장으로 결정한 마당이라면 찬반 논쟁을 벌일 게 아니라 파병군의 성격 규모 시기 등 추가 파병과 관련해서 한 발 더 앞서나간 문제를 놓고 고심하는 자리를 마련하는 게 바람직했다는 지적이다.

국방 문제를 전문적으로 연구·분석해 합리적인 국방정책수립과 의사결정에 도움을 주기 위해 세워졌다는 국방연구원 설립 본래의 취지를 살리기 위해서도 더욱 그렇다.

― 2003년 11월 28일 한경 취재여록

軍, 말보다 행동으로

　군납 비리 소식이 연일 터져 나오고 있는 가운데 군 수뇌부는 자성의 목소리와 함께 이를 근절하기 위한 대책 마련에 분주한 나날을 보내고 있다.

　조영길 국방부 장관은 지난 17일 오후 국방회관에서 70여 개 방산업체 대표, 장영달 국회 국방위원장, 국방부 관계관 등이 참석한 가운데 방산 간담회를 가졌다. 방산업체 관계자들을 격려하고 방위산업 현안에 대해 의견을 교환하기 위해 해마다 두 차례 열리는 정례 모임이었다. 하지만 때가 때인 만큼 군납 비리 등을 사전에 차단하기 위한 국방획득업무 관련 투명성 확보방안이 더 심도 있게 논의됐다는 게 국방부 관계자의 설명이다.

　조 장관은 이보다 앞서 지난 13일에는 군 사정 관계관 회의를 긴급 소집했다. 기무사 헌병 법무관리관 감사관 등 사정기관 고위관계자들이 참석한 가운데 열린 이날 회의에서는 국방획득 업무의 문제점을 점검하고 근본적인 부조리 예방 및 근절대책을 논의했다. 특히 말썽이 되고 있는 무기 도입 부서의 기능과 역할을 재조정하는 등 전면적인 개선책도 강구하기로 했다.

　남재준 육군 참모총장도 최근 군의 비리 문제와 관련, 장교들에게 지휘서신을 보내 경각심을 일깨웠다. 남 총장은 "부패하고 부정한 군대가 전투에서 승리한 사례는 없다"며 "부정과 부패가 총칼을 든 적보다 더 무서운 존재임을 깨달아야 한다"고 강조했다. 그러나 일각에서는 이번에도 일과성으로 끝나지 않을까 하는 의심의 눈초리를 보내고 있다.

　사실 군납 비리가 터질 때마다 군은 비슷한 내용의 자정 결의를 다져왔다. 지난해 1월 국방부는 조달본부에서 발주하는 공사와 물품 구매계약에 대해 청렴계약제를 시행한다고 발표했다. 군납업체가 비리와 연루되면 철저히 불이익을 주겠다는 내용이었다. 국방부의 무기 도입 관련 부서 직원들은 업자들로부터 돈과 향응을 받지 않고 투명하게 업무를 추진하겠다는 '청렴선언'도 했다.

　군납 비리를 지켜보는 국민들의 한결같은 마음은 군 수뇌부가 여론에 떠밀려 일과성의 자정결의나 구호성의 선언을 하는 것보다 이를 강력하게 실천하는 의지를 보여줬으면 하는 바람일 것이다.

- 2003년 12월 19일 한경 취재여록

全 일병 귀환과 이라크 파병

"50년 전 한국을 위해 복무하다 잡혔습니다"

혈기 왕성했던 스무 살 청년 전용일이 고희를 훌쩍 넘긴 백발 성성한 노인이 돼 크리스마스이브에 돌아왔다. 세월 탓인지 말씨도 어느덧 북한 사투리로 바뀌어 있었다.

6 · 25 전쟁 중이던 지난 1951년 국군에 징집당한 전 씨는 전쟁이 끝나갈 무렵인 1953년 7월 포로로 잡혀 50년간 북에 억류돼 있었다. 인천공항에서 귀환 소감을 묻는 기자들의 질문에 "한국을 위해 복무하다 잡혔다"고 한 다음 "중국에 억류됐을 때도 반드시 한국으로 가야겠다는 의지를 꺾은 적이 없다"고 덧붙였는데 우리 정부에 대한 섭섭함이 배어 있는 듯했다.

전 씨가 한국에 오기까지 우여곡절이 많았다. 지난 6월 탈북에 성공한 그가 9월 중국 주재 한국대사관을 찾았을 때만 해도 곧 꿈에도 그리던 남쪽 가족을 만나리라는 기대에 부풀어 있었다. 하지만 전 씨의 이름을 국군 포로명단에서 찾지 못한 국방부와 외교부 등 정부 당국자들의 무성의와 실수로 전 씨는 50년 '수구초심'을 이루기는커녕

북으로 강제 송환될 위기에까지 내몰렸었다. 전 씨는 미온적인 정부의 태도에 기다리다 지쳐 독자 입국을 시도했고 지난 11월 항저우공항에서 중국 공안에 체포돼 투먼의 한 탈북자 수용소에서 40여 일간 억류돼 있었다.

항저우공항에서 중국 공안에 체포됐을 때 그는 아마 50년 전 북한군에 잡혔을 때보다 더 깊은 좌절감을 맛봤을지도 모른다. 수용소에서의 40여 일은 지난 50년의 세월보다 더 길게 느껴졌을 것이다. 비록 국내외 비난 여론에 떠밀려서였지만 우리 정부가 중국 정부의 협조를 얻어 전 씨의 한국행을 성사시킨 것은 그나마 다행이다.

내년 봄이면 우리 장병 3,000명이 나라의 부름을 받고 테러 위협 등으로 전쟁터를 방불케 하는 이라크로 떠나게 된다. 국방부는 전 씨가 귀환하던 날 파병 장병들이 착용할 방탄조끼 등 첨단 장비들을 공개했다.

정부 당국은 우리 젊은 장병들이 노병 전 씨의 귀환 과정을 지켜보면서 과연 무슨 생각을 했을지 곰곰이 되새겨봐야 할 것이다. 아마 장병들이 국가에 원하는 것은 총알을 막아줄 장비가 아니라 나라가 자신들을 끝까지 버리지 않을 것이라는 믿음인지도 모르겠다.

- 2003년 12월 26일 한경 취재여록

추가파병 한 달 앞두고

1일 경기도 광주시 오포읍에 자리잡은 특전교육단에는 아침부터 취재진 40~50명이 몰려들어 북새통을 이뤘다. 오는 8월 초 이라크 추가 파병을 한 달 앞두고 군 당국이 장병들의 훈련 모습과 차량 장비 등을 언론에 처음 공개했기 때문이다. 고(故) 김선일 씨 피살사건을 계기로 우리 군의 이라크 파병에 대한 외국인들의 높은 관심을 반영하듯 로이터 마이니치 등 외신기자들도 눈에 많이 띄었다.

우리 장병들의 현지 적응훈련을 위해 에르빌지역에 세워질 숙영지와 비슷하게 꾸며놓은 '훈련장' 두 곳이 마련돼 있었다. 숙영지에는 우리 군의 파병목적이 이라크 재건지원임을 말해주듯 교실 가전제품 수리소 간이병원 등 대민업무 관련 시설이 들어섰다. 심지어 현지 어린이들을 위해 요즘 시골 장터에서도 찾아보기 힘든 '강냉이 뻥튀기 기계'까지 설치됐다.

장병들로 이뤄진 풍물놀이 패와 태권도단원의 시범도 있었다. 같은 시간 실내 교육장에서는 현지 문화와 관습에 대한 파병 장병들의 이해를 높이는 교육이 한창 진행 중이었다. 현지 언어 교육도 중간중간

이뤄졌다. 부대 내 곳곳에서는 사막 전투복을 착용하고 분대 또는 중대 단위로 별도의 훈련을 받는 장병들의 모습도 보였다. 운동장 한쪽에는 특수 방탄 소재로 무장된 지프차량 등 장비와 사막전투복 전투화 방탄헬멧 등이 전시, 공개됐다.

　이날 취재진을 안내한 한 장교는 "부대 분위기가 매우 좋다"며 "부대원들도 열심히 체력단련을 하며 파병만을 기다리고 있다"고 말했다. 그러나 장교의 설명과 달리 김선일 씨 피살사건과 이를 계기로 더욱 거세진 파병 반대 움직임 때문인지 부대 분위기는 다소 가라앉아 있는 듯했다. 취재진의 질문에 입을 굳게 다물어 끝내 그들의 속내를 들어볼 수는 없었다. 장병들의 표정이 하나같이 굳어 보였다. 한 장교는 "이제 파병까지 한 달밖에 남지 않았다"며 "우리 부대원들이 홀가분하게 현지로 떠나 맡은 바 임무를 성공적으로 수행할 수 있도록 파병을 둘러싼 찬반 논쟁을 그만두고 모든 국민들이 자이툰부대에 대한 지지와 성원을 보내줘야 할 때"라고 강조했다.

- 2004년 7월 2일 한경 취재여록

청와대만의 軍 아니다

지난 14일 북한 함정의 서해 북방한계선(NLL) 침범 관련 보고 누락 사건에 대한 논란이 합동조사단의 조사 결과 발표 후 잠잠해지는가 싶더니 다시 정치권의 핫이슈가 되고 있다.

발단은 조영길 국방장관의 국회 보고내용이 합조단 조사 결과와 180도 달랐기 때문이다. 합조단은 23일 해군작전사령관의 부주의로 인한 판단 착오로 보고를 누락했다고 발표했다. 조 장관은 하루가 지난 24일 국회에서 "(북측의 송신내용을 상부에 보고하면) 사격 중지 명령을 내릴까 봐 해군작전사령관이 고의로 보고를 누락했다"고 상반된 내용을 보고했다.

NLL 보고 누락 사건과 관련, 국방부(합조단)의 거짓말이 또다시 탄로나는 순간이었고 그 파장은 정치권을 중심으로 확산되고 있다.

국방부는 "합조단 발표 때 고의누락시킬 의도가 전혀 없었다"고 해명했다. 그러나 더 큰 문제는 청와대와 여권의 반응이다. 청와대는 조 장관이 국회에서 밝힌 사실은 "이미 노무현 대통령에게 보고된 내용"이라며 "청와대 차원의 추가조사 지시나 징계 조치는 없을 것"이라고 밝혔다. 한마디로 노 대통령에게만 정확히 보고되면 문제가 없다는 태도이다. 여기에 열린우리당 모 의원은 "장관이 할 말 않을 말 가리지 못해 다시 시끄러워졌다"고 한술 더 떴다. 청와대와 이 같은 여권의 태도는 NLL 보고 누락 사건이 처음 불거졌을 때 노발대발하며 재조사를 지시하던 것과 완전 딴판이라 어리둥절할 따름이다.

당시 노 대통령도 "군의 발표는 정확성이 생명"이라며 "대통령과 '국민'에 대한 발표는 정확해야 한다"고 강조했다. 만일 조 장관의 국회 보고가 없었다면 청와대를 뺀 모든 국민들은 합조단의 '허위' 발표를 진실인 양 믿어야 했다.

청와대와 여권은 '우리 군이 국민 모두를 위한 군대이지 청와대만을 위한 군대가 아니라는 사실'을 분명히 알아야 할 것이다.

— 2004년 7월 27일 한경 취재여록

윤광웅 장관이 할 일

　결국 조영길 국방장관이 물러났다.

　청와대는 28일 후임에 윤광웅 청와대 국방보좌관을 임명했다. 지난 14일 북한 함정의 서해 북방한계선(NLL) 침범 사건이 있은 지 2주일 만이다. 육군 이등병에서 출발, 합참의장을 거쳐 군 최고책임자 자리에까지 오른 조 전 장관은 "군에 대한 마지막 봉사라는 각오"로 참여정부 장관직을 맡았다고 했다. 그러나 그는 그 뜻을 제대로 펼치지 못한 채 불명예 퇴진했다. 이보다 앞서 박승춘 합동참모본부 정보본부장도 보직 해임됐다. 3성 장군인 그는 자진 전역 의사를 밝혀 군인으로 최소한의 명예를 지켰다고 하나 불명예스럽기는 마찬가지이다.

　이밖에 김성만 해군작전사령관(중장) 등 다수의 장성과 장교들이 경고를 받았다. 'NLL 사건'과 관련, 장관 및 3성 장군 퇴진 등을 지켜본 군 주변 인사들은 이번 사태가 총성만 울려퍼지지 않았지 '제2의 연평해전'에 다름 아니라고 입을 모았다.

　일부에서는 "북한이 손도 안 대고 코 풀었다"며 농담 반 진담 반의 우스갯소리도 한다. 꽃다운 청춘을 서해에 묻어야 했던 2년 전 제2연평해전에서처럼 또 한 번 북한에 보기 좋게 한 방 먹었다는 얘기이다. 그러나 이번 '제2연평해전'이 2년 전에 비해 더욱 심각한 것은 적과의 싸움이었다기보다 '내전'이었다는 데 있다.

사건 초기 청와대와 여권의 서툰 과민 대응에서부터 지금 정치권을 뜨겁게 달구고 있는 국가정체성 논란에 이르기까지 국론분열이 심각한 수준에 이르렀기 때문이다. 사기가 땅에 떨어진 군은 군 나름대로 정체성의 혼란에서 벗어나지 못하고 있다.

여기에 국민들은 국민들대로 정치권과 군에 대한 신뢰감을 많이 잃은 듯하다. 윤 신임 국방장관이 할 일은 "이 같은 사태가 언제라도 재발할 수 있다"는 전임 장관의 충고를 거울삼아 제3, 제4의 '제2연평해전'을 막는 것이다.

- 2004년 7월 28일 한경 취재여록

병무청의 뒷북 행정

일파만파로 확산 중인 프로야구 선수 등의 병역 비리와 관련, 병무청이 9일 오전 10시 서울 용산 국방부에서 종합방지대책을 발표했다.

이날 대전에서 올라와 직접 브리핑에 나선 김두성 병무청장의 목소리에는 단호함이 배어 있었다. 유사사건의 재발을 방지하겠다는 강력한 의지도 엿보였다. 김 청장은 "병역의무를 불법으로 면제받으려는 사람들을 제때 적발하지 못해 송구스럽다"며 "앞으로 파수꾼 역할을 철저히 하겠다"고 강조했다. 김 청장의 의지를 반영하듯 병무청은 여러 대책을 내놓았다.

눈에 띄는 것은 사회활동이 가능하다고 인정되는 질환자 전원을 병역면제에서 제외하는 방안이다. 대장 수술 중이염 등 55가지 질병 환자들이 여기에 해당된다. 약물 반응검사(도핑테스트) 도입도 추진키로 했다. 지난 1997년 폐지된 고위공직자 고소득자 유명 연예인 및 운동선수 등 이른바 사회관심자원 중점관리제도도 부활시키기로 했다.

김 청장은 발표 중간중간 '해명성' 발언도 잊지 않았다. "이번 신종

수법은 너무 지능적이었다"며 "경찰 10명이 도둑 1명을 못 막는 격"이라고 했다. 제도를 탓하기도 했다. "사회관심자원 관리제도가 폐지되는 바람에 그동안 이들을 특별 관리하지 못했다"고 했다.

그러나 김 청장의 해명은 '변명'에 불과하다는 느낌이다. 이번 병역비리가 지난 8년간 100여 명이 수십억 원의 검은돈을 주고받으며 광범위하게 이뤄졌는데도 이를 까맣게 모르고 있었다는 것은 병무청의 직무유기나 다름없기 때문이다.

병무청은 오늘(10일) 오전 11시 서울 공군회관에서 우리나라 최고 병역 이행 명문가(家)를 선정해 시상한다. 3대에 걸쳐 병역의무를 모범적으로 이행한 가문을 뽑아 대통령상 국무총리상 등을 수여한다. 병무청은 이들 병역이행명문가 가족은 물론 그동안 성실히 병역을 이행한 대다수 국민들이 진정 바라는 것이 무엇인지 똑똑히 알았으면 한다.

'대통령상'도 좋고 '국무총리상'도 좋지만 모든 국민들이 상대적 박탈감과 허탈감을 느끼지 않도록 하기 위해서는 '뒷북 행정'이 아닌 '선도 행정'을 펼치는 것이다.

— 2004년 9월 10일 한경 취재여록

윤광웅 장관의 몰래 출국

윤광웅 국방장관이 2일 오전 몰래 출국한 사실이 뒤늦게 밝혀졌다. 언론에도 알리지 않은 채 소리소문없이 출국한 것이다. '몰래 출국'은 흔히 큰 잘못을 저지른 사람이 여론의 눈을 피해 나라를 몰래 빠져나갈 때나 쓰는 수법이다. 물론 이번 윤 장관의 출국은 이와는 전혀 상관없다. 이라크 평화·재건지원 임무를 펴기 위해 아르빌에 파병된 자이툰부대 장병들을 격려 방문하기 위해서다. 군 최고책임자인 윤 장관의 격려 방문은 지난 9월 말 김종환 합참의장, 지난달 10일 럼즈펠드 미국 국방장관보다 다소 늦은 감은 있지만 낯선 타국땅에서 고생하는 장병들에게는 큰 힘이 될 것이라는 군 주변의 판단이다.

이날 장관의 출국 사실을 확인해달라는 기자들의 거듭된 요구에도 묵묵부답으로 일관해온 국방부 관계자는 마지못해 "윤 장관이 수일 내로 자이툰부대를 방문하기 위해 오늘 아침 출국했다"고 털어놨다. 사실 국방부가 자이툰부대와 관련돼 이처럼 몰래 '일'을 벌인 것은 이번이 처음은 아니다. 지난달 말 서희·제마부대원들의 임기 만료로 맞교대할 병력 480명이 아르빌로 떠날 때도 국방부는 환송식을 공개하지 않아 '도둑 출국'이라는 비난을 샀다.

지난 8월 초 자이툰부대 1진이 현지로 떠날 때도 마찬가지였다. 당시 많은 시민들은 "장병들이 무슨 나쁜 일을 하러 가는 것도 아닌데 쉬쉬하냐"며 "국민들로부터 큰 박수를 받고 떠나도 힘든 전쟁터에 몰래 내보내면 힘이 나겠느냐"고 비난의 목소리를 높였다.

국방부는 일련의 몰래 출국과 관련, 이라크 무장단체들의 테러 위협으로부터 장관과 장병들을 보호하기 위해서라고 해명했다. 하지만 지난 8월 초 이라크 무장단체의 주적이랄 수 있는 미군이 주한 병력 일부를 이라크로 보낼 때 출국 시간까지 공개하면서 국내 언론에 대대적으로 홍보하며 성대한 환송식까지 가진 것과는 대조적이어서 국방부의 변명은 왠지 궁색하기만 하다. 혹시 우리 정부가 무장단체의 테러 위협보다 이라크 파병 반대를 주장해온 시민단체들의 눈치를 살피는 것은 아닐까 하는 의혹이 나오는 것도 이 때문이다.

- 2004년 11월 3일 한경 취재여록

괴문서에 얼룩진 軍 인사

요즘 군 안팎이 매우 어수선하다. 지난달 15일 단행된 육군 장성급 인사와 관련, 이를 비난하는 괴문서가 나돈데 이어 군검찰이 이례적으로 육군본부 인사 관련 부서를 압수 수색하면서 군내 갈등설로까지 증폭되고 있기 때문이다.

인사 비리 관련 투서나 괴문서가 나돈 것이 물론 이번이 처음은 아니다. 군 인사 때마다 매년 연례행사처럼 벌어져 온 일이다. 투서에는 누가 진급 대가로 얼마를 받았고 누구는 출신 지역 때문에 승진했다는 음해성 내용이 주류를 이루고 있다. 대부분 무기명으로 이뤄지고 있어 사실 확인도 쉽지 않다. 이번 괴문서도 과거와 마찬가지로 특정 인사들의 실명을 거론하며 인사의 공정성과 객관성에 문제가 있음을 주장하고 있다. 작성자가 개인이 아니라 여러 명이 가담한 인상이 짙다는 것이 달라진 점이라 할 수 있다.

군 인사 비리 투서 관련 대표적 사례는 지난 1993년 하나회 명단 살포 사건이다. 이 문건 살포 사건은 하나회 회원들에게 인사상 불이익을 받아오던 군인들의 감정을 건드린 것이 계기가 됐고 '숙군' 분위기가 형성되는 등 긍정적인 면도 있었다.

하지만 정권이 바뀔 때마다 군내 특정 지연·학연·인맥을 겨냥한 비공식적인 투서들이 정권의 상층부와 사정기관에 끊임없이 전달됐으며 이로 인해 군내 분열과 갈등을 초래해온 점도 사실이다.

올 5월 조영길 당시 국방장관이 근거 없는 악성루머나 투서 연부자를 철저히 색출해 엄단하라고 특별 지시를 내리는 등 군이 '음해성 투서와의 전쟁'을 선포한 것도 이에 대한 심각성을 말해주고 있다. 특히 이번 괴문서 사건은 군 내부 갈등설로까지 비화되고 있어 국민들을 더욱 불안케 하고 있다.

국방부 육군본부 군검찰 등 군 수뇌부는 괴문서의 진위를 명명백백하게 가려 군이 국민들로부터 신뢰를 받을 수 있는 계기가 됐으면 하는 바람이다.

— 2004년 11월 25일 한경 취재여록

입 막은 국방부

 지난달 22일 육군장성진급 비리 의혹 관련 괴문서가 발견된 지 하루 만인 23일 군검찰이 육군본부를 사상 첫 압수 수색을 하면서 촉발된 장성인사 비리 의혹 사건이 한 달 가까이 됐지만 뚜렷한 진전을 보이지 않고 있다. 오히려 사건을 둘러싼 의혹이 확대, 재생산되면서 국방부 육군본부 군검찰 간 '갈등설'로까지 번지고 있다.
 이번 사건이 이처럼 의외의 방향으로 치닫게 된 데는 군내 언로가 막혀 있기 때문이라는 지적이다. 장성진급 관련 비리 의혹을 받는 육군본부나 이를 파헤쳐 국민에게 진실을 밝혀야 할 군검찰에 내려진 국방부의 '함구령'이 의혹을 더욱 부추기고 있다는 얘기다.
 육군 한 고위 인사는 "지난 주말 육군의 입장을 밝히기 위한 자리를 마련하려 했으나 국방부로부터 현재 수사가 진행 중이니 기다리라고 하는 지시가 있어 없던 일로 했다"고 털어놨다. 그는 "군검찰에서 제기한 의혹들이 사실 여부와 관계없이 언론에 의해 일방적으로 국민들에게 전달돼 육군이 마치 비리 집단인 것처럼 매도되는 것 같다"며 "앞으로 육군의 입장을 밝힐 기회가 있었으면 한다"고 덧붙였다.

답답하기는 군검찰도 마찬가지다. 일부 인사 관련 장교들에 대한 수사 상황을 언론에 흘려 '언론플레이'를 하고 있다는 비난과 의혹 때문에 곤혹스러워하고 있다는 후문이다. 심지어 기자를 만나지 말라는 지시가 군검찰에 내려졌다는 '설(說)'까지 국방부 기자실에 나돌고 있다. 그래서 그런지 요즘 군검찰과의 통화는 하늘의 별 따기만큼 어렵다는 게 기자들의 불평이다. 물론 국방부의 입장도 이해는 된다. 비리 의혹을 투명하게 밝혀내야 할 수사 과정이 행여 군 수뇌부 간 갈등으로 비쳐 국민들로부터 괜한 오해를 살 수 있다는 우려 때문에 입단속이 불가피했을 수도 있다.

국방부는 그러나 무조건 쉬쉬할 게 아니다. 군검찰이나 육군본부가 수사 진행 과정과 의혹을 정기 브리핑으로 국민들에게 알리는 것이 '갈등설'을 해소하는 지름길임을 알아야 한다.

- 2004년 12월 15일 한경 취재여록

국방개혁, 피부에 와닿게

육군훈련소(논산)의 장교가 훈련병들에게 강제로 인분을 먹도록 한 어처구니없는 사건이 발생했다. 그 힘들었다던 60~70년대 아버지 세대의 군대 이야기 소재로도 등장하기 힘들어 보이는 사건이 바로 며칠 전 우리 군에서 터진 것이다.

이 소식을 접한 국민들은 경악을 금치 못하고 있다. 특히 자식들을 군대에 보냈거나 보낼 부모들은 할 말을 잊고 있다. 이번 인분 사건은 며칠 전 육군훈련소 내무반에서 입소한 지 일주일 된 훈련병이 사망(군은 자살 주장)한 사건과 맞물려 터져 나와 모든 부모의 가슴을 더욱 멍들게 하고 있다.

훈련병 아들을 둔 한 어머니는 "너무도 어처구니없는 일로 참으로 억장이 무너진다"며 "열심히 군 복무를 하고 있을 모든 군인들만큼은 이 비보를 듣지도 보지도 않게 해주고 싶을 뿐이다"고 분통을 터뜨렸다.

무엇보다 이번 인분 사건은 군의 정보 수집 및 보고체계가 제대로 작동하지 않는 등 군 기강 문란의 극치를 드러냈다는 점에서 충격을 주고 있다.

훈련병 가족들이 청와대 인터넷 등에 올리면서 외부에 알려진 사건을 군 내부에서는 사건 발생 열흘이 지나도록 까맣게 모르고 있었다는 것. 늑장 보고를 받은 윤광웅 국방장관이 21일 뒤늦게 훈련병과 그 가족, 국민에게 사과하는 '국방부 입장'을 발표하긴 했지만 비난여론은 좀처럼 수그러들지 않고 있다.

국방부는 올해를 국방개혁의 원년으로 삼고 최근 다양한 개혁방안을 내놓고 있다. 인분 사건이 외부에 알려진 당일에도 국방부는 국방부 내 주요 보직을 민간인에게 넘기기로 하는 등 문민화 계획을 발표했다.

이 같은 국방개혁도 우리 군의 앞날을 위해 반드시 필요하다. 하지만 군 수뇌부는 국방개혁의 첫걸음은 부모들이 자식들을 마음 놓고 군대에 보낼 수 있는 병영 환경을 조성하는, 그야말로 국민들의 피부에 와닿는 일부터 시작해야 한다는 점을 명심해야 한다.

- 2005년 1월 22일 한경 취재여록

국방차관을 위한 변명

유효일 국방차관이 5·18 광주민주화운동 당시 반인권적 진압행위를 했다는 일부 시민단체의 주장은 사실이 아닌 것으로 밝혀졌다.

국방부는 4일 지난 1980년 당시 20사단의 충정작전상보, 전투상보 등을 조사한 결과, 유 차관이 대대장을 맡았던 62연대 3대대가 광주시민에 대해 반인권적인 진압행위를 했다는 진술, 증거, 기록 등을 발견하지 못했다고 발표했다. 국방부 발표에 따르면 3대대는 5월 21일 광주 송정리 지역 시위 현장에 처음 투입돼 시위대와 대치했으나 교전은 없었다는 사실이 관련 기록과 작전 참가자 증언으로 확인됐다. 광주교도소 구금자 가혹행위 의혹과 관련해서도 당시 교도관 서모 씨 등은 군 병력이 교도소 외곽 경계 임무만 맡았기 때문에 가혹행위 여부는 모른다고 증언했다.

1996년 서울중앙지검이 5·18 광주민주화운동 진압 고소 사건에서 유 차관의 혐의에 대해 '증거 없음' 등으로 각하결정을 내렸다는 기록도 이번에 확인됐다.

그러나 일부 시민단체 등이 국방부의 조사 결과를 못 믿겠다며 강력하게 반발해 국방부는 물론 당사자인 유 차관은 매우 곤혹스러워하는 표정이다.

"급변하는 안보 상황과 미래전략환경에 발빠르게 대응하고 협력적 자주국방을 확립하는데 적임자"라는 당시 청와대의 발탁 배경 설명처럼, 유 차관은 지난 6개월간 윤광웅 국방장관을 보좌하며 국방개혁을 무리 없이 추진해왔다는 군 안팎의 평가를 받아온 터여서 더욱 당혹해하는 것 같다. 특히 유 차관 임명 당시 그의 이력이 언론을 통해 상세히 보도되었음에도 불구하고, 지금 와서 뒤늦게 문제를 제기하는 것에 대해 의아함을 표하고 있다. 일각에서는 '정치적 음모론'이라는 해석까지 제기되는 상황이다. 이번 국방부 조사 결과 유 차관의 무혐의가 확인된 만큼 더 이상 불필요한 논란으로 국론을 분열시키는 일은 없었으면 하는 바람이다.

- 2005년 3월 5일 한경 취재여록

군 최고 수뇌부의 각오

13일 낮 12시 서울 용산 국방부 국방회관 내 태극홀. 이상희 합참의장을 비롯한 김장수 육군참모총장, 남해일 해군 참모총장, 이한호 공군 참모총장, 이희원 한미연합사 부사령관 등 20여 명의 '별'들이 한자리에 모였다. 지난 3월 말 단행된 군 최고 수뇌부 인사 이후 윤광웅 국방장관이 주재하는 국방부 출입기자들과의 상견례를 겸한 오찬 간담회에 참석하기 위해서였다.

국방장관이 이 같은 자리를 마련한 것은 창군 이래 처음이어서 군 수뇌부는 물론 기자들 사이에 약간의 긴장감이 돌기도 했다. 이날 모임의 성격을 두고 일부 기자들 사이에 윤 장관이 신임 군 수뇌부를 불러 '군기'를 잡으려 했다는 우스개 섞인 분석이 나돌았지만 억측에 불과했다. "신임 군 수뇌부의 단합된 모습을 보여주겠다"는 당초 윤 장관의 의도대로 1시간 20여 분간의 오찬 내내 화기애애한 분위기가 이어진 것만 봐도 그렇다.

첫 기자간담회인 만큼 각군 총장들도 1분 스피치를 통해 각오를 다졌다. "앞으로 합참이 무엇을 어떻게 할지 진단하고 방향을 설정해

군의 참모습을 보여주겠다"(이상희 합참의장). "취임 전 군 외부로부터 충고를 들었다. 이젠 군 내부의 허심탄회한 의견을 듣고 공정하고 투명하고 신뢰받는 군으로 거듭나도록 하겠다"(김장수 육군총장). "잘못하면 많이 질책해주고 잘하면 갈채와 사랑을 아끼지 말아달라"(남해일 해군총장). "한미 연합 방위 태세에 이상이 없도록 최선을 다하겠다"(이희원 부사령관). 임기가 남아 이번에 유임된 이한호 공군총장도 "각군 수뇌부와 호흡을 맞춰 새 각오로 임하겠다"고 말했다.

우리 군은 불과 얼마 전까지만 해도 인사 비리 국방개혁 등을 둘러싸고 심각한 내부 갈등을 빚어 국민들의 불안을 초래하기도 했다.

이날 오찬에서 다진 각오처럼 참여정부의 2기 군 최고 수뇌부가 해묵은 갈등을 해소하고 신뢰받는 군으로 거듭났으면 한다.

- 2005년 4월 14일 한경 취재여록

못 믿을 軍

#1

2004년 10월 26일. 중부전선 비무장지대 철책 뚫고 남한 민간인 1명 월북. 관련 부대장 등 징계. 로봇 감시장비 등 최첨단 장비를 투입해 재발방지책 마련.

#2

2005년 1월 10일 육군훈련소에서 '인분 사건' 발생. 병영 내 총기·자살·구타 사고 예방을 위해 소원수리제도 개선. 언어폭력과 얼차려 제한.

#3

2005년 4월 13일. 동해에서 만취 어부 배 몰고 월북. 기동성 높은 고속정 배치 검토.

 최근 군에서 잇달아 터진 주요 사건 및 사고 일지다. 윤광웅 국방장관 등 군 최고 수뇌부는 이때마다 재발 방지를 위한 거창한 대책을 발표하는 등 부산을 떨었다.

하지만 군 지도부를 비웃듯 유사한 사건이 꼬리를 물고 터지고 있다. 19일 새벽 경기도 연천군 모 부대에서 일어난 수류탄·총기 난사 사건은 선임병들의 언어폭력을 견디지 못한 병사가 저질렀다는 게 군의 발표다. 결국 지난 2월 3일 제2의 인분 사건을 막고 총기·자살·구타 사고를 예방하기 위해 발표한 병영 내 소원수리제도 개선 등 각종 대책이 정작 일선 부대에선 전혀 먹혀들지 않았던 셈이다.

군기가 땅에 떨어진 증거는 이뿐만 아니다. 지난 13일 전방 3중 철책선을 뚫고 북한 인민군이 귀순한 사건은 지난해 남한 민간인이 전방 철책선을 자르고 월북한 사건의 재판이다. 이번에 인민군이 넘어온 지역은 지난번 민간인 월북 사건이 발생한 곳에서 불과 5~6m밖에 떨어져 있지 않아 충격을 더해주고 있다. 특히 지난 17일 주민들이 신고하기 전까지 북한군이 나흘간 전방 일대를 버젓이 돌아다녔는데도 군은 이를 까맣게 모르고 있었다는 데 문제의 심각성이 있다.

같은 날(17일) 서해에서는 지난 4월 동해에서 발생한 만취 어부 월북 사건과 유사한 일이 발생했다. 이번에는 북한 부부 한 쌍이 배를 타고 우리 쪽으로 넘어왔으나 역시 군은 어민 신고만 기다려야 했다.

육·해상 가릴 것 없이 군 경계 태세에 구멍이 뚫린 것이다. "어떻게 자식들을 안심하고 군에 보낼 수 있으며 이런 군을 믿고 편안히 잠을 이룰 수 있겠느냐"며 군의 총체적 위기를 비난하는 국민들의 성난 목소리에 과연 군 수뇌부가 이번만큼은 속 시원히 답해줄지 궁금하다.

- 2005년 6월 20일 한경 취재여록

또 무장해제당한 軍

지난 20일 밤 강원도 동해시 육군 모 부대 장병들이 민간인 복장을 한 괴한 3명에게 소총과 실탄을 빼앗기는 어처구니없는 사건이 발생했다. 밤 10시 10분께 동해안 초소 순찰로에서 순찰 중이던 장병들이 괴한들의 공격을 받고 K-1,K-2 소총 각각 1정, 15발들이 탄창 2개, 무전기 1대 등을 탈취당했다. 이번 사건은 지난달 전방에서 잇따라 터진 사건과 함께 우리 군이 총체적 위기에 빠져있다는 또 다른 증거가 아닐 수 없다.

지난달 13일에는 북한 인민군이 전방 3중 철책선을 뚫고 넘어와 우리 전방 지역을 며칠간 배회했는데 군이 이를 까맣게 모르고 있다가 주민의 신고로 뒤늦게 인민군을 체포했다. 이어 지난달 19일에는 전방소초(GP)에서 총기 난사 사건이 발생해 아까운 장병 8명이 희생되기도 했다. 특히 이번 사건은 지난 7일 런던 테러사건을 계기로 각 군부대가 대테러 경계 강화 태세에 돌입한 가운데 터진 것이어서 그 충격을 더해 주고 있다. 야당에서 윤광웅 국방장관의 거취 문제를 다시 거론하는 것도 어쩌면 당연한 일이다.

군은 "이번 사건이 발생한 곳은 휴가철을 맞아 민간인들이 많이 다니는 해변지역"이라며 "길을 물어오는 민간인들을 의심할 수 있겠느냐"고 항변하고 있다. 또 "전방철책 등을 점검한 결과, 이들 괴한이 북에서 넘어온 간첩이나 공비는 아닌 것 같다"고 덧붙였다.

군이 민간인들에게 총기와 실탄을 빼앗긴 게 이번이 처음은 아니다. 따라서 유사 사건이 일어날 때마다 국민들에게 재발 방지를 다짐해온 군의 약속이 헛구호였다는 것을 보여준 셈이다. 실제 2002년 2월 민간인 4명이 수도방위사령부에서 총기를 탈취하고 해병부대에서 실탄 400발을 훔친 사건이 발생했다. 이들 민간인들은 훔친 총기로 서울에서 은행강도까지 저질렀다. 군과 경찰이 이번 사건의 범인들을 하루빨리 잡아 국민들이 추가 범죄의 표적이 되지 않도록 해야 하는 이유가 바로 여기에 있다.

국민들은 군인의 총기를 탈취한 괴한이 남파간첩이 아니라는 사실을 그나마 다행으로 여겨야 하는가. 그 자체가 답답한 현실을 드러낸다.

- 2005년 7월 22일 한경 취재여록

흔들리는 軍

　군과 관련한 불미스러운 소식들이 하루가 멀다고 들려온다. 신용카드 불법 발급에서 부정 인사청탁, 민간인 폭행 및 성추행에 이르기까지 명예를 목숨처럼 여겨야 할 군인이라면 차마 입에 담기 힘든 사건·사고들이 연일 터지고 있다.

　국방부 획득정책관을 지낸 이 모 씨(57. 예비역 소장)는 군 무기 납품 과정에서 뇌물을 주고받은 혐의로 경찰청 특수수사과에 의해 무기중개상 정 모 씨(49)와 함께 지난 6일 긴급 체포됐다.

　공군은 지난 5일 모 부대 소속 인사참모 장교가 불법 발급받은 카드를 이용해 현금을 인출해 잠적함에 따라 수배했다고 발표했다. 이 장교는 부대장 위임장을 위조해 경남 진주 소재 카드사 5곳에서 발급받은 부대명의 법인카드 26매를 카드할인업자에 맡기고 18억 4,000만 원을 찾아 사라졌다.

　인사청탁 관련 사기극에 휘말린 고급 장교의 얘기도 씁쓸한 뒷맛을 남긴다. 지난 2일 경찰청 발표에 따르면 국군기무사령부의 한 장교는 진급 청탁을 하는 과정에서 한 여성에게 철저히 농락당했다. 그는 평소 자주 찾던 음식점의 여주인이 대통령과 친분이 있는 모 대기업 회장의 수양딸이라는 말에 속아 지난 2001년부터 30여 차례에 걸쳐 3억 1,000여만 원을 갖다 바쳤다.

지난달 28일 밤에는 육군 모 부대 소속 장교와 하사관이 만취한 상태에서 거리를 걷던 20대 여성을 성추행하고 이를 말리던 피해자의 동료를 폭행하는 사건이 발생했다. 이들은 출동한 경찰에 의해 파출소로 연행된 뒤에도 경찰관을 폭행하고 의자를 집어던지는 등 난동을 부린 혐의도 받고 있다.

이라크 추가파병 문제 등으로 나라 전체가 어수선한 요즘 그 어느 때보다 중심을 잡고 있어야 할 군이 흔들리고 있어 안타깝다. 과거 군 수뇌부는 장사병들의 비리나 사고에 대해 "가지 많은 나무에 바람 잘 날 없다"는 식으로 대응하기 일쑤였지만 지금은 상황이 다르다는 것을 알아야 한다.

정치권은 북새통이고, 경제는 바닥을 헤맨 지 오래이며, 청년실업과 노사갈등 등으로 온 나라가 뒤숭숭한 터에 군의 기강마저 흔들리는 것으로 비친다면 국민은 더욱 절망할 것이기 때문이다.

- 2003년 12월 8일 한경 취재여록

감사 끝나면 또 감사

"일 년 열두 달 감사만 받다가 시간 다 보내겠어요. 사업에 지장이 요? 상상에 맡기겠습니다. 감사를 받으면서 동시에 사업도 해야 하지만 솔직히 그게 어디 잘 됩니까"

국방부 산하기관인 군인공제회 직원들은 요즘 감사로 몸살을 앓고 있다. 물론 감사기관이 다르긴 하지만 3월 중순부터 시작된 감사가 이달 말까지 계속 이어지기 때문이다. 올가을 정기국회 때 예정된 국정감사까지 감안하면 결과적으로 1년 중 6개월가량을 감사를 받는 데 쓰는 셈이다. 군인공제회가 올해 들어 받은 첫 감사는 감사원의 기획 감사이다.

감사원 관계자는 "군인 후생복지와 관련해 국방부를 감사하면서 그 일환으로 군인공제회의 기금운용 부문을 살펴봤다"고 말했다. 3월 중순 예비감사를 필두로 한 감사원 감사는 지난달 말에 끝이 났다.

군인공제회의 감사는 그러나 여기서 끝이 아니다. 일주일여간의 '휴식' 후 공제회는 지난 12일부터 국방부의 감사를 받고 있다. 국방부 관계자는 "올 초 청와대 업무보고 때 군인공제회의 제도 체계 등

시스템 관리를 강화하겠다고 보고했으며 그에 맞춰 감사를 시행하고 있다"고 설명했다. 이 관계자는 "감사원 감사 직후여서 가급적 중복되지 않는 범위 내에서 감사하려고 한다"고 덧붙였다.

국방부 감사는 예정대로라면 이달 말 끝이 난다. 상황이 이렇다 보니 중복감사에 대한 논란도 일고 있다. 3개월여 동안 감사원 감사를 받은 직후 또다시 국방부가 감사에 착수한 때문이다.

비록 감사원은 기금운용 부문, 국방부는 제도 및 체계 부문으로 감사 분야가 다르긴 하지만 어차피 사업 제도 인사 경영 등 모든 분야를 건드릴 수밖에 없어 피감기관 입장에서는 큰 차이가 없다는 게 군인공제회 관계자의 설명이다.

군인공제회는 1982년 설립 이후 지금까지 정부예산을 한 푼도 갖다 쓰진 않았지만 군인공제회 이사장을 국방부장관이 임명하기 때문에 국방부 및 감사원의 감사 대상이다. 군인공제회 관계자는 "필요하다면 감사를 해야 한다"며 "그러나 감사도 결국 사업을 제대로 하기 위해 하는 것인데 감사로 인해 사업에 차질을 빚어서야 되겠느냐"고 반문했다. 투명성 확보와 사업 효율성을 동시에 만족시킬 수 있는 방안이 필요해 보인다.

- 2006년 6월 23일 한경 취재여록

고언(苦言) 외면한 尹 국방

 윤광웅 국방장관이 3일 오전 긴급 기자회견을 자청했다.
 기자회견은 전날 역대 국방장관 및 원로 예비역 장성들과 가졌던 오찬 모임에서 일부 전직 장관들이 표명했던 전시작전통제권(작통권) 환수 우려에 대한 '오해'를 풀기 위한 것으로 갑작스럽게 이뤄졌다.
 전날 오찬은 윤 장관이 13명의 역대 국방장관 등 군 원로들을 초청, 작통권 환수 등 최근 국방 현안을 설명하는 자리였다. 오찬에서 일부 전직 장관들은 미군과 공동으로 행사하던 작통권을 환수해 우리 군이 단독으로 행사하는 문제에 대해 깊은 우려를 나타냈다.
 우리 군의 자주국방 능력이 완벽하게 갖춰지지 않은 상황에서 미군으로부터 작통권을 가져오는 것은 한·미 동맹은 물론 한반도 안정에도 크게 도움이 되지 않는다는 게 군 원로들의 걱정이었을 것이다. 그러나 윤 장관은 이날 작심한 듯 합동참모본부 전략기획부장 등 간부들을 대거 대동하고 기자회견장에 나타나 군 원로들의 걱정은 기우라며 이들의 주장을 조목조목 반박했다.
 윤 장관은 "오래전 군 생활을 하셨거나 장관을 역임한 분들이 그동안 우리 군의 발전상을 정확히 이해하지 못해 작통권 환수에 대해 반대가 심한 것 같다"며 "군 원로들이 우려하는 것과 달리 작통권을 환수하더라도 한·미 동맹관계도 약화되지 않을 것"이라고 강조했다. 한마디로 일부 군 원로들이 우리 군의 현실을 제대로 모른 채 쓸데없는 걱정을 한다는 게 윤 장관의 설명이었다.

그러나 과연 그럴까.

최근 한·미 관계를 걱정하는 것은 군 원로뿐만 아니다. 군 안팎에서도 우리 군이 당초 계획한 대로 감시정찰, 지휘통제, 정밀타격 능력 등을 완벽하게 갖춰 자주국방력을 확보할 수 있을지 불확실한 상황에서 시기를 미리 정해놓고 작통권 환수를 추진하는 것은 바람직하지 않다는 의견이 지배적이다.

군 원로들이 전날 오찬 모임에서 나타낸 우려도 국민들의 마음을 대신 전달한 것일 수도 있다. 그런 만큼 윤 장관은 군 원로들의 충심을 현실을 모르는 일부의 '억지 주장'이라고 매도할 게 아니라 귀담아 듣고 필요하다면 국방정책에 반영해야 할 것이다.

원래 충언은 귀에 거슬리는 법이다.

- 2006년 8월 4일 한경 취재여록

최고의 국방정책은 보훈

그날은 아침부터 분주했다. 아내가 늦잠 자는 아이들을 깨우는 동안 나는 샤워를 끝내고 옷을 갈아입었다. 모처럼 만의 주말여행에 가족 모두 들떠 있었다.

사실 당시 사회부 차장으로 6월 한 달 내내 2002 한일월드컵 경기 취재로 정신없는 나날을 보냈다. 시청광장에서 거리 응원전이 펼쳐진 날이면 자정을 넘겨 퇴근하기 일쑤였다. 고생스럽긴 해도 사상 첫 월드컵 4강 신화에 보람도 컸다.

월드컵 경기를 무사히 마무리를 지은 터라 마음도 홀가분했다. 특히 8월부터 영국 연수가 예정돼 있어 큰 사건·사고 없이 한 달가량만 잘 버티면 1년간 '장기휴가'를 떠난다는 달콤한 꿈에 젖어 있었다.

이날 가족여행은 연수에 앞서 시골 어머니를 찾아뵙기 위해 마련된 자리였다. 세면도구를 챙기고 막 떠나려는 순간, TV 화면에 긴급 속보 자막이 떴다.

"서해에서 북 도발, 해군 수명 사상"

'아! 이건 또 뭐야?'

여행 복장 그대로 서울 용산 국방부로 달려갔다. 아이들의 원망 섞인 눈초리를 뒤로한 채….

10년 전 6월 마지막 주말 아침, 북한군은 서해 앞바다에서 기습포격으로 대한민국을 유린했다. 윤영하 소령, 한상국·조천형·황도현·서후원 중사, 박동혁 병장 등 '여섯 용사'는 북한군의 갑작스러운 도발에 맞서 싸우다 전사했고, 19명은 부상을 당했다.

당시 정치 상황 등을 감안해 영결식에는 대통령은 물론 국방장관조차 참석하지 않아 유족들의 마음을 더욱 아프게 했다. 적과 싸우다 전사한 우리 국군의 장례식을 이처럼 초라하게 치러야 하는 어처구니없는 사태가 벌어졌던 것이다.

명칭도 이명박 정부 들어서야 연평교전에서 제2연평해전으로 격상됐다. 역대 정부의 이 같은 애매모호한 태도와 맞물려 월드컵 4강 열기에 취한 국민도 제2연평해전과 여섯 용사를 기억의 저편으로 내몰지 않았나 싶다.

나라와 국민의 생명을 지키다 전사한 대한민국 국군에 대한 예우가 이래서야 되겠는가. 앞으로 이런 나라를 위해 어느 누가 기꺼이 목숨을 바치겠는가. 더욱이 애국가마저 부정하는 종북세력이 활개 치고 다니는 이 땅에서 말이다.

워싱턴 한국전 참전 기념공원 묘비에 "Freedom is not free"라는 글귀가 새겨져 있다. 우리가 지금 누리고 있는 이 자유는 결코 공짜가 아니다. 순국선열의 피와 땀의 결과물이라는 것을 잊어서는 안 된다.

만시지탄이지만 이명박 대통령이 제2연평해전 10주년 추도식에 참석해 여섯 용사의 넋과 유족들의 아픔을 어루만져 줬다. 국군 최고 통수권자로서 당연한 일이다. 최고의 국방정책은 결코 다른 곳에 있지 않다. 보훈이 바로 서야 나라가 바로 선다. 나라를 위해 목숨을 바친 호국영령은 국가가 끝까지 보살피고 책임진다는 것을 보여주는 것 자체가 나라를 지키는 지름길이다.

– 2012년 7월 13일 국방일보 병영칼럼

국방개혁의 성공 조건

윤광웅 국방장관이 며칠 전 기자들을 만났다. 13일 국방개혁안의 공식 발표를 앞두고 배경을 설명하기 위해서다. 윤 장관은 이 자리에서 영국의 국방정책 전문가인 데이비드 추터의 말을 빌려 국방개혁 성공조건으로 '정부 의지', '지속성 확보', '우호적 여론' 등 세 가지를 들었다.

추터는 '국방개혁을 어떻게 추진할 것인가(원제: Defense Transformation: Short Guide to the Issues)'의 저자로 이 책은 한때 우리 국방부 간부들의 필독서였다.

군의 문민화 방안 등을 담은 이 책은 노무현 대통령이 윤 장관에게 일독을 권해 국방부가 아예 한국어판으로 발간했을 정도였다.

그런 추터가 최근 세미나 참석차 방한해 국방개혁 성공조건을 들려줬으니 윤 장관의 귀가 솔깃했을 것이다. 실제 윤 장관은 추터가 조언한 성공조건에 크게 공감했다. 국방개혁의 지속성 확보와 관련, 윤 장관은 이번에 국방개혁안을 법제화하면 정권이 바뀌어도 흔들림 없이 추진될 것이라고 강조했다. 또 기자들에게 농담 반 진담 반으로 국방개혁 내용을 국민들에게 함축적으로 전달할 구호(표어)와 관련, 좋은 아이디어가 있으면 내달라고 주문했다. 윤 장관의 말대로 국방개혁 성공을 위해 이 세 가지 조건이 갖춰져야 한다는 데 이견은 없다.

하지만 여기에 몇 가지 조건을 더 보탰으면 한다. 무엇보다 예산확보 방안이 마련돼야 한다. 2020년까지 국방개혁을 추진하려면 680조 원 이상의 돈이 필요하다는 얘기가 나오고 있다. 정치권에서는 벌써부터 이 천문학적인 돈을 어떻게 확보할지를 두고 논란이 일고 있다.

국방부 안대로 병력 18만 명과 4개 군단, 20여 개 사단을 줄이고 장군 자리 50여 개를 없애도 이 재원을 충당하기에는 턱없이 부족하다. 단적인 예로 전문가들은 사단 20여 개를 줄인다 해도 절감액은 연간 5조 4,400억 원에 불과하다고 지적한다.

이처럼 예산확보가 무엇보다 중요한데도 국방부는 이를 뒷전으로 미뤄놓고 있다. 재원 조달 방안에 대해 앞으로 해당 부처와 협의하겠다고만 했다. 또 "2020년까지 매년 11.1%의 국방비 증가가 이뤄진다면 예산확보에 큰 무리가 없을 것"이라고 주장했다.

국방부는 국방개혁 관련 보도자료의 맨 첫 장에 "(노 대통령께서) 국방개혁을 위한 예산은 적극 지원하겠다는 말씀이 있었다"고 적어놨다. '대통령의 말씀'이 국방부 낙관론의 배경인지는 모르겠으나 예산확보방안을 너무 소홀히 다루고 있다는 인상을 지울 수가 없다.

또 하나의 성공조건은 군 내부의 지지를 얻는 것이다. 특히 우리 군을 이끌 중간 간부들의 공감대 형성이 필수적이다. 개혁 의지만 앞세우다 보면 군의 사기를 떨어뜨릴 수도 있다. 군은 사기를 먹고사는 집단임을 명심해야 한다.

윤 장관은 그동안 군 안팎에서 국방개혁의 적임자로 평가받아 왔다. 청와대 국방보좌관을 지낸 데다 1990년 해군 준장 시절 군구조개선위원회(일명 8·18 위원회)에 참여해 당시의 국방개혁을 추진한 적이 있기 때문이다. 그런 만큼 윤 장관은 당시 '8·18 국방개혁'이 왜 성공하지 못했는지를 누구보다 잘 알고 있다. 이번 국방개혁이 8·18 국방개혁의 전철을 밟지 않기 위해선 예산확보와 군 내부 공감대 형성이 반드시 이뤄져야 한다.

- 2005년 9월 14일 한경데스크

한경 데스크

국방개혁의 성공조건

김수찬
사회부 차장

윤광웅 국방장관이 며칠 전 기자들을 만났다. 13일 국방개혁안의 공식발표를 앞두고 배경을 설명하기 위해서다. 윤 장관은 이 자리에서 영국의 국방정책 전문가인 데이비드 추터의 말을 빌려 국방개혁 성공조건으로 '정부 의지' '지속성 확보' '우호적 여론' 등 세 가지를 들었다.

추터는 '국방개혁을 어떻게 추진할 것인가(원제:Defense Transformation: Short Guide to the Issues)'의 저자로 이 책은 한때 우리 국방부 간부들의 필독서였다. 군의 분민화 방안 등을 담은 이 책은 노무현 대통령이 윤 장관에게 일독을 권해 국방부가 아예 한국어판으로 발간했을 정도였다. 그런 추터가 최근 세미나 참석차 방한해 국방개혁 성공 조건을 들려줬으니 윤 장관의 귀가 솔깃했을

국방부 안대로 병력 18만명과 4개 군단, 20여개 사단을 줄이고 장군 자리 50여개를 없애도 이 재원을 충당하기에는 턱없이 부족하다. 단적인 예로 전문가들은 사단 20여개를 줄인다 해도 절감액은 연간 5조4400억원에 불과하다고 지적한다.

이처럼 예산확보가 무엇보다 중요한데도 국방부는 이를 뒷전으로 미뤄놓고 있다. 재원조달 방안에 대해 앞으로 해당 부처와 협의하겠다고만 했다. 또 "2020년까지 매년 11.1%의 국방비 증가가 이뤄진다면 예산확보에 큰 무리가 없을 것"이라고 주장했다. 국방부는 국방개혁 관련 보도자료의 맨 첫장에 "(노 대통령께서) 국방개혁을 위한 예산은 적극 지원하겠다는 말씀이 있었다"고 적어놨다. '대통령의 말씀'이 국방부 낙관론의 배경인지는 모르겠으나

것이다. 실제 윤 장관은 추터가 조언한 성공 조건에 크게 공감했다.

국방개혁의 지속성 확보와 관련, 윤 장관은 이번에 국방개혁안을 법제화하면 정권이 바뀌어도 흔들림없이 추진될 것이라고 강조했다. 또 기자들에게 농담반 진담반으로 국방개혁 내용을 국민들에게 함축적으로 전달할 구호(표어)와 관련, 좋은 아이디어가 있으면 내달라고 주문했다.

윤 장관의 말대로 국방개혁 성공을 위해 이 세 가지 조건이 갖춰져야 한다는 데 이견은 없다.

하지만 여기에 몇 가지 조건을 더 보탰으면 한다. 무엇보다 예산확보 방안이 마련돼야 한다. 2020년까지 국방개혁을 추진하려면 680조원 이상의 돈이 필요하다는 얘기가 나오고 있다. 정치권에서는 벌써부터 이 천문학적인 돈을 어떻게 확보할지를 두고 논란이 일고 있다.

예산확보방안을 너무 소홀히 다루고 있다는 인상을 지울 수가 없다.

또하나의 성공조건은 군 내부의 지지를 얻는 것이다. 특히 우리 군을 이끌 중간 간부들의 공감대 형성이 필수적이다. 개혁의지만 앞세우다보면 군의 사기를 떨어뜨릴 수도 있다. 군은 사기를 먹고사는 집단임을 명심해야 한다.

윤 장관은 그동안 군 안팎에서 국방개혁의 적임자로 평가받아 왔다. 청와대 국방보좌관을 지낸데다 1990년 해군 준장 시절 군구조개선위원회(일명 8·18위원회)에 참여해 당시의 국방개혁을 추진한 적이 있기 때문이다. 그런만큼 윤 장관은 당시 '8·18 국방개혁'이 왜 성공하지 못했는지를 누구보다 잘 알고 있다. 이번 국방개혁이 8·18국방개혁의 전철을 밟지 않기 위해선 예산확보와 군내부 공감대 형성이 반드시 이뤄져야 한다.

ksch@hankyung.com

국방부만의 국책사업

요즘 국방부 주변에서는 '국책사업'의 정의를 두고 말이 많다. 국책사업이란 국가정책사업의 줄임말이지만 평택 미군기지 이전사업으로 이야기가 옮겨가면 '국방부만의 정책사업'을 뜻한다는 자조적인 표현이 나오고 있다. 그러나 주한미군기지 이전은 2003년 5월 노무현 대통령과 조지 부시 미국 대통령이 워싱턴에서 가진 정상회담에서 합의함에 따라 추진되고 있는 엄연한 국책사업이다. 2004년 국회의 비준 동의를 얻는 등 국민적 합의도 거쳤다.

2008년으로 예정된 미군기지 이전사업이 완료되면 경기도 평택지역 349만 평과 포항·대구지역 13만 평 등 총 362만 평을 새로 미군에 제공하고 대신 전국에 산재해 있는 35개 기지, 7개 훈련장 등 총 5,100만여 평을 되돌려 받게 된다. 특히 1882년 청나라군의 주둔 이후 실로 120여 년 만에 서울의 중심부인 용산 미군기지 터를 되돌려 받는다는 상징성도 갖고 있다. 용산미군기지 이전은 시민단체 등이 줄기차게 주장해온 것이기도 하다. 그런데 요즘 주한미군기지 이전사업을 지켜보면 국방부만의 정책으로 치부되는 게 아닌가 하는 의심이 들 때가 한두 번이 아니다.

공권력의 미온적인 태도가 대표적 사례이다. 경기지방경찰청의 고위 관계자는 최근 "군이 미군기지 예정부지에 대한 경비를 요청해오면 불가 입장을 통보할 것"이라고 밝혀 물의를 빚은 바 있다. 이러다 보니 경찰이 시민단체의 눈치를 보는 게 아니냐는 지적이 나올 수밖에 없다.

법원과 검찰의 대응도 마찬가지다. 수원지법 평택지원은 최근 평택에서 미군기지 이전 관련 폭력시위에 가담한 혐의로 검찰이 영장을 청구한 37명 중 27명의 구속을 불허한 데 이어 2차 청구자 23명 중 17명에 대해서도 영장을 기각했다. 죽봉을 들고만 있던 단순 가담자인 데다 대부분 '어린' 학생이라는 게 기각 사유였다고 한다. 검찰이 과격 시위 전력이 있는 사람들을 중심으로 청구한 2차 때에도 1차와 같은 기각률이 나온 만큼 법원의 변명은 군색해 보인다. 검찰은 무더기 영장 기각에 반발하는 듯 보이지만 속을 들여다보면 법 집행의 적극성을 찾아보기 힘들다.

미군기지 확장 저지 범국민대책위원회(범대위) 등 평택사태의 핵심 주동자를 검거하는 문제를 놓고 마치 남의 일처럼 말하고 있다. 검찰은 "문정현 신부를 포함한 범대위 간부에 대해 경찰의 소환조사를 지시한 상태로 소환조사가 이뤄질 것으로 본다. 소환 절차가 이뤄지지 않으면 법 절차에 따라 이행하겠다"고 밝히고 있다. 이래서야 공권력이 바로 설 수가 없다.

이번 미군기지 이전 관련 불법시위의 핵심 배후 세력 중에는 반미·반정부 시위에 단골로 등장하는 인물도 많다고 한다. 특히 문 신부는 2000년 경기도 화성시 매향리 미군사격장 폐쇄 및 SOFA 협정 개정 요구시위와 2003년 새만금 간척사업 반대 단식농성을 주도했다. 지난해에는 전북 부안군 방사성폐기물 처리장 반대 집회도 이끌었다.

경찰과 검찰의 미온적 태도로 불법시위 주동자들은 공권력을 비웃기라도 하듯 활보하는 반면 맨몸으로 경계근무를 서던 장병들이 경찰이 지켜보는 가운데 시위대에게 몰매를 맞았다. 미군기지 이전사업을 진정한 국책사업으로 추진하려면 먼저 실추된 공권력을 제 위치에 갖다 놓아야 한다.

- 2006년 5월 10일 한경데스크

3부

일류 국가는 4류정치 극복으로

3부 칼럼 분석

3%를 위한 변명

동북 3성에 사는 오형에게.

오형이 지난주 바로 이 칼럼(7월 6일자)에서 우리나라 부동산정책의 난맥상을 지적했는데 잘 읽었습니다. 오형의 표현대로 서울의 동북 3성, 즉 강북, 도봉, 노원구에 살고 있는 보통사람들이 최근 강남지역 부동산가격 폭등세를 지켜보며 느꼈을 박탈감도 어느 정도 이해가 되더군요. 이렇게 펜을 든 것은 강남사람을 위한 변명 좀 늘어놓을까 해서입니다. 물론 요즘 정가에서 한창 유행중인 '편지정치'와는 무관하고요.

오형! 솔직히 나는 핵심 강남사람은 아닙니다. 범강남권인 서초구에 살고 있습니다. 강북에 살던 내가 이 동네로 이사한 것은 외환위기가 한창이던 1998년 여름이었죠. 맞벌이 아내가 둘째 놈을 맡길 처갓집 근처로 옮기자고 해 따라나선 겁니다. 이렇듯 나의 강남행은 오형의 말처럼 '시류를 잘 타는' 사람들의 투자와는 크게 상관이 없습니다. 생계형 강남행이라고나 할까요. 아내는 그러나 외환위기 여파로 처갓집에 아이 한 번 맡겨보지 못한 채 회사에서 잘렸습니다.

어쨌든 황소 뒷걸음에 개구리 잡는다고 그때 산 아파트는 가격이 많이 올랐습니다. 친구들 사이에 졸지에 부동산투자의 귀재로 통하고 있습니다. 오형! 모르긴 몰라도 아마 강남 사람들 중 상당수가 나와 비슷한 사연을 갖고 있지 않나 싶습니다. 물론 일부 투기세력(모두 강남 사람이라고 확인할 수는 없지만요)도 있겠지만 자식들 교육 때문이거나 혹은 직장과 좀 더 가까운 곳에 살기 위해 강남을 택했을 겁니다.

강남 토박이들도 대부분 아파트 한 채 정도 유지하며 살고 있는 보통사람들일 겁니다. 그럼에도 불구하고 정부는 툭하면 강남사람 '조지기'에 여념이 없습니다.

며칠 전에는 정부 대변인인 국정홍보처장이 2008학년도 서울대 입시안을 비난하면서 난데없이 강남사람들을 끌고 들어가더군요. 서울대 입시안이 강남의 일부 특권층을 위한 것이라는 '음모론'까지 제기하는데는 할 말을 잃었습니다. 잘못된 부동산정책에 대한 비난여론을 무마하기 위해 어쩌면 희생양이 필요했는지도 모르겠습니다. 교육정책의 실패를 서울대 탓으로 돌리는 것처럼 말이죠. 덕분에 강남사람들은 이제 공공의 적이 된 듯합니다.

우리나라 인구의 3% 약간 넘는 범강남사람들을 왕따시켜 나머지 97%로부터 표를 받아낼 수 있다면 정치권으로서도 결코 밑지는 장사는 아니겠지요. 이로 얻어지는 국민적 카타르시스는 보너스 정도로 생각했나 봅니다.

오형! 다음 달 정부가 또다시 강력한 부동산안정정책을 발표한다지요. 부디 이번 만큼은 제대로 된 정책을 내놔 동북3성 사람들이 더이상 상대적 박탈감을 느끼지 않았으면 합니다. 그동안 도매금으로 넘어간 대다수 강남사람들의 억울함도 함께 씻어줄 수 있도록 말입니다. 무엇보다 이번 부동산정책에는 지난번 오형이 내놓은 아이디어가 조금이라도 반영됐으면 하는 바람입니다. 강남을 죽일 게 아니라 강북을 살리는 쪽으로 말이죠.

오형! 그렇지 않아도 장마철 무더위로 짜증이 나는 요즘, 이 글로 불쾌지수만 높이지 않았나 걱정됩니다. 하도 답답해 몇 자 적어봤습니다.

- 2005년 7월 13일 한경데스크

한경 데스크

3%를 위한 변명

김수찬
사회부 차장

동북 3성에 사는 오형에게.

오형이 지난주 바로 이 칼럼(7월6일자)에서 우리나라 부동산정책의 난맥상을 지적했는데 잘 읽었습니다. 오형의 표현대로 서울의 동북 3성, 즉 강북·도봉·노원구에 살고 있는 보통사람들이 최근 강남지역 부동산가격 폭등세를 지켜보며 느꼈을 박탈감도 어느정도 이해가 되더군요. 이렇게 펜을 든 것은 강남사람을 위한 변명 좀 늘어놓을까 해서입니다. 물론 요즘 정가에서 한참 유행중인 '편지정치'와는 무관하고요.

오형! 솔직히 나는 핵심 강남사람은 아닙니다. 범강남권인 서초구에 살고 있습니다. 강북에 살던 내가 이 동네로 이사한 것은 외환위기가 한창이던 1998년 여름이었죠. 맞벌이 아내가 둘째놈을 맡길 처갓집 근처로 옮기자고 해 따라나선 겁니다. 이뤘듯 나의 강남행은 오형의 말처럼 '시류를 잘 타는' 사람들의 투자와는 크게 상관이 없습니다. 생계형 강남행이라고나 할까요. 아내는 그러나 외환위기 여파로 처갓집에 아이 한번 맡겨보지 못한 채 회사에서 잘렸습니다. 어쨌든 황소 뒷걸음에 개구리 잡는다고 그때 산 아파트는 가격이 많이 올랐습니다. 친구들 사이에 졸지에 부동산투자의 귀재로 봉하고 있습니다.

오형! 모르긴 몰라도 아마 강남 사람들 중 상당수가 나와 비슷한 사연을 갖고 있지 않나 싶습니다. 물론 일부 투기세력(모두 강남사람이라고 확인할 수는 없지만요)도 있겠지만 자식들 교육때문이거나 혹은 직장과 좀 더 가까운 곳에 살기 위해 강남을 택했을 겁니다. 강남 토박이들도 대부분 아파트 한 채 정도 유지하며 살고 있는 보통사람들일 겁니다. 그럼에도 불구하고 정부는 툭하면 강남사람 '조지기'에 여념이 없습니다. 며칠 전에는 정부 대변인인 국정홍보처장이 2008학년도 서울대 입시안을 비난하면서 난데없이 강남사람들을 끌고 들어가더군요. 서울대 입시안이 강남의 일부 특권층을 위한 것이라는 '음모론'까지 제기하는데는 할 말을 잃었습니다.

잘못된 부동산정책에 대한 비난여론을 무마하기 위해 어쩌면 희생양이 필요했는지도 모르겠습니다. 교육정책의 실패를 서울대 탓으로 돌리는 것처럼 말이죠. 덕분에 강남사람들은 이제 공공의 적이 된 듯합니다. 우리나라 인구의 3% 약간 넘는 범강남 사람들을 왕따시켜 나머지 97%로부터 표를 받아낼 수 있다면 정치권으로서도 결코 밑지는 장사는 아니겠지요. 이로 얻어지는 국민적 카타르시스는 보너스 정도로 생각했나 봅니다.

오형! 다음달 정부가 또다시 강력한 부동산안정정책을 발표한다지요. 부디 이번 만큼은 제대로 된 정책을 내놔 동북3성 사람들이 더이상 상대적 박탈감을 느끼지 않았으면 합니다.

그동안 도매금으로 넘어간 대다수 강남사람들의 억울함도 함께 씻어줄 수 있도록 말입니다. 무엇보다 이번 부동산정책에는 지난번 오형이 내놓은 아이디어가 조금이라도 반영됐으면 하는 바람입니다. 강남을 죽일 게 아니라 강북을 살리는 쪽으로 말이죠.

오형! 그렇지 않아도 장마철 무더위로 짜증이 나는 요즘 이 글로 불쾌지수만 높이지 않았나 걱정됩니다. 하도 답답해 몇 자 적어봤습니다. ksch@hankyung.com

4.10 총선 여론조사가 수상하다

4.10 총선을 불과 일주일 앞두고 여론조사회사들의 움직임이 바쁘다. 언론사 등의 의뢰로 하루가 멀다고 지역별 후보 지지도는 물론이고 정당별 지지도 조사 결과를 앞다퉈 발표하고 있다. 특정 언론사의 의뢰 없이 여론조사회사가 자체적으로 벌이는 건수도 상당수 있다. 그런데 여론조사 결과가 업체마다 들쑥날쑥, 오락가락해 신뢰도가 크게 떨어지고 있다. 특히 특정 정치색을 띠는 인물이 설립한 여론조사회사가 많다 보니 편향된 결과로 오히려 여론을 호도하고 있다는 인상을 지울 수가 없다.

우리나라 선거관리위원회에 등록된 여론조사회사는 60여 개로 파악되고 있다. 훨씬 더 많았는데 그나마 정리된 숫자가 이 정도이다. 이 중에는 특정 정치색을 띤 인사가 운영하는 업체들이 적지 않다. 김어준 씨가 설립 운영하는 '여론조사꽃'을 비롯해 노무현 정부 시절 청와대 행정관으로 지낸 인사가 만든 여론조사회사도 있다. 노익현 자유정의시민연합 여론조사 감시단장은 "60여 개 조사업체 중 대다수가 특정 정치색을 띠고 있다"고 말했다. 여론조사 시장이 이미 특정 방향으로 기울어져 있다는 얘기다. 일본의 경우 선관위에 등록된 여론조사업체가 20여 개에 불과하다는 점을 감안하면, 우리는 가히 난립 수준이다. 민심을 정확히 반영해야 할 여론조사는 정말 공정하게 이뤄져야 하는데 그렇지 못하니 조사결과에 대한 국민들의 신뢰가 크게 흔들리고 있다.

서울 동작을을 예로 들어보자. 이곳에선 현재 국민의힘 나경원 후보와 더불어민주당 류삼영 후보가 치열한 접전을 펼치고 있다. 이 지역은 이재명 대표가 5차례나 찾아 류 후보에 대한 지원 유세를 벌일 정도로 관심 지역이다. 여러 조사업체도 앞다퉈 판세 분석 결과를 내놓고 있다.

가장 최근 발표된 조사가 김어준 씨의 '여론조사꽃' 결과이다.

여론조사꽃은 3월 27일~28일 이틀간 조사한 결과, 류 후보가 48.8%로 나경원 후보(44.3%)를 4.5% 포인트 차로 앞서고 있다고 밝혔다. 최근 수차례 여론조사가 있었지만 류 후보가 나 후보를 앞선 것은 처음이다.

비슷한 시기인 3월 26일~28일 사이 KBS 의뢰에 한국리서치가 조사한 여론조사 결과는 나 후보 49.0%로, 류 후보(41.0%)를 8% 포인트 앞섰다. 3월 23일~24일 사이 HCN의 요청으로 조원씨앤아이가 벌인 조사 결과도 나 후보 49.3% vs 류 후보 42.6%로 흐름이 비슷했다. 뉴스토마토와 미디어토마토가 3월 10일 ~11일 실시한 조사도 나 후보(47.1%)가 류 후보(41.4%)를 6.7% 포인트 차로 이겼다. 심지어 여론조사꽃이 지난 3월 6일~7일 실시한 여론조사에서도 나 후보 44.2% vs 류 후보 34.7%로 오차 범위 밖에서 나 후보가 크게 앞서는 결과가 나왔다.

그런데 불과 한 달도 안 돼 여론조사 결과가 뒤집어졌다. 다른 조사업체의 결과는 큰 변화가 없는데, 유독 여론조사꽃의 조사 결과만 그렇다는 얘기다. 그사이 나 후보의 지지율은 44%대를 유지하고 있는데, 류 후보의 지지율이 34.7%에서 48.8%로 무려 14.1% 포인트가 치솟을만한 호재가 있었던가. 일각에서 지적하는 것처럼 '이종섭 호주대사' 문제가 국민의힘에 악재로 작용했다면, 나 후보의 지지율이 44%대로 평행선을 유지할 수 있었을까. 그렇다고 류 후보 지지율이 고공행진 할 이유는 또 무엇인가. 도저히 상식으로 설명이 안 되는 여론조사 결과를 버젓이 내놓고 있는 것이다. 이쯤 되면 여론조사라기보다는 '여론조작'에 가깝다는 의혹을 떨쳐버릴 수가 없다.

비록 서울 동작을 선거구를 예로 들었지만, 여타 다른 지역에서도 비슷한 현상이 나타나고 있어 상당수 국민들이 여론조사에 색안경을 끼고 보고 있는 것이다.

여론조사뿐만 아니다. 이른바 정치평론가라는 전문가들도 선거철만 되면 점쟁이처럼 예상 의석수를 내놓는다. 지난 2020년 제21대 4.15 총선 때도 많은 전문가들이 예상 의석수를 점쳤지만, 단 한 명도 제대로 맞추지 못했다. 그럼에도 불구하고, 이번 총선을 앞두고 또다시 전문가 예상이라는 미명 아래 정당별 의석수 예측치 발표가 나와 유권자들의 표심만 잔뜩 흐려놓고 있다.

  이제 유권자들은 여론조사업체들의 조사 결과에 일희일비할 필요가 없다. "내 의견이 반영되지 않은 여론조사는 무의미하다"는 신념을 갖고 투표 당일 현장에서 정당한 한 표를 행사하면 된다. 그게 바로 국민 여론이다.

- 2024년 4월 2일 뉴시안 데스크칼럼

사과는 이강인처럼, 용서는 손흥민처럼

 이강인이 백번 잘못했다. 이강인이 절대 해선 안 될 행동을 한 것이다. 그래서 많은 국민들이 이강인에게 실망했고 분노하고 있다.
 이강인은 2007년 KBS 예능프로그램 '날아라 슛돌이'를 통해 처음 이름을 알렸다. 당시 6살이던 이강인은 화려한 드리블, 빠른 스피드, 골 결정력까지 '축구신동'으로 국민의 사랑을 한 몸에 받았다. 이후 2011년 발렌시아 유소년팀으로 유학길에 오른 이강인은 2019년 1월 스페인 프로축구 1부 리그인 프리메라리가에 진출한다. 발렌시아 역사상 최연소로 리그 데뷔전을 치른 외국인 선수로 기록됐다. 같은 해 이강인은 U-20(20세 이하) 월드컵에서 준우승을 이끌며 한국 축구의 유망주로 떠올랐다.
 2022년 카타르월드컵에서 태극마크를 달고 실력을 유감없이 발휘했다. 이번 카타르 아시안컵에서도 기대를 저버리지 않았다. 이강인이 볼을 잡으면 왠지 마음이 든든했다. 화려한 발재간에 돌파력으로 상대 진영을 헤집고 다닐 땐 감탄을 금치 못했다. 특히 코너킥이나 크로스킥은 자로 잰 듯 정확해 가히 '믿보킥'이라 할 만했다.

손흥민의 뒤를 이어 국가대표팀을 이끌 차세대 주자로 손색이 없었다. 그런 그가 카타르 아시안컵 준결승전을 앞두고 일생일대 최대 실수를 저질렀다. 이강인을 사랑했던 국민들은 사랑했던 만큼, 그에 대한 배신감도 컸다. 63년 만에 우승컵을 놓친 아쉬움 때문만이 아니다. 국가대표팀에서 이강인을 더 이상 못 볼 수 없다는 안타까움이 더 컸기 때문이다.

 다소 늦긴 했지만, 이강인은 진심 어린 사과를 했다. 런던으로 직접 손흥민을 찾아가 머리를 숙였다. 이강인은 "지난 아시안컵대회에서 저의 짧은 생각과 경솔한 행동으로 인해 흥민이 형을 비롯한 팀 전체와 축구 팬 여러분께 큰 실망을 끼쳐드렸다"며 말문을 열었다. 그는 이어 "흥민이 형을 직접 찾아가 진심으로 사과를 드리는 게 중요하다고 생각했고 긴 대화를 통해 팀의 주장으로서의 짊어진 무게를 이해하고 저 자신을 돌아보는 시간을 가졌다. 런던으로 찾아간 저를 흔쾌히 반겨주시고 응해주신 흥민이 형께 다시 한번 감사드린다"고 밝혔다. 이강인은 "그날 식사 자리에서 절대로 해서는 안 될 행동을 했다. 지금 돌이켜 생각해 봐도 절대로 해서는 안 될 행동이었다. 이런 점들에 대해서 깊이 뉘우치고 있다"며 잘못을 인정했다.

 이강인은 다른 선배, 동료들에게도 하나하나 연락해 사과했다고 한다. "선배들과 동료들을 대할 때 저의 언행에 배려와 존중이 많이 부족했다는 점을 깊이 반성하고 있다. 선배들과 동료들을 대할 때 더욱 올바른 태도와 예의를 갖추겠다"고 약속했다.

이강인은 팬들을 향해서도 "과분한 기대와 성원을 받았는데도 대한민국 대표 선수로서 가져야 할 모범이 된 모습과 본분에서 벗어나 축구 팬 여러분께 실망을 안겨드려서 다시 한번 죄송하다"고 고개 숙였다.

사실 많은 축구팬들도 이강인의 사과와 이를 품어준 '캡틴' 손흥민을 지켜보면서 마음이 한결 풀어졌을 것이다. 젊은 혈기에 누구나 한 번쯤 저지를 수 있는 실수로, 이번 한 번만 용서하고 기회를 주면 어떨까? 손흥민도 "나도 어릴 때 실수도 많이 하고 안 좋은 모습을 보였던 적이 있었다. 그럴 때마다 좋은 선배님들의 따끔한 조언과 가르침이 있었기에 지금의 내가 이 자리에 있을 수 있다고 생각한다"며 이강인을 너그럽게 봐줬으면 하는 눈치다.

이강인은 이번 실수를 거울삼아 국가대표라는 막중한 책임감을 가슴에 품고 좀 더 성숙한 선수로 자라나길 바란다. 향후 대한축구협회에서 어떤 징계 조치가 있을지 모르겠으나, 기회가 된다면 2026 북중미월드컵 아시아지역 예선전에서 멋진 골로 보답해줬으면 한다.

물론 여전히 일부 축구팬들은 이강인에 대한 실망 때문에 화를 삭이지 못하고 있는 게 사실이다. 특히 홍준표 대구시장 같은 일부 정치인들까지 나서 '막말'을 쏟아내면서 이강인에 대한 비난을 이어가고 있어 안타깝다. 이강인의 사과에도 불구하고 홍준표 시장은 "그 심성 어디 가냐. 화해했다고 묵인할 일 아니다"라고 몰아세우고 있다. 그러나 다른 축구팬들은 몰라도 정치인들은 이강인에 대해 비난

할 자격이 있는지 되묻고 싶다.

"당신들은 언제 시원한 골로 국민들에게 단 한 번이라도 기쁨을 줘 본 적이 있는가? 매일 헛발질에 자책골로 국민들을 피곤하게 한 당신들 아닌가?"

- 2024년 2월 27일 뉴시안 데스크칼럼

사과가 사라진 사회

20여 년 전 영국에 연수를 갔을 때 마침 귀국하려던 타사 선배 차량을 인수했다. 그 선배는 차를 넘기면서 "혹시 교통사고가 나더라도 상대 운전자에게 먼저 'I'm sorry'라고 하지 마라"고 충고했다. '미안하다'고 말하는 것은 잘·잘못을 떠나 그 사고의 모든 책임을 뒤집어쓸 수도 있기 때문이라는 설명과 함께. 연수 중 다행히 그런 사고가 발생하지 않아, 선배의 말이 사실인지 확인할 길은 없었다.

우리 사회에서 사과가 사라지고 있다. 특히 여야 따질 것 없이 정치권에서 언제부턴가 사과하는 모습을 찾아보기 힘들어졌다. "저 정도면 도의적으로라도 고개 숙이는 게 맞는데…"라는 국민감정을 헤아리던 배려와 염치는 온데간데없다.

더불어민주당 전당대회 돈봉투 사건 관련, 정당법·정치자금법 위반, 특정범죄 가중처벌법상 뇌물 혐의로 구속된 송영길 전 대표는 사과 한마디 없었다. 되레 옥중 창당을 선언하면서 큰 소리다. 가칭 '정치검찰해체당'을 세워 3·1운동 정신으로 싸워갈 것이라고 했다. 그야말로 '정신 승리'다.

민주당도 일언반구 유감 표시가 없다. 최근 윤관석 의원이 징역 2년의 실형을 선고받는 등 소속 의원 20명이 연루돼 있고, 전임 대표가 구속됐는데도 말이다. 송 전 대표가 '탈당한 사람'이라는 이유에서다. 민주당은 "송 전 대표는 지금은 탈당해 개인의 몸"이라며 "재판을 좀 더 지켜봐야 할 사안"이라고 밝혔다.

문재인 전 대통령도 사과에 인색하기로 유명하다. 문재인 정부 당시 청와대의 '울산시장 선거 개입' 사건과 관련, 송철호 전 울산시장과 황운하 민주당 의원 등에게 징역 3년의 유죄 선고가 내려졌는데도 말을 아꼈다. 김기현 전 국민의힘 대표와 여당 측에서 문 대통령의 사과를 요구했지만, 침묵으로 일관했다. 대신 선고 며칠 뒤 SNS 활동을 재개하면서 이성윤 전 서울중앙지검장을 응원하는 '꽃은 무죄다'라는 글을 올렸다. 이번 판결에 대한 불편한 심기를 에둘러 표현한 게 아닌가 싶다.

이재명 더불어민주당 대표도 '사과'의 '시옷(ㅅ)' 자도 꺼내지 않는다. '이재명의 복심'인 김용 전 민주연구원 부원장이 대장동 일당으로부터 불법 정치자금을 받은 혐의로 징역 5년의 실형을 선고받고 구속됐을 때 이 대표는 "아직 재판이 끝난 게 아니어서 좀 더 지켜보도록 하겠다"며 사과를 유보했다. 이날 판결문에는 이 대표 이름이 120차례나 등장해 정작 피고인인 김 전 부원장보다 훨씬 더 많이 언급됐는데도 말이다.

상황이 이렇게 돌아가자 급기야 법원이 정치인에게 사과(반성)문을 쓰라는 이색 판결을 내리기에 이르렀다. 최근 한 시민단체가 "김남국 의원이 일은 하지 않고 코인에만 몰두해 유권자로서 정신적 피해를 입었다"고 낸 소송에서 법원은 김 의원에게 "유감 표명과 재발 방지를 약속하라"고 판결했다. 김 의원이 SNS에 쓴 1,058자 분량의 사과문 중 사과의 뜻을 밝힌 문장은 단 한 문장뿐이었고, 대부분 자신의 억울함을 호소하는데 할애했다.

그렇다면 정치권이 왜 이처럼 사과에 인색한 것일까? 여러 이유가 복합적으로 작용했겠지만, 무엇보다 '박근혜 탄핵 학습효과'가 큰 영향을 미친 것으로 보인다. 실제 박근혜 전 대통령의 소위 '국정농단' 당시 사과는 결국 탄핵으로 이어졌다는 게 정치권의 일반적인 인식이다. 그 때문인지, 박근혜 탄핵 덕분에 정권을 잡은 문재인 전 대통령은 재임 중 '조국 사태' 등 수많은 국정 난맥에도 불구하고 사과하지 않았다.

요즘 여권 일각에서도 '김건희 여사 핸드백' 사태 관련 사과 논란이 뜨겁지만, 대통령실은 아직 사과할 생각이 없는 듯하다. 여권 일각에선 '정치공작에 엮인 사기 사건으로 사과할 일이 아니다'며 사과하는 즉시 야당이 다가오는 4월 총선에 악용하는 동시에 윤석열 대통령 탄핵으로까지 몰아갈 것이라고 우려하고 있다.

호주는 매년 5월 26일을 '국가 사과의 날(National Sorry Day)'로 정하고 있다. 지난 1998년부터 백인 정부가 원주민과 원주민 아이들에게 저지른 잘못을 사죄하는 날이라고 한다.

의미는 다르지만 우리나라도 특정일을 '정치인 사과의 날'로 정하면 어떨까? 그렇지 않고서야 그들의 입에서 좀처럼 'I'm sorry'가 나올 것 같지 않다.

- 2024년 2월 1일 뉴시안 데스크칼럼

영화 '건국전쟁'에 열광하는 이유

2020년 1월 21일 하와이의 호놀룰루 시의회는 결의안 '20-7'호를 심의할 예정이었다. 캐럴 후쿠나가, 앤 고바야시 등 일본계 시 의원 등이 발의한 '2월 3일을 이승만 대통령의 날(President Syngman Rhee Day)로 선포한다'는 결의안이었다. 이승만 대통령이 1913년 호놀룰루에 정착한 2월 3일을 기념해 이날을 '이승만 대통령의 날'로 선포키로 한 것이다.

결의안은 "한국인 최초로 미국 프린스턴대학에서 박사학위를 받은 이승만 대통령은 하와이에 있는 동안 한국 태평양 잡지를 발간하고, 한국 YMCA를 조직했으며, 한국 기독교회와 기독교 연구소를 설립하는 한편 일제로부터 한국의 독립을 끊임없이 주장했고, 1919년 상하이 임시정부 대통령으로 선출됐다"며 '이승만 대통령의 날' 선포 취지를 하나하나 설명했다. 이어 "이승만 박사가 1939년 워싱턴DC로 이주해 한국의 독립에 대한 미국과 국제사회의 지원을 호소했다"면서 "1945년 독립 후 1948년 8월 15일 대통령에 당선됐다"고 덧붙였다.

결의안은 이승만 박사가 1960년 4월 27일 대통령직에서 내려온 뒤 하와이로 돌아와 1965년 7월 19일 90세까지 살았다고 적었다. 4·19혁명을 적시하지 않았지만, 대통령이 본국에서 임기 만료가 아닌 비정상적 절차로 '하야'한 뒤 하와이로 거처를 옮겼음을 시사했다.

그러나 호놀룰루 시의회는 결국 이 결의안을 철회해야만 했다. 당시 한국의 일부 시민사회단체들이 호놀룰루 의회에 결의안 철회 촉구 성명서를 제출하는 등 강하게 반발했기 때문이다.

최근 극장가에서 돌풍을 일으키고 있는 다큐멘터리영화 '건국전쟁'에 출연한 일본계 호놀룰루 시 의원은 "한국 단체들의 반발 때문에 결국 결의안을 철회했다"며 "한국 내 이승만 박사에 대한 평가가 우리와 다르다는 사실에 많이 놀랐다"고 회상했다. "일부 한국 단체들이 싫어하는데 굳이 결의안을 강행해 한국 사회 내 갈등을 촉발시키는 것은 바람직하지 않다고 판단했다"며 무척 아쉬워했다.

설 연휴 마지막 날 집 근처 영화관을 찾아 '건국전쟁'을 관람했다. 100여 석 좌석이 꽉 찼다. 부모 손에 이끌려온 초등학생들부터 노부부까지 가족 나들이 관람객들이 대부분이었다. 100분가량의 상영 시간 동안 가슴 깊이 우러나오는 진한 감동에 서너 차례 눈물을 훔쳐야 했다.

주요 역사학자와 언론인 등의 인터뷰로 구성된 다큐멘터리로 영화적 임팩트나 드라마틱한 전개는 없었지만 전혀 지루하지 않았으며 오히려 100분이라는 시간이 짧게 느껴질 정도였다. 새로운 역사적 사실에 눈을 뜨게 되는 흥미로움과 지적 호기심이 발동되었기 때문인 듯싶다. 영화가 끝난 후 관객들은 누가 먼저랄 것도 없이, 또 누구를 향한 것인지도 모를 큰 박수를 보냈다. 영화의 진한 여운 때문인지 한동안 자리를 뜨지 못한 관객들도 여럿 보였다.

사실 필자도 우리나라의 초대 대통령임에도 불구하고, 역사 시간에 '이승만'을 제대로 배워본 기억이 없다. '이승만' 하면 머릿속에 떠오르는 단어가 '독재자 이승만', '이승만 괴뢰 정부', '3.15부정선거' 등 부정적인 이미지가 전부였다. 아마 일부 세력의 '이승만 지우기' 영향 탓일 게다.

영화 '건국전쟁'은 일방적인 주의, 주장이 아니라 객관적인 자료에 기반한 역사적 사실을 담담하게 그려냄으로써 그동안 우리가 알지 못했던, 혹은 잘못 알고 있었던 '이승만'을 재조명했다. 3.15부정선거와 6·25전쟁 당시 한강철교 폭파를 둘러싼 오해도 상당 부분 풀렸다. 토지개혁, 한미상호방위조약 체결, 여성 참정권 보장 등 우리나라의 초대 대통령으로서 이승만은 정말 많은 걸 이뤄냈다.

대한민국 초대 대통령 이승만에 대한 역사적 평가는 공(功)은 공대로, 과(過)는 과대로 한쪽에 치우침 없이 균형감 있게 다뤄져야 한다. 영화 '건국전쟁'은 그 실마리를 제공한 출발선에 불과하다. 다큐멘터리영화로 개봉 10여 일 만에 40만 가까운 관객을 끌어모은 힘은 어디에 있을까? 아마 이승만에 대한 역사적 평가를 새롭게 해야 한다는 국민적 열망이 반영된 것은 아닐까 싶다.

일본계 호놀룰루시 의원들이 주축이 돼 항일, 반일 운동에 앞장섰던 이승만을 기려 '이승만 대통령의 날'을 제정하려 한 데 반해 정작 한국민들은 자신들이 그런 날을 제정하진 못할망정 외국인들의 노력에 되레 찬물을 끼얹는 우를 범했다. 필자는 지난 2020년 이승만 대통령의 날 제정에 반대했던 250여 개 시민단체들에게 영화 '건국전쟁'을 꼭 한번 관람해보길 권한다. 당신들이 반대한 이승만이 정말 그 이승만인지 확인해봤으면 싶다.

- 2024년 2월 13일 뉴시안 데스크칼럼

노사, 하나로 뭉친 마라톤

7일 오전 9시 서울 올림픽공원. 한국경제신문사와 노동부 신노사문화우수기업중앙협의회가 공동 주최하는 '월드컵 성공개최와 노사평화를 위한 국민마라톤' 대회장. 봄날치곤 제법 쌀쌀한데도 출발을 한 시간이나 앞두고 공원은 1만 명의 인파로 가득 찼다. 이미 반소매 운동복으로 갈아입은 대회 참가자들은 맨손체조 등으로 가볍게 몸을 풀면서 출발신호를 기다렸다. 직장동료와 가족들도 회사 이름과 노사 화합을 다지는 내용의 플래카드를 내거는 등 응원전 열기도 후끈 달아올랐다. 봄날 아침의 냉기도 노사 화합과 월드컵 성공개최를 기원하는 아마추어 마라토너들과 응원단이 내뿜는 열기에 이내 녹아버렸다.

그곳에는 노와 사가 따로 없었다. 남녀노소 내·외국인 구분도 없었다. 직원 90명과 함께 10km를 완주했다는 최성국 현대훼미리리조트 회장은 "원만한 노사관계는 장거리를 뛰면서 힘들 때마다 서로 부축하고 용기를 북돋워 주는 마라톤 같다는 것을 느꼈다"고 말했다.

직장동료 111명과 함께 대회에 참가했다는 코리아정공의 이방섭

영업부 대리는 "오는 5월 초가 회사 창립 30주년인데 이를 기념하고 노사 화합과 월드컵 성공개최를 기원한다는 뜻에서 직원 모두가 10㎞에 도전했다"고 말했다.

아버지(서울은행 영업부 김순모 차장)와 5㎞를 함께 달렸다는 김상연군(상봉중 2학년)은 "노사 화합이 무슨 뜻인지 잘 모르지만 아버지가 다니는 회사가 좋은 회사로 발전하기를 기원하는 달리기에 동참하고 싶었다"고 말했다.

주한 미국대사관에 근무하는 존 샌포드 씨, 주한 미8군 사령관에서 일하는 리처드 소이여 씨, 주한 이탈리아 대사관 직원인 로베르토 멘코니 씨, 엘비오 로톤도 씨 등 많은 외국인들도 한국의 월드컵 성공개최를 기원하며 5㎞를 가뿐하게 완주했다.

이날 마라톤대회는 한 달 넘게 끌어오던 발전노조의 파업사태가 타결된 후 열리는 것이어서 서로의 상처를 말끔히 씻고 노사 모두가 새 출발하는 장을 마련하는 계기가 됐다. 월드컵도 54일 앞으로 다가온 시점이어서 대회 의미를 더욱 빛나게 했다. 노와 사는 결코 둘이 아닌 하나라는 사실을 새삼 느끼게 해준 하루였다.

- 2002년 4월 8일 한경 취재여록

美·유럽 언론의 '사시(斜視)'

지난겨울 미국에서 열린 동계 올림픽. 9·11 테러 여파라고 하지만 외국인 참가자들에 대한 검문검색은 '철저'를 넘어 모멸감을 느낄 정도였다고 한다. 올림픽 후원업체 CEO(최고경영자)조차 공항에서 양말까지 벗겼다. 개막식에 9·11테러 현장에서 수거된 대형 성조기가 입장하면서 올림픽은 '상처 입은 미국인 애국심 고취의 장'이 됐다. 그때 우리는 '스포츠제전이란 개최국의 국내용 잔치 성격이 짙게 마련'이라고 봐 넘겼다.

이런 관점에서 한국 월드컵의 '옥에 티'를 보도하는 일부 외국 언론의 시각은 실망스럽다. 미국의 워싱턴포스트는 16일 "FIFA는 앞으로 아시아 개최를 심사숙고해야 할 것"이라고 주장했다. 그 이유로 △월드컵 표 판매 문제 △다른 나라 경기의 저조한 관중 등을 들었다. 하지만 표 문제 등은 '아시아 탓'이 아니라 서구 선진국이 주도하는 'FIFA의 수준 이하 운영 탓'이다.

이 신문은 또 미국 유럽의 축구팬들이 비싼 여행경비를 부담하고 아시아까지 날아가기 힘든 것도 이유의 하나로 꼽았다. 지적대로라면 '아시아는 돈만 대고 잔치는 유럽이나 미국이 즐기는 식'이어야 바람직하다는 얘기니, 실소를 금치 못할 일이다.

오늘날 어떤 세계 스포츠제전도 한국과 일본 대기업의 후원 없이는 제대로 치러질 수 없다는 사실을 서구인들은 명심할 때가 됐다.

영국 경제지 파이낸셜타임스는 18일 '(붉은 악마는)전 세계에서 가장 시끄럽고 가장 위협적이며, 열정은 히스테리에 가깝다'면서 '한국인은 노래 부르고 춤추며 응원에는 열심이지만 정작 축구에 대한 지식은 제한적'이라고 비웃었다. 그런 영국은 수년 전 국가대항전에서 영국이 독일에 지자 런던 밤거리를 거닐던 러시아인을 독일인으로 오인해 살해한 사건이 터질 정도로 '반독(反獨)' 감정이 하늘을 찔렀다. 영국이 원조로 알려진 '훌리건'만 하더라도 축구를 통해 화풀이하는 폭력적인 건달들로 '축구 발전의 암적 존재'여서 출국이 금지될 정도다.

사상 처음으로 아시아에서, 그것도 두 나라가 공동 개최한 한 · 일 월드컵에 대해 미국이나 유럽 일부 언론의 비꼼은 '아시아 발흥에 대한 부러움의 발로'라고 믿고 싶다.

— 2002년 6월 19일 한경 취재여록

대통령의 신문 읽기

'노동계 하투(夏鬪) 다음 주 고비', '부동산 침체… 사기 경보', '강릉 국민은행 방화 사건', '파주시장 한강 투신자살'….

지난 주말 한국경제신문의 주요 기사 제목들입니다. 하나같이 안타깝고 가슴 답답한 소식들뿐이었습니다. 이날 한국인 자살 증가세가 OECD 회원국 중 가장 두드러졌다는 보고서도 발표됐으나 차마 이 소식마저 전해드릴 수 없어 편집회의를 거쳐 빼기로 했습니다.

상쾌하고 즐거운 주말 아침을 기대하며 신문을 집어 들었을 독자 여러분들은 얼마나 마음이 편치 않았겠습니까. 행여 이런 우울한 소식 때문에 주말 기분을 망치지나 않았는지 모르겠습니다. 하긴 유쾌하지 않은 소식들이 지면을 장식한 것이 어제오늘의 일만은 아닌 것 같습니다.

지난 수개월간 1면과 사회면 주요 뉴스 자리를 꿰차고 앉았던 대선 비자금 수사 소식도 그중 하나였을 겁니다. 수천만 원에서 수백억 원대에 이르는 불법 정치자금이 속속 밝혀져 활자화됐을 때 독자 여러분들의 좌절감은 어떠했겠습니까.

비슷한 시기 대통령 탄핵을 둘러싼 국론분열 관련 소식이 대선 비자금과 함께 톱뉴스 자리를 주거니 받거니 했을 때의 심기는 또 얼마나 불편했겠습니까. 장기불황으로 살림살이는 더욱 쪼들리고 이로 인해 어깨가 축 처져 있을 요즘 희망과 활기찬 뉴스를 좀 더 많이 전해드려야 할 텐데 그러지 못한 것 같습니다.

밝은 뉴스를 찾기 위한 노력을 우리 기자들이 게을리하지는 않았는지 반성도 해봅니다. 흔히들 신문은 사회의 거울이라고 합니다. 요즘 그 거울이 자꾸만 흐려지는 것 같아 안타깝습니다.

지난 4일 노무현 대통령은 주한외교단과의 리셉션 자리에서 신문에 대해 한 말씀 하셨더군요. "우리 신문에는 위기가 아닌 때가 없었던 것 같다. 경제가 뒷걸음질치고 정치가 파탄 나고 혼란스럽게 되지 않을까 걱정하게 되는데 지나고 보니 그렇지 않았다"

노 대통령은 그 이유 중 하나로 "신문 제목이 사실과 달랐기 때문"이라고 진단했지요. 노 대통령의 진단처럼 최근 지면을 채웠던 우울한 뉴스들이 '(신문 기자들이) 제목을 사실과 다르게 달았기 때문에' 나타난 현상이라면 오죽이나 좋겠습니까.

— 2004년 6월 7일 한경 취재여록

홍콩차이나 첫날

"아침에 눈을 떠보니 중국 시민이 돼 있더군요"

홍콩대학에서 박사과정을 밟고 있는 고돈 쳉(30) 씨 부부가 맞이하는 홍콩특별행정구의 첫날은 여느 때와 크게 다를 게 없다. 지난밤 TV를 통해 주권 반환식을 지켜보느라 밤잠을 설쳐 다른 날보다 조금 늦게 일어났다는 것 외에는.

결혼한 지 1년을 갓 넘긴 이들 부부는 중국 시민으로 새롭게 태어났다는 사실이 아직 실감이 나지 않는다. 관심이 없다는 게 좀 더 적확한 표현일지도 모른다. 이들 신세대 부부의 관심거리는 오히려 반환식이 가져다준 5일간의 황금연휴 마지막 이틀을 어떻게 하면 보다 알차고 재미나게 보낼까 하는 것. 또 하나 있다면 지금 밟고 있는 박사과정을 되도록 빨리 끝내고 보수가 괜찮은 직장을 구하는 것.

'조국의 품'에서 첫날을 맞이한 대부분 홍콩시민들의 감회도 고돈 씨 부부와 크게 차이가 나지 않은 듯하다. 어저께부터 내린 비 탓인지 거리엔 인적이 드물다. 가끔 마주치는 사람들의 표정도 '무덤덤' 일색이다.

'세기적인' 주권 반환도 이들에겐 해가 뜨고 지는 일상사인 것처럼 큰 의미를 부여하지 않고 있다.

호들갑을 떠는 언론이 못마땅하다는 표정이다. 물론 지난밤 홍콩 유흥가 침사초이 해변도로에는 불꽃놀이를 지켜보기 위해 수많은 사람들이 모여들었다. 그러나 이들 대부분도 반환 자체를 축하하기보다는 오랜만에 큰돈 들여 벌이는 불꽃놀이를 즐기자는 쪽에 더 가깝다.

홍콩대학이 최근 실시한 여론조사도 주권 반환에 대한 홍콩 주민들의 무관심을 잘 보여주고 있다. 응답자의 60%에 가까운 사람들이 "별다른 느낌이 없다"고 대답했다. 그러나 홍콩 주민들의 무관심이 얼마나 지속될지는 아무도 장담 못 한다.

지난 150여 년간 영국 식민정부 아래서 만끽해온 자유와 번영이 홍콩특구 아래서도 유지된다면 이들의 무관심은 오히려 자연스럽고 당연하다. 하지만 반환 후 중국정부가 몰고 올 변화가 하나둘씩 피부에 와닿기 시작하면 과연 오늘 아침처럼 무관심할 수 있을지 의문이다. 어쩌면 홍콩 주민들은 앞으로 닥쳐올 변화에 대한 두려움을 감추기 위해 무관심한 척하고 있는지도 모른다.

— 1997년 7월 2일 한경 취재여록

취재여록

김수찬
<홍콩특별취재반>

홍콩차이나 첫날

「아침에 눈을 떠보니 중국시민이 돼 있더군요」

홍콩대학에서 박사과정을 밟고 있는 곤돈 쳉(30)씨 부부가 맞이하는 홍콩특별행정구의 첫날은 여느때와 크게 다를게 없다. 지난밤 TV를 통해 주권반환식을 지켜보느라 밤잠을 설쳐 다른 날보다 조금 늦게 일어났다는 것외에는.

결혼한지 1년을 갓 넘긴 이들 부부는 중국시민으로 새롭게 태어났다는 사실에 아직 실감나지 않는다는 듯이 말한다. 어쩌면 홍콩주민들의 앞으로 닥쳐올 변화에 대한 두려움을 감추기 위해 무관심한 척하고 있는지도 모른다.

는다. 관심이 없다는 표정도 「무덤덤」일색이 중국시민이 돼 있더군요」 좀더 적확한 표현일지도 있다. 응답자의 60%에 모른다. 이들 신세대부 가까운 사람들이 「별다 부의 판심거리는 오히려 른 느낌이 없다」고 대답 반환식이 가져다준 5일 했다. 그러나 홍콩주민 간의 황금연휴 마지막 들의 무관심이 얼마나 이틀을 어떻게 하면 보 지속될지는 아무도 장담 다 알차고 재미나게 보 못한다. 지난 1백50여 낼까 하는 것. 또 하나 년간 영국식민정부아래 있다면 지금 밟고 있는 서 만끽했던 자유와 번 해변도로에는 불꽃들이 영이 홍콩특구아래서도 유지된다면 이들의 무관 박사과정을 되도록이면 심은 오히려 자연스럽고 빨리 끝내고 보수가 괜 당연하다. 하지만 반환 찮은 직장을 구하는 것. 후 중국정부가 물고을 그러나 이들 대부분도 변화가 하나 둘씩 피부 반환자체를 축하하기보 에 와닿기 시작하면 과 단는 오랜만에 큰 돈들 연 오늘 아침처럼 무관 여 벌이는 불꽃놀이를 심할 수 있을지 문이 즐기자는 쪽에 더 가깝 다. 어쩌면 홍콩주민들 다. 은 앞으로 닥쳐올 변화 홍콩대학이 최근 실시 에 대한 두려움을 감추 한 여론조사도 주권반환 기위해 무관심한 척하고 에 대한 홍콩주민들의 있는지도 모른다.

고국 정치인 정신 차려야

며칠 전 취재차 미국 중부도시 세인트루이스를 방문했을 때 현지 대학의 한 동포 교수와 저녁 식사를 같이했다. 김치찌개에 소주를 곁들인 조촐한 자리였지만 환갑을 넘긴 노(老)교수의 고국에 대한 향수가 양념으로 더해져 식탁은 참 풍성했다. 인터넷으로 웬만한 국내 소식은 실시간으로 듣고 있었겠지만 노교수는 "한국에서 온 손님 만나 한국 얘기 듣는 게 최고의 낙"이라며 바쁜 시간을 쪼개줬다.

이날 저녁은 1960년대 유학 시절 고생담으로 시작됐다. "500달러를 겨우 마련해 미국 땅을 밟았죠. 접시닦이 등 안 해본 아르바이트가 없어요. 그래도 미래에 대한 희망 때문인지 힘든 줄 몰랐어요. 1970년대 국내 경제가 성장 가도를 달리면서 고국에서 들려오는 굿 뉴스도 큰 힘이 됐지요"

파전 한 접시와 소주 한 병을 추가할 때쯤 대화는 반미감정 문제로 옮겨갔다. 미국 교포사회에서는 그만큼 민감하고 현실적인 문제였을 게다.

"한국에 대해 배신감을 느낀다는 미국 사람들에게는 일부 젊은이들 사이에 일어나는 일시적인 현상이라고 얼버무리지만 속은 답답해요. 찬미하라는 얘기는 안 해요. 꾀를 써야죠. 요즘 일본 좀 봐요. 미국 비위를 얼마나 잘 맞추는지"

옥수수밭이 많아 교민들 사이에는 '옥수수 깡촌'으로 통하는 이곳은 특히 미국 천주교의 본산지로 주민 성향이 보수적이어서 그동안 7,000여 명 남짓한 교민들이 겪었을 심적 고초가 어느 정도 이해됐다.

술자리의 단골 메뉴인 정치 이야기도 나왔다.

"경제가 그 모양인 것도 잘못된 정치 탓이 커요. 표를 의식해 분배다 뭐다 그러는데 아직 파이를 키워야 할 때죠. 밖에 나와 있는 사람들이야 뭐 집안이 잘돼야 힘이 생기죠"

노교수뿐만 아니라 200여만 명에 달하는 해외교포들의 한결같은 바람일 게다. 호텔로 돌아오는 길에 노교수는 "정치 지도자들이 정신 차리도록 언론이 잘 좀 리드해줘요. 우리 민족은 저력은 있는데 말이야…"라고 말했다.

미국의 옥수수 깡촌에서 만난 노교수는 그래도 조국 한국에 대해 한 가닥 희망의 끈을 놓지 않고 있는 듯했다.

— 2005년 8월 3일 한경 취재여록

방송사 사가(社歌) 유감

어제 라디오방송 애청자라는 회사원 이 모 씨(40)로부터 한 통의 전화를 받았다. 이 씨는 얼마 전 지방에 갈 일이 있어 새벽 운전에 나섰다가 라디오방송을 듣고 기분이 많이 상했다고 불만을 털어놨다. 그는 당시 새벽이라 졸음도 쫓을 겸 한 라디오의 음악 방송을 들으며 기분 좋게 운전 중이었다. 그러나 얼마 되지 않아 상쾌함은 불쾌함으로 바뀌었다. 라디오에서 흘러나오는 '낯선' 노래 때문이었다.

오전 4시 55분쯤 이날의 방송 시작을 알리는 멘트와 함께 방송사의 사가(社歌)가 전파를 타고 전국에 방송되었다. 이 씨는 "방송사 직원도 아닌 대다수 국민들에게 방송사가 사가를 들려주는 이유가 무엇인지 모르겠다"며 "공공의 목적으로 사용해야 할 전파를 방송사의 홍보에 써서야 되겠느냐"고 목소리를 높였다. 그는 "비록 사가가 방송되는 시간이 5분가량에 불과하지만 이것을 연간으로 따지면 적지 않은 시간"이라며 "이는 전파 낭비일 뿐이다"라고 주장했다.

공중파 방송사 세 곳 중 사가를 방송하는 곳은 KBS MBC 두 곳이다. 이들 방송사는 개국 때부터 새벽 4시 55분부터 5시까지 방송 시작과 함께 자사의 사가를 전국적으로 들려주고 있다. SBS도 1990년 개국 이후 하루 한 차례 사가를 방송해오다 지난 3월 실시한 방송 개편 이후 중단했다.

KBS의 한 관계자는 "사가 방송은 KBS의 방송지표나 정체성을 국민에게 알리는데 주목적이 있다"며 "사가는 비록 국민들에게 방송되지만 공식적인 방송편성 시간과는 관계없다"고 해명했다.

MBC의 한 관계자는 "특별한 이유는 없고 그냥 관례로 방송하고 있는 것 같다"며 "사가 방송을 통해 방송사의 특성 등을 국민들에게 알리자는 것 아니겠냐"고 설명했다.

사가란 원래 해당 기업 소속 직원들의 애사심과 자긍심을 높이고 직원 간 소속감과 단결력을 키워주기 위해 만든 노래로 회사 창립기념식이나 운동회 등 주로 사내 행사에서 이용된다. 그런데도 방송사들이 사가를 공적 재산인 전파를 통해 국민들을 대상으로 방송하는 이유는 무엇일까. 혹시 모든 국민을 방송사 직원쯤으로 착각하고 있는 것은 아닌지….

- 2006년 5월 16일 한경 취재여록

스마트폰과 이별하기

저녁 퇴근길, 평소처럼 중림동 회사 앞에서 7017번 버스에 오른다. 대학이 밀집해 있는 신촌을 경유해 오는 버스여서 승객의 대부분은 학생들이다. 승객 10명 중 6~7명은 어김없이 스마트폰에 고개를 파묻고 있다. 앞자리를 차지한 여학생도, 맨 뒷좌석에 나란히 앉아 있는 커플도, 다음 정거장에 내릴 준비를 하는 남학생도 스마트폰에서 눈을 떼지 않고 있다.

프로야구 중계방송을 보면서 롯데자이언츠를 열렬히 응원하는 '갈매기'가 있는가 하면, 어떤 이는 지난 주말 놓친 주말연속극 '넝쿨째 굴러온 당신'을 보면서 방귀남의 닭살 연기에 넋을 잃고 있다.

네이버 검색에서 '김태희, 숨 쉰 채 발견'이라는 황당 기사에 낚이거나, '진짜 죽이니까 삭제되기 전 얼른 보세요'라는 카카오톡 문자에 주변을 살피며 조심스럽게 파일을 열었다가 진짜 '전복죽' 사진을 발견하곤 허탈해하기도 한다.

운전기사와 몇몇 승객을 빼고는 모두 스마트폰 속에서 스마트한 시간을 만끽 중이다. 윤전기에서 막 찍혀 나온 잉크 냄새 풀풀 나는 내

일자 종이신문을 들고 버스에 오른 나는 왠지 이방인 같다는 느낌을 지울 수 없다.

버스 속 이 풍경은 저녁 모임 자리에서도 그대로 재연된다. 비록 같은 테이블에 앉아 있지만 친구들은 저마다 스마트폰을 꺼내 들고 자기만의 세계 속에 빠져든다. 친구와 짧은 대화는 건성으로 이어질 뿐이다. 맞은 편에 앉아 있는 친구보다, 그 친구의 페이스북에 올라와 있는 사진에 더 친근감을 느끼고, 페이스북 속 이야기가 더 재미있고 궁금하다.

아이폰, 아이패드, 갤럭시S, 갤럭시탭 같은 스마트기기들이 등장한 지 불과 몇 년 만에 우리 앞에는 이처럼 스마트한 세상이 화려하게 펼쳐지고 있다.

그렇다면 과연 우리의 삶도 스마트해진 것일까. 꼭 그렇지만은 않다는 게 내 생각이다. 인터넷 시대에 이어 등장한 모바일 세상에서 우리는 오히려 많은 것을 잃고 있다. 오프라인상에서 만나 서로 부대끼며 나누는 진짜 스킨십이 줄어든 대신, 고화질 액정화면을 통해 항상 사람들을 만난다고 착각하는 가짜 스킨십에 길들어져 가고 있다. 읽는 것(reading)보다 보는 것(seeing)에 훨씬 더 익숙해짐에 따라 독서량 부족도 심각하다.

더 큰 문제는 SNS상에서 '아니면 말고'식의 정제되지 않은 소식이 마구 리트윗되고, 그로 인한 사회적 비용이 엄청나다는 것이다. 스마트한 기기들이 우리를 되레 바보로 만들고 있는 것은 아닌지 되돌아볼 시점이다.

  그래서 감히 제안한다. 하루에 단 한 시간 만이라도 스마트폰에서 로그아웃하기를. 그리고 인간 냄새 진하게 배어나는 세상 속으로 로그인하기를. 나는 늘 그랬던 것처럼 오늘도 퇴근 때 종이신문을 펼쳐 들고 7017번 버스에 오를 것이다. 스마트폰이 난무하는 그 버스에 말이다.

- 2012년 8월 1일 국방일보 병영칼럼

청춘들에게 필요한 것은?

　남자 1호: 코 곤다고 고참이 방독면 쓰고 자라잖아. 니들 방독면 쓰고 자봤어? 남자 2호: 난 골키퍼였는데 한 골 먹었다고 그 자리에서 바로 원산폭격시키더라고. 남자 3호: 맨땅에 원산폭격이라면 하루 종일도 하겠다. 치약뚜껑 위에 머리 박아봤어? 남자 4호: ㅠㅠ. 여자 1호: -0-. 여자 2호: ZZZzzz….

　예비역 남자들의 이른바 '개고생담'을 듣다 보면 군대는 갈 곳이 못 된다. 이들은 한결같이 자신의 부대가 가장 빡셌고, 자신의 보직이 최고 힘들었으며, 자신의 맞선임이 제일 못 됐다며 입에 거품을 문다. 술이 한 순배 돌고 나면 고생담의 강도는 2~3배쯤 강해진다. 그래서 군 복무 중 잡았다는 간첩을 합치면 족히 수십 명은 된다. 겨울 혹한기 훈련 때 겪었던 이야기를 종합하면, 이들 중 상당수는 동상으로 손과 발 중 최소 한쪽은 잃었어야 했다.

　옆에서 이야기를 듣던 남자 4호의 얼굴은 급기야 사색이 된다. 며칠 전 입영통지서를 받아 든 그로선 군대에 가야 할지 심각한 고민에 빠진다.

그런데 실상은 어떤가. 군 복무를 마친 대한민국 남자에게 군대는 한 번쯤은 가볼 만한 곳이다. 그곳엔 정도 있고, 웃음도 있고, 사랑도 있다. 제대하면 부대 쪽을 향해 소변도 보지 않겠다던 고문관도 그 시절을 그리워한다.

그때 예비역 친구들의 허풍에 지레 겁먹었던 남자 4호도 이제 생활관에서 미소를 짓고 있을지 모르겠다. 군입대뿐만 아니다. 요즘 젊은이들은 사회진출 공포증에 시달리고 있다. '과연 취직은 될까', '직장생활이 무척 고달프다는데….'

이런 고민으로 졸업을 미루거나, 사회진출을 망설이는 청춘들이 해마다 늘고 있다. 세태를 반영하듯, 나를 포함한 기성세대들은 '캥거루족', '대학 6학년', '이태백' 같은 극단적인 신조어로 젊은이들을 재단하고, 그 틀 속에 가둬 버린다.

젊은이들도 자신들을 과소평가해 스스로를 나약하고 무기력한 존재로 낙인찍는 경향이 있다. 그러나 수천 년 인류 역사를 돌이켜 봤을 때 젊은이들에게 취업이 최대 고민이 아니었던 적이 있었을까.

요즘 그 정도가 과거에 비해 훨씬 더 세다고? 절대 그렇지 않다. 대부분 사람들이 자신의 군 생활이 가장 힘들었다고 느끼는 것처럼, 누구에게나 지금 직면하고 있는 현실이 가장 힘든 법이다. 그렇다고 현실을 외면하고, 영원히 사회의 응석받이로 남을 것인가. 우리 아버지, 그 아버지의 아버지들이 숱한 역경을 딛고 이겨온 것처럼, 우리 젊은이들도 꿋꿋이 헤쳐나갈 수 있으리라 믿는다. 그러려면 지금 젊은이들에게 필요한 것은 '아프니까 청춘이다' 같은 위로보다는 '세계는 넓고 할 일은 많다'는 도전정신을 키우는 것이다.

- 2012년 8월 10일 국방일보 병영칼럼

인생의 3.4% 활용법

"8·18 도끼만행 사건 당시 유서를 몸에 지닌 채 철책 근무에 임했던 사즉필생의 정신은 열사의 땅 사우디아라비아에서 6년을 견디게 해준 버팀목이었다"(최정구 세광종합건설 사장)

"마이크로 웨이브 운용병으로서 2년 6개월간 쌓은 통신 실무경험이 나만의 강력한 경쟁력이 됐고, 이를 바탕으로 인텔에서 통신전문가로 인정받아 이 자리까지 오를 수 있었다"(이희성 인텔코리아 사장)

"나라가 가난했던 시절, 군대에서 겪었던 배고픔조차도 나에게 협동과 배려라는 큰 가르침을 일깨워줬다"(김광호 보령제약 사장)

"고난 속에서도 긍정적으로 생각하며 적극적인 자세로 살아갈 것을 가르쳐준 군대는 혹독했지만 옹골찬 내 인생의 학교였다"(조순태 녹십자 사장)

"'우리는 해도 안 돼'라는 직원들의 패배 의식을 불식시키고, 아시아 1위, 세계 10위 기업으로 키워낼 때도 '하면 된다'는 해병대 정신이 큰 힘이 됐다"(박종원 코리안리재보험 사장)

한국 남자들에게 군 복무 기간은 어떤 시간일까. 우리는 흔히 '군대를 몇 년 썩으러 간다'고 얘기한다. 사회와의 단절로 인해 '버려진 시간'쯤으로 여기기 때문이다. 허송세월해도 된다는 체념 의식도 다분히 깔려 있다. 그래서 대충 때우고, 빨리 지나가기만을 손꼽아 기다린다. '국방부 시계는 거꾸로 매달아 놓아도 돌아간다'는 우스갯소리가 나온 것도 그런 이유에서다.

과연 그럴까. 요즘 우리 신문에 연재되는 기업인·고위공무원 등 오피니언 리더들의 군 생활 체험기인 '나의 병영 이야기'를 읽다 보면, 군에서의 시간과 경험이 정말 소중하다는 것을 새삼 깨닫게 된다.

요즘 육군 현역병 기준 군 복무 기간은 21개월이다. 한국인 남자의 평균 수명이 77세이고 25세를 전후해 입대하는 것을 감안하면, 군 복무 기간은 제대 후 남은 인생의 약 3.4%에 해당하는 시간이다. 물론 채 5%도 안 되는 짧은 시간을 허투루 보낸다고 해서 우리 인생에 별문제가 생기지 않을 수도 있다. 그러나 '나의 병영 이야기' 필자들은 3.4%가 남은 인생의 방향을 결정짓는 데 얼마나 큰 변수로 작용하는지를 잘 말해주고 있다.

오늘날 기업의 최고경영자(CEO) 자리에까지 오르게 된 데는 군 생활에서 터득한 지혜와 경험이 알게 모르게 도움이 됐다는 게 이들의 한결같은 결론이다. 지금 군대에서 맡고 있는 일이 자신의 평생 밥줄이 될 수 있고, 군대 경험이 자신을 더 큰 사람으로 키워줄 수 있다고 생각한다면 21개월, 우리 인생의 3.4%를 함부로 낭비할 수 있겠는

가. 군대는 썩으러 가는 곳이 아니라, 새롭게 태어나기 위해 가는 곳이다. 이를 위해 제대하기 전 반드시 이루겠다는 목표 하나쯤 세워보는 건 어떨까. 영어단어 1만 개 외우기, 소설책 500권 독파하기, ○○ 자격증 따기, 몸짱 되기 등등.

– 2012년 9월 10일 국방일보 병영칼럼

'1社1병영' 캠페인

예나 지금이나 연말연시가 되면 기업들의 군부대 위문이 줄을 잇는다. 기업 임원들이 최전방에서 고생하는 장병을 격려하고, 사기를 북돋아 주기 위해 정성이 담긴 선물도 준비해 부대를 찾아간다. 대개는 특정 부대와 자매결연을 한 기업이 일 년에 한두 차례 일과성 행사로 치르는 게 일반적이다. 장병으로선 먼 길 마다하지 않고 찾아와 준 기업 위문단이 고맙긴 하지만 별 감흥은 없는 게 현실이다.

이제 군이 민간기업들로부터 일방적으로 '위문'받던 시대는 지나지 않았을까. 지금 우리 기업들이 연례행사처럼 벌이고 있는 장병 위문 이벤트도 따지고 보면 과거 70~80년대 군은 물론 우리 사회의 형편이 전반적으로 좋지 않았던 시절에 생겨난 관행일 것이다. 민간기업의 장병 위문이 군사기 진작에 미치는 긍정적인 효과가 분명히 있었을 것이며, 나름의 성과도 거뒀을 것으로 여겨진다.

수십 년간 이어져 온 군과 기업 간 나름의 소통 방법일 수도 있다. 하지만 지금은 상황이 많이 달라졌다. 우리 군은 물론 사회경제적 환경이 과거보단 훨씬 나아졌고, 이에 따라 군 장병의 눈높이와 의식

수준도 많이 업그레이드돼 있다. 이처럼 시대가 바뀌었으니, 우리 군과 기업 간 관계도 재정립할 때가 오지 않았나 싶다. 한쪽이 일방적으로 주는 게 아니라, 서로 주고받는 쌍방향의 소통과 위문이 필요하다는 것이다.

우리 장병도 남들에게 스스로 뭔가 의미 있는 일을 해줬을 때 얻는 기쁨과 보람은 훨씬 클 것이다. 이는 곧 군의 사기와 직결된다고 해도 과언이 아니다. 그런 의미에서 올해 초부터 우리 신문사가 국방부와 힘을 합쳐 펼치고 있는 '1社1병영' 캠페인에 주목할 필요가 있다.

'1社1병영' 캠페인은 연말연시 위문품 전달에서 한 걸음 더 나아가 군부대와 기업 간 협약을 맺고 실질적이고 구체적인 협력 방안을 끌어내는 데 초점을 맞추고 있다. 따라서 한쪽의 일방적인 지원이 아닌 쌍방향의 다양한 협력 프로그램을 통해 서로 윈윈할 수 있도록 하자는 취지다. 이미 51개 육·해·공군 단위부대와 빙그레·삼성SDI·코오롱글로벌·예탁결제원 등 51개 기업이 동참해 실질적인 성과를 거두고 있다는 평가를 받고 있다.

기업들은 위문품 전달은 물론, 군부대 내 체육시설 신설 및 리모델링, 장병 해외연수 초청, 전역 예정 장병 채용 우대, 문화공연 관람 등 다양한 분야로 지원을 넓혀가고 있다. 그동안 도움을 받아온 군도 기업 임직원을 위한 안보 체험 캠프 등 다양한 프로그램을 개발해 기업들로부터 좋은 반응을 얻고 있다. 최근 특전사 등 군부대가 마련한 극기 훈련을 겸한 병영 체험 캠프에 참가한 빙그레와 삼일회계법인

직원 100여 명은 "우리 군과 안보 상황을 좀 더 잘 이해할 수 있는 계기가 됐다"며 입을 모았다.

군과 민간기업 간 미래지향적인 관계 설정을 위한 새로운 패러다임을 제시하고 있는 '1社1병영' 캠페인이 모든 군부대로 확대되길 기대해본다.

– 2012년 9월 24일 국방일보 병영칼럼

'열린 軍'과 영화계

 '태극기 휘날리며', '실미도', '웰컴 투 동막골', '쉬리', '공동경비구역 JSA'…. 우리나라 역대 흥행 10위권 안에 든 영화들이다. 특히 '태극기 휘날리며'는 관객 1,174만 명을 동원해 흥행 1위를 기록, 우리 영화사를 새롭게 쓰게 한 블록버스터이다. 이어 '실미도'가 1,108만 명(2위), '웰컴 투 동막골'이 625만 명(4위), '쉬리'가 621만 명(5위), '공동경비구역JSA'가 583만 명(6위)의 관객을 각각 끌어모았다.
 이들 작품의 공통점은 미국 할리우드 영화에 맞서 한국영화의 전성시대를 여는 데 크게 기여했다는 점이다. 또 다른 공통점은 모두 전쟁이나 군 관련 소재를 다루고 있다는 것이다. 사랑과 함께 전쟁이나 군이 최고의 흥행 소재임을 다시 한번 입증했다.
 그만큼 영화제작자나 영화감독들이 작품의 완성도를 높이기 위해 군에 촬영 관련 협조를 구하는 일이 많아질 수밖에 없다. 이를 의식한 듯 군도 한때 영화제작 지원에 적극 나섰다.
 2002년 8월 당시 이준 국방장관은 가칭 민간영화제작지원위원회를 만들기도 했다. 국방부 정책실장이 위원장을 맡았던 이 위원회는 민간업체의 영화제작을 돕기 위해 설립됐다.

　당시 강제규 김기덕 감독과 배우 안성기 씨 등은 군의 조치를 크게 환영했고 노후화로 못쓰게 된 군사 장비 대여 등에도 크게 기대를 걸었다. 하지만 그 기대는 물거품이 됐다. 강제규필름이 '태극기 휘날리며'를 제작할 당시 육군에 제작 지원을 요청했으나 거절당했다. '군의 사기를 떨어뜨린다는 내용이 많다'는 등이 이유였다. 강제규필름은 하는 수 없이 대당 3억 원을 들여 탱크를 직접 만들어야 했다. 1,000여 점의 총기 대포 기관총 등도 제작했다.

　얼마 전 육군본부는 영화 '용서받지 못한 자'를 만든 신인 감독 윤종빈 씨를 '위계에 의한 공무집행방해죄'로 검찰에 고소했다. 2004년 당시 대학생이었던 윤 감독은 졸업작품으로 이 영화를 찍으면서 군의 지원을 얻기 위해 가짜 시나리오로 군을 속였다는 혐의를 받고 있다.

　윤 감독은 영화의 원안인 단편 시나리오를 군 담당자에게 보내 촬영 허가를 구했지만 내용상 문제가 있다고 거절당했다. '꼭 찍고 싶다'는 욕심이 앞서 문제 부분을 삭제·수정한 후 허가를 받았다고 했다. 윤 감독 스스로 "옳지 않은 방법을 썼다"며 "책임을 달게 받겠다"고 한 만큼 법정에서 잘잘못은 가려질 것이다.

　물론 군 수뇌부로서는 국민에게 좋은 면만 보여주고 싶었을 게다. 군의 주장처럼 군을 '비하하는' 영화를 찍는데 인력 동원에 군 시설까지 빌려주고 싶지 않은 것은 어쩌면 당연한 일이다. 군 수뇌부는 그러나 윤 감독을 '용서하지 못할 자'로 법정에 세우는 게 과연 최선의 방법인지 한번 돌아봤으면 한다. 군의 유연성 부족이 전도유망한 한 젊은 감독을 '범죄자'로 내모는 게 아닌가 하는 안타까움 때문만은 아니다.

군이 이번 사건을 국민과 좀 더 가까이에서 호흡할 수 있는 계기로 삼았으면 하는 바람이 간절하다. 이참에 군과 영화계가 한자리에 모여 영화제작 지원 문제를 허심탄회하게 논의할 수 있는 자리가 마련됐으면 한다. 이는 참여정부 들어 우리 군이 강력히 추진 중인 국방개혁의 최종목표인 '열린 국방'과도 부합된다는 것을 알았으면 한다.

- 2005년 11월 30일 한경데스크

지방의원들의 밥그릇 챙기기

#1

서울 관악구청의 올해 재정자립도는 28.3%다. 서울시 25개 자치구 중 25위다. 전체 예산 2,050여억 원 중 지방세 등을 통해 자체 해결할 수 있는 게 580여억 원에 불과하다는 뜻이다. 나머지는 중앙정부나 서울시에 손을 벌려 메워야 한다. 구청 살림살이가 말이 아니라는 얘기다.

#2

관악구 의원의 내년도 의정비는 5,300만 원으로 최종 확정됐다. 의원들 스스로 올해 3,219만 원보다 65% 올린 것이다. 소위 '부자구청'이라는 강남구(4,236만 원)보다도 많다. 의원 22명에게 총 12억 원가량 지급된다. 의정비 부담은 전액 구민들의 몫이다.

#3

관악구 관내에는 1만 명에 가까운 기초생활수급자들이 있다. 전체

구민 53만여 명의 2%가량에 해당된다. 다른 구청에 비해 꽤 높은 편이다. 이들은 1인 가구 기준으로 월 37만 원의 보조금에 기대어 산다. 지난해 35만 원보다 5%가량 올랐다.

서울시를 비롯한 전국의 각급 지자체가 지난달 31일 내년도 의원 의정비를 확정했다. 관악구청뿐만 아니라 대부분 구 의회가 의원연봉을 32~88% 인상했다. 일부 군 의회는 100% 가까이 올렸다.

이런 식이라면 억대 연봉도 시간문제다. 인상률 자체가 너무 충격적이다 보니 대다수 국민들은 할 말을 잃고 있다. 심지어 10월 31일을 지방의회 '폭거의날'로 부른다. 무보수 명예직으로 시작된 풀뿌리 민주주의의 근간인 지방의회가 담합해 자신들의 밥그릇 챙기기에 여념이 없다.

연봉 인상보다 더 큰 문제는 과연 이들 의원이 밥값은 제대로 하고 있느냐다. 관악구 내 시민단체인 '관악참여예산 네트워크'에 따르면 관악구 의회 회기는 연간 100일이다. 이중 토·일요일 등 공휴일을 빼면 실제 70여 일에 불과하다. 의원의 기본업무인 조례 발의 건수를 보면 더욱 한심하다.

관악구 의회는 2006년, 2007년 총 21건의 조례를 발의했다. 의회업무 관련 조례를 제외한 민생분야는 그 절반인 10건이다. 의원 22명으로 나눠보면 한 명당 평균 0.45건이라는 계산이 나온다. 비단 관악구만의 문제가 아니다.

대부분 지방의회도 사정이 크게 다르지 않다. 강동구와 금천구의 경우 실질 조례 통과 건수가 단 한 건도 없다. 조례 발의 건수가 이처럼 저조한 것은 의원 중 상당수가 '투잡족'이라는 것과 무관치 않다.

전국 19개 시민단체로 구성된 참여자치 지역 운동연대가 지난해 6월부터 5개월간 전국 11개 광역단체 의원 534명을 대상으로 겸직 현황을 조사한 결과 56.6%인 301명이 의원직 외 다른 직업을 갖고 있다. 이러다 보니 본업이어야 할 의원활동은 아예 뒷전일 수밖에 없다. 회기 때만 잠깐 얼굴을 내비치고도 수천만 원의 연봉을 덤으로 챙기고 있다. 따라서 당연시해야 할 경북 예천군의 사례가 오히려 이상해 보인다.

예천군은 의정활동비를 동결했다. 2,300여만 원으로 전국 꼴찌다. 김시호 예천군 의정비 심의위원회 위원장은 "여론조사 결과 주민 90% 이상이 동결에 찬성해 그렇게 하기로 했다"며 "농민과 소상공인들이 경기침체로 신음하고 있는데 2,300여만 원도 큰돈"이라고 말했다. 남시우 예천군의회 의장도 "여론이 그렇다면 받아들여야 하지 않겠냐"고 반문했다.

- 2007년 11월 14일 한경데스크

현대車 노조 부장께

장규호 현대자동차 노조 공보부장께.

본지 5월 29일자 A1면 '고유가로 경영난 심각한데, 현대차 노조 웬 쇠고기 파업' 기사를 읽고 보내준 편지 잘 읽었습니다. 그럴 의도는 아니었는데 기사 때문에 화가 났다니 미안합니다. 사실 나도 장 부장의 글을 읽고 노조집행부에 대해 안타까운 생각이 많이 들었습니다.

우선 "7년 전이나, 지금이나 기사의 내용이 별 다를 게 없다는 생각입니다. 때가 되면 거푸집처럼 짜여진 가사(?)에 '철 지난 유행가'의 음율이 반복해서 읊조려지고…"라고 했죠. 왜 그랬을까요. 왜 7년 동안 똑같은 기사를 썼을까요. 그동안 현대차 노조 집행부가 조합원과 울산시민 그리고 국민들에게 보여준 행태를 되짚어보면 쉽게 답을 찾을 수 있을 것입니다.

당장 최근의 '쇠고기 파업' 관련 찬반투표는 어땠나요. 조합원들이 부결시킨 파업을 집행부가 관련 노동법은 물론 노조규약까지 무시하고 가결이라고 주장하고 있지 않습니까. 조합원들의 반발이 거세니까 이젠 또 다른 파업을 위한 명분 쌓기에 나서고 있습니다.

상급단체인 금속노조가 비정규직문제 등 중앙교섭 결렬을 빌미로 최근 중앙노동위원회에 노동쟁의 조정신청을 했더군요. 금속노조가 파업에 돌입하면 현대차 조합원들은 자신들의 복지와 상관 없는 문제로 파업에 내몰립니다.

　이는 민주노총이 '촛불민심'에 편승해 하투(夏鬪)동력을 키우려고 다음 달 2일 강행하는 정치파업의 선봉에 서기 위한 수순으로밖에 보이지 않네요.

　지난 12~13일에 이어 오는 26~27일 또다시 파업찬반투표를 실시한다는데 한 달에 두 번씩이나 찬반투표를 벌이는 곳은 현대차 노조밖에 없을 겁니다. 현대차 노조 집행부가 파업중독증에 걸렸다는 얘기가 나올 만합니다.

　그리고 "저희들이 얻어맞고, 바꿔야 할 부문이 있다면 정확히 지적해 주십시오. 저희들이 나가야 할 방향에 대해서 명확하게 제시해 주시길 바랍니다"라고 했죠. 울산시민과 국민들이 현대차 노조에 바라는 것은 한결같습니다.

　명분이 약해 조합원들마저 외면하고 있는 쇠고기파업 그만두고 경쟁력 있는 자동차 만들어 세계 최고 자동차메이커가 돼 달라는 겁니다. 또 우리나라 노조의 '맏형'답게 어른스럽게 행동해 달라는 겁니다. 고유가로 나라경제가 어려운데 귀족노조의 생떼 쓰는 모습이 서민들 눈에는 어떻게 비쳐질까요.

　흔히들 신문은 사회의 거울이라고 합니다. 현대차 노조집행부가 변하지 않는 한 유감스럽게도 그걸 반영해야 하는 신문기사도 바뀌지 않을 겁니다. 신문기사를 탓하기 전 먼저 자신을 돌아보는 게 순서인 것 같습니다.

우리도 진짜 똑같은 기사를 반복해 쓰고 싶지 않습니다. 내일 아침 신문에는 '현대차 10년간 무파업 선언'이라는 기사를 대문짝만하게 실었으면 합니다. 지리한 장맛속 햇살 같은 소식을 국민들에게 전할 수 있도록 좀 도와주세요.

추신: "누구의 압력이나 강요에 의해서 쓸 수밖에 없는 기사일지는 모르지만…"이라고 했는데 현대차노조지부는 상급단체인 금속노조나 민주노총의 압력에 의해 정치파업에 나서는지 모르겠지만 외부강요 때문에 사실을 왜곡 보도하는 기자는 없다는 것을 분명히 알려드립니다.

— 2008년 6월 23일 한경데스크

한경 데스크

장규호 현대자동차 노조 공보부장께. 본지 5월29일자 A1면 '고유가로 경영난 심각한데,현대차 노조 웬 쇠고기파업' 기사를 읽고 보내준 편지 잘 읽었습니다. 그럴 의도는 아니었는데 기사 때문에 화가 났다니 미안합니다. 사실 나도 장 부장의 글을 읽고 노조집행부에 대해 안타까운 생각이 많이 들었습니다.

우선 "7년 전이나, 지금이나 기사의 내용이 별 다를 게 없다는 생각입니다. 때가 되면,거푸집처럼 짜여진 가사(?)에 '철 지난 유행가'의 음율이 반복해서 울조려지고…"라고 했죠. 왜 그랬을까요. 왜 7년 동안 똑 같은 기사를 썼을까요. 그동안 현대차 노조 집행부가 조합원과 울산시민,그리고 국민들에게 보여준 행태를 되짚어 보면 쉽게 답을 찾을 수 있

김 수 찬
사회부장

는 곳은 현대차 노조밖에 없을 겁니다. 현대차 노조 집행부가 파업중독증에 걸렸다는 얘기가 나올 만합니다.

그리고 "저희들이 얻어맞고,바꿔야 할 부문이 있다면 정확히 지적해 주십시오. 저희들이 나가야 할 방향에 대해서 명확하게 제시해 주시길 바랍니다"라고 했죠. 울산시민과 국민들이 현대차 노조에 바라는 것은 한결 같습니다. 명분이 약해 조합원들마저 외면하고 있는 쇠고기파업 그만두고 경쟁력 있는 자동차 만들어 세계 최고 자동차메이커가 돼 달라는 겁니다. 또 우리나라 노조의 '맏형' 답게 어른스럽게 행동해 달라는 겁니다. 고유가로 나라경제가 어려운 가운데 귀족노조의 생떼쓰는 모습이 서민들 눈에는 어떻게 비쳐질까요.

흔히들 신문은 사회의 거

현대車 노조 부장께

을 겁니다. 당장 최근의 '쇠고기파업' 관련 찬반투표는 어땠나요. 조합원들이 부결시킨 파업을 집행부가 관련 노동법은 물론 노조규약까지 무시하고 가결이라고 주장하고 있지 않습니까. 조합원들의 반발이 거세니까 이젠 또 다른 파업을 위한 명분쌓기에 나서고 있습니다. 상급단체인 금속노조가 비정규직문제 등 중앙교섭 결렬을 빌미로 최근 중앙노동위원회에 노동쟁의 조정신청을 했더군요. 금속노조가 파업에 돌입하면 현대차 조합원들은 자신들의 복지와 상관 없는 문제로 파업에 내몰립니다. 이는 민주노총이 '촛불민심'에 편승해 하투(夏鬪)동력을 키우려고 다음 달 2일 강행하는 정치파업의 선봉에 서기 위한 수순으로밖에 보이지 않네요. 지난 12~13일에 이어 오는 26~27일 또 다시 파업찬반투표를 실시한다는 데 한 달에 두 번씩이나 찬반투표를 벌이

울이라고 합니다. 현대차 노조집행부가 변하지 않는 한 유감스럽게도 그걸 반영해야 하는 신문기사도 바뀌지 않을 겁니다. 신문기사를 탓하기 전 먼저 자신을 돌아보는 게 순서인 것 같습니다. 우리도 진짜 똑같은 기사를 반복해 쓰고 싶지 않습니다. 내일 아침자 신문에는 '현대차 10년간 무파업 선언'이라는 기사를 대문짝만하게 실었으면 합니다. 지리한 장맛속 햇살 같은 소식을 국민들에게 전할 수 있도록 좀 도와주세요.

추신:"누구의 압력이나, 강요에 의해서 쓸 수밖에 없는 기사일지는 모르지만…"이라고 했는데 현대차노조지부는 상급단체인 금속노조나 민주노총의 압력에 의해 정치파업에 나서는지 모르겠지만 외부강요 때문에 사실을 왜곡보도하는 기자는 없다는 것을 꼭 알려드립니다.

ksch@hankyung.com

윤 지부장, 오늘 끝내시죠

현대차 노사협상이 지지부진하다. 벌써 석 달째 제자리걸음이다. 예년 같으면 늦어도 7월 말 여름휴가 전 대개 협상이 끝난다. 조합원들도 협상 타결축하금 등 두둑한 주머니로 휴가를 떠난다.

하지만 올해는 그렇지 못했다. 금속노조의 정치파업, 현대차 임금파업 등 이중 삼중의 파업에 내몰려 하루가 멀다고 공장이 서는 바람에 조합원들의 월급봉투는 많이 얇아졌다. 이런 식이라면 추석 전에도 협상을 끝내기 힘들 것 같다. 불경기 속 조합원들은 그 어느 해보다 썰렁한 한가위를 맞아야 할지도 모른다.

올 협상이 이처럼 난항을 겪는 것은 무엇보다 윤해모 지부장(노조위원장)을 비롯한 노조집행부의 책임이 크다. 노사 양측이 한 발씩 양보해 어렵게 마련한 합의안에 대해 노조가 손바닥 뒤집듯 뒤집어버렸기 때문이다. 올 임금협상의 최대 이슈인 근무 교대제와 관련, 노사 양측은 '8+9시간 근무안(오전 8시간, 오후 9시간 근무)'에 대해 잠정 합의했었다.

하지만 일부 강성파 조직이 이 합의안에 반대하면서 상황이 180

도 달라졌다. 강성파들은 노조 측의 당초 요구안인 '8+8시간 근무안'을 그대로 통과시키라며 집행부를 흔들어댔다. 노사 합의안이 마음에 안 들면 찬반투표를 통해 부결시키면 될 일인데도 이 절차는 무시한 채 협상장까지 봉쇄하는 무력도 서슴지 않았다. 일부 강성파 조직의 생떼에 한동안 끌려다닌 집행부는 결국 무릎을 꿇고 말았다. 노조는 회사 측에 '8+8시간 근무안'을 놓고 다시 협상하자는 어처구니없는 요구를 하고 있다. 한마디로 한 치의 양보 없이 모두 갖겠다는 게 노조의 생각이다.

요구가 받아들여지지 않자 파업을 밥 먹듯 벌이며 회사 측을 몰아세우고 있다. 1987년 이후 21년간 354일의 파업으로 회사 측에 11조 2,200여억 원의 손실을 끼친 것도 모자라다는 듯한 태도다.

회사 측은 노노갈등 때문에 협상이 안개 속으로 빠져들자 할 말을 잃었다. 노사 간 신뢰에 엄청난 금이 간 것은 두말할 필요도 없다. 노사는 신뢰를 먹고 자란다고 해도 과언이 아닌데 노조는 이를 헌신짝처럼 버렸다.

일반 조합원들과 시민들은 금속노조 홈페이지 등에서 현 집행부의 리더십 부재와 우유부단함을 강하게 비난하고 있다. 아이디 '현대차'는 "현 집행부가 그렇게 힘이 없어서… 어떻게 (강성) 대의원 몇 명에게 저지당하고 한심한 집행부"라고 꼬집었다. 아이디 '마당발'은 "올 임금협상을 하는 것을 보면 속이 터진다. 조합원은 안중에도 없고… 조직의 힘에 이리 갔다 저리 갔다 헤매고 있으니 올 한 해가 벌써 다가는데 '파업, 파업'으로 멍드는 건 조합원들뿐"이라고 목소리를 높였다. 아이디 '현대인'은 "(이런 식으로 할 거면) 지부장 자리 내놓고 생산 현장으로 돌아가라"고 충고한다. 생산 현장의 민심은 이미 현 집행부에 등을 돌리고 있는 셈이다.

 이제 더 늦기 전 윤 지부장이 강력한 리더십을 발휘할 때다. 지난해 사상 첫 무파업 협상을 이끌어 낸 현 집행부를 연임시켜준 대다수 조합원이 무엇을 원하는지를 알고 있다면 윤 지부장의 선택은 분명해진다. 일부 강성파 조직의 눈치를 살피며 이들에게 휘둘려서는 결코 안 된다. 윤 지부장 뒤에는 조속한 협상 타결을 갈망하는 훨씬 많은 수의 조합원이 있다는 것을 명심해야 한다. 오늘 오전 예정된 노사협상에서 윤 지부장의 결단을 기대해본다.

– 2008년 9월 1일 한경데스크

1,004원에 당신도 '기부 천사'

'글로벌경제 디플레 쇼크', '건설업 이어 조선업도 구조조정', '한국신용 등급 하향 조정', '투자자문사 사장 자살', '대량 해고 사태 임박'….

최근 며칠 새 신문들의 앞면을 장식했던 헤드라인들이다. 한결같이 우울하고 암담한 소식뿐이다. 미국발 금융위기가 실물경제로 옮겨붙으면서 위기감이 고조되고 있다는 방증이다.

국내외 경제 전문기관들은 1997년 말 외환위기 때에 비해 훨씬 깊고 오랜 불황이 덮칠 것이라는 불길한 전망을 앞다퉈 내놓고 있다. 한 치 앞을 가늠할 수 없다 보니 서민들의 지친 몸과 마음은 갈수록 움츠러들고 있다.

이런 와중에 전해진 '국민 여동생' 문근영의 기부 이야기는 그래서 더 반갑고 고마웠는지도 모르겠다. '기부 천사' 문 씨는 6년간 8억여 원이라는 큰돈을 우리 이웃을 위해 선뜻 내놓았다. 그것도 익명으로 말이다. 경제위기 한파가 몰아치는 을씨년스러운 연말 분위기를 녹이기에 모자람이 없는 훈훈한 뉴스였다.

그러나 많은 사람들이 이웃과의 나눔은 자신과 상관없는 일로 여긴다. 실제 연말연시 이웃돕기성금의 상당 부분을 기업이 맡고 있다. 민간단체인 사회복지공동모금회(공동모금회)가 지난 연말연시(2007년 12월~2008년 1월) 모금한 1,985억여 원 중 70% 이상인 1,416억여 원이 기업에서 나왔다. 미국의 경우 전체 기부액의 개인 비중이 76%로 우리와는 정반대다. 또 국민 가운데 몇 %가 정기적인 기부에 참여하고 있는지를 보여주는 개인기부 참여율도 45%로 미국(83%) 캐나다(85%)에 비해 낮다. 물론 우리나라도 개인의 기부가 꾸준히 늘고 있는 건 사실이지만 아직 나눔이 문화로 뿌리내리지 못하고 있는 셈이다.

그러나 나눔은 문 씨 같은 톱스타나 기업들만 할 수 있는 어렵고 힘든 일이 아니다. 마음만 먹으면 누구나 손쉽게 이웃에 손을 내밀고 함께할 수 있다. 단돈 1,000원으로도 나눔은 가능하다. 공동모금회가 벌이고 있는 '1004 행복주주캠페인'은 좋은 예다. 1,004원만 '투자'하면 행복주식회사의 주주가 될 수 있다는 이 캠페인에는 동창회 동호회 팬클럽 등이 단체로 참가할 수 있다.

또 집 안에 나뒹굴고 있는 중고휴대폰을 가까운 이동통신사 대리점에 갖다주는 것만으로 나눔을 실천할 수 있다. 매년 버려지는 900만 대 중고휴대폰을 재활용한 수익금을 기부금으로 전환하는 것이다. 이 캠페인을 통해 13만여 대의 휴대폰을 모아 1억 원을 모았다고 한다. 흥청망청 먹고 마시는 송년회 비용을 이웃을 위해 쓰는 한사랑

송년나눔회도 뜻깊은 일이 될 거다. 지난해 21개 모임에서 3,000여 명이 참가해 4,500여만 원을 모금했다.

좀 더 손쉽게 전화 한 통화(ARS 060 - 700 - 1212, 2,000원)로도 사랑을 전할 수 있다. 모두 힘들고 어려운 때 1,000원, 2,000원조차 부담스러운 액수일 수도 있지만 이럴 때일수록 우리 이웃을 한 번 돌아보는 여유를 가졌으면 한다.

이제 며칠 있으면 서울 시청 앞에 연말연시 모금액에 따라 온도가 올라가는 '사랑의 온도탑'이 세워진다. 아무쪼록 '문근영 효과'가 확산해 순식간에 100도(2,058억 원)를 훌쩍 넘었으면 한다.

- 2008년 11월 24일 한경데스크

연말 이벤트성 기부면 어떤가

2009년도 20여 일밖에 남지 않았다. 겨울이 깊어 가는 이맘때 각 신문사 인물면 편집자들의 주름도 깊어진다. 연말연시 이웃과 함께 하려는 기업과 단체들의 따뜻한 손길이 이어지는데 이 훈훈한 소식을 담아내기엔 지면이 턱없이 부족하기 때문이다.

경기 불황에도 불구하고 올해도 여느 해 못지않게 기업들이 앞다퉈 봉사활동을 펼치고 있다. 그 형태도 다양하다. 김장 담그기와 연탄배달은 기본이다. 격무에서 잠시 벗어나 앞치마를 두르고 빨간 양념으로 직접 배추를 버무리는 기업 최고경영자(CEO), 시커먼 연탄가루를 얼굴에 묻힌 채 리어카를 끌며 사랑의 배달부로 나선 단체장에 이르기까지 이웃을 향한 마음은 한결같다.

몇몇 CEO들은 성금 마련을 위해 직접 자선음악회를 열고 마이크까지 잡았다. 어설픈 실력이지만 사랑의 선율은 어느 유명 음악가의 그것 못지않게 감미롭다. 이웃의 집을 예쁘게 단장해 주는 손길도 바쁘다. 낡고 허름한 보금자리를 형형색색의 벽지로 꾸며 주는 CEO의 풀칠은 이웃사랑만큼 끈끈하다. 아예 집짓기에 나서는 이들도 있다. 이들의 망치질은 이웃과의 인연을 더욱 단단하게 맺어 준다.

　비록 몸은 고되지만 고마운 마음으로 이들을 맞아준 이웃의 환한 미소를 떠올리면 돌아오는 발걸음은 새털처럼 가볍다. 연탄 몇 장, 김치 몇 포기 같은 아주 작은 사랑을 전해준 데 대한 보답으로 이웃에게서 보람과 희망이라는 더 큰 선물을 한 아름 받아오기 때문일 게다. 신문사 편집자야 사진으로만 그 모습을 대하지만 그들의 땀 냄새가 코끝으로 물씬 풍겨오는 듯해 기분 좋다.

　온몸으로 실천하는 봉사와 더불어 큰돈을 맡기려는 행렬도 끊이질 않고 있다. 요즘 서울 중구 정동에 있는 사회복지공동모금회는 CEO들의 발길로 분주하다. 실제 전체 기부액 중 기업이 차지하는 비중이 크다. 지난해(2008년 12월 1일~2009년 1월 31일) 공동모금회가 모은 2,096억 원 중 70%인 1,468억 원이 기업에서 나왔다. 미국 같은 선진국에선 개인 비중이 70% 이상이다. 우리와는 정반대인 셈이다. 공동모금회 측은 기업과 개인이 비중이 균형을 이루는 게 가장 이상적이라고 한다.

　그런 측면에서 최근 기부 트렌드는 희망적이다. 기업 비중이 전년에 비해 약간 줄어들면서 그 자리를 개인이 차츰 메워나가고 있어서다. 수십 또는 수백억 원의 큰돈은 아니지만 자신보다 좀 덜 가진 이웃을 생각하는 평범한 이웃들이 우리 주변에 더 많아지고 있다는 얘기다.

　일각에선 이 같은 봉사활동과 기부가 연말연시 일회성 이벤트로 그치는 것 같아 아쉽다는 지적이 나오고 있다. 하지만 일회성 이벤트라도 괜찮다. 기부 금액이 적으면 또 어떤가. 그리고 육체적 봉사활동이면 어떻고 금전적 기부면 어떤가. 연말연시만이라도 보다 많은 사람들이 이웃사랑을 실천하는 것 자체가 중요하다. 이웃사랑의 보람을 알게 되면 한 번의 이벤트가 두 번이 되고, 두 번이 또 세 번으로 이어질 것이다. 그러다 보면 연말연시뿐만 아니라 연중 이벤트로 확산되지 말라는 법도 없다. 인물면 사진 한 장이 이웃사랑을 널리 퍼뜨리는 홀씨가 되어 준다면 올겨울 편집자의 이마에 주름 하나 더 늘어나는 게 대수겠는가.

- 2009년 12월 7일 한경데스크

김명수 사법부 6년에 대한 소고(小考)

김명수 대법원장의 퇴임이 보름여 앞으로 다가왔다.

2017년 김 대법관이 후보로 지명됐을 때 법조계는 물론 국민들은 한껏 기대에 부풀었다. 사법개혁에 대한 국민적 열망이 뜨겁던 시기였다.

'코드인사'라는 야당의 강한 반대를 무릅쓰고, 문재인 대통령이 당시 13명의 대법관을 제치고 일선 지방법원장인 김 후보자를 지명했을 정도였다. 김 후보자는 초대 김병로 대법원장과 3, 4대 조진만 대법원장 등 2명 제외하고 49년 만에 일선 법원장에서 대법원장으로 직행한 아주 드문 사례. 그만큼 청와대가 김 후보자를 지명함으로써 법원의 변화와 개혁에 대한 강력한 의지를 간접적으로 전달한 셈이다.

김 후보자의 첫 행보도 꽤 신선했다. 2017년 8월 대법원장 지명 다음 날 당시 양승태 대법원장과의 면담을 위해 춘천에서 서초동 대법원을 찾았을 때 시외버스와 지하철을 이용하는 소탈함을 보여줬다. "춘천지법 업무가 아니기 때문에 관용차를 쓰지 않았다"라는 설명이 뒤따랐다. SNS 등에서는 '한 푼의 세금도 허투루 쓰지 않을 분'이라는 칭찬 댓글이 이어졌다.

김 대법원장은 취임사에서도 "저의 대법원장 취임은 그 자체로 사법부의 변화와 개혁을 상징하는 것이라고 생각한다"며 사법개혁에 대한 강한 의지를 내비쳤다.

이처럼 국민들의 기대를 한 몸에 받고 출범한 김명수 '사법부' 6년은 어땠을까? 김 대법원장이 추진한 일부 제도나 정책에 대해 여권과 법조계 일각에서 비난의 목소리를 높이지만, 보는 시각에 따라 평가가 엇갈릴 수 있다.

법원장 후보 추천제와 고법 부장판사 승진제도 폐지가 대표적이다. 정치권에선 이 제도가 재판 지연의 주범이라고 비난하지만, 과거 '제왕적' 대법원장 체제를 타파해보겠다는 김 대법원장의 '선한' 의도로 이해해야 한다는 의견도 많다. 이 제도를 도입할 당시 대법원을 바라보는 사회적 분위기도 감안해야 한다.

대법원장 공관 리모델링 공사도 논란이지만 일견 이해되는 측면도 있다. 그동안 '공금횡령', '호화공사' 등으로 여론의 도마 위에 올랐지만, 김 대법원장으로선 억울할 수 있다. 법원행정처는 "이 공사는 김 대법원장 지명 전부터 예정된 공사"라고 해명했다. 또 한동안 손을 보지 않아 손댈 곳이 많아 비용이 늘어났다는 주장이다. 이 건은 경찰이 '혐의없음'으로 결론을 내렸다. 물론 현재 헌법재판소에 헌법소원이 제기돼 있는 상태이긴 하다.

이처럼 김명수 대법원장이 도입한 일부 제도와 공관 리모델링 공사 등은 각자의 논리에 따라 갑론을박이 충분히 가능한 이슈이다.

하지만 소위 '임성근 판사 사표 수리' 문제를 둘러싼 김 대법원장의 말과 행동은 논란의 여지가 없다. "사표 수리, 제출 그런 법률적인 것은 차치하고 나로서는 여러 영향, 정치적인 상황도 살펴야 한다.(여당에서) 탄핵하자고 하는데 내가 사표를 수리하면 국회에서 무슨 얘기를 듣겠느냐?" 김 대법원장이 "그런 말을 한 적이 없다"고 발뺌하자 언론을 통해 해당 녹취록이 공개됐고, 그 녹취록을 접한 대다수 국민들은 귀를 의심했다. 그의 취임사를 다시 보자. "저는 대법원장으로서 법관의 독립을 침해하려는 어떠한 시도도 온몸으로 막아내고, 사법부의 독립을 확고히 하는 것이 국민의 준엄한 명령임을 한시도 잊지 않겠습니다"

그의 취임사처럼 아무리 정치와 사회가 혼란스럽더라도 마지막 보루인 사법부는 중심을 잡아야 한다. 사법부의 수장이 스스로 삼권분립의 근간을 뿌리째 흔들어 버린 것이다. 입이 열 개라도 할 말이 없게 됐다. 퇴임 후 이 발언과 관련, 검찰이 조사한다면 충실히 임하겠다고 했지만, 김 대법원장은 법에 앞서 역사의 평가를 두려워해야 한다.

2023년 9월 25일은 대한민국에 법이 다시 바로 서는 날이 돼야 할 것이다.

— 2023년 9월 6일 뉴시안 데스크칼럼

유인촌 장관에게 박수를?

'정말? 얼마 만에 듣는 소식인가?'

기사를 읽으면서도 눈을 의심했다. 뉴스를 다시 체크했다. 두 언론사만 다뤄 혹시 가짜뉴스 아닐까 해서 유튜브 관련 동영상을 찾아 재생해봤다.

지난 10일 국회에서 열린 문화체육관광부의 국정감사 얘기다. 유인촌 장관이 야당 의원들로부터 박수를 받았다는 기사가 보도됐는데 믿기지 않아서였다.

불과 닷새 전 유인촌 장관 후보자에 대한 국회 문화체육관광위원회 인사청문회장에서 서로 날 선 공방을 벌였던 사이 아니었던가. 당시 유 후보자는 이명박 정부 시절 문화예술계 '블랙리스트' 작성 연루 의혹 등으로 야당 국회의원들로부터 신랄한 비판을 받았다. 야당은 "(유 후보자가) 차고 넘치는 증거에도 반성 없는 태도를 보이는 것은 상당히 유감"이라며 "계속 이명박 정부 블랙리스트가 없었다고 부인하는 건 위증"이라고 몰아세웠다. 결국 야당의 우려가 반영돼 '부적격 의견'이 병기된 채 인사 청문 경과보고서가 채택됐다. 야당 의원들로선 탐탁지 않은 '장관 후보자'였던 셈이다.

그런데 인사청문회에 이어 양측 간 제2의 공방이 예상됐던 국감장에서 고성과 비난 대신 박수와 웃음이 터져 나왔다. 이날 국감이 거의 막바지에 이르렀을 때쯤 국민의힘 이용호 의원이 '고독감과 사회적 고립' 문제에 대한 문체부의 대책을 질의했고, 답변에 나선 유 장관이 '문화'를 해결책으로 제시했다.

유 장관은 "(MB정부 장관 퇴임 후) 7년여간 소년원에서 청소년들과 연극도 하고 자전거 여행도 같이 다니면서 재범률이 실제로 낮아지는 것도 느꼈다"며 "문화로 해결해야 할 일이 너무 많아서 국회가 도움을 주시면 이러한 고독감 문제도 범부처 차원에서 대응할 수 있도록 문제 제기하겠다"고 답했다. 유 장관의 답변이 끝나자 야당 의원들이 박수를 보냈다.

최근 몇 년 새 우리 사회에 '정치'가 사라졌다는 얘기를 많이 듣는다. 아이러니하게도 정치의 주 무대가 돼야 할 국회에서 정작 정치가 사라지고 있다. 내 편 네 편으로 갈라져 물고 헐뜯기 바쁘다. 내 편이 아니면 모두 적으로 간주된다. 자기주장만 옳고 상대방의 얘기에는 아예 귀 기울일 생각조차 하지 않는다. 고성이 오가고, 막말 저질 발언이 일상이 된 지 오래다. 이를 지켜보는 국민들은 피곤하고 민망할 따름이다.

그러다 보니 이날 야당 의원들이 유 장관에게 보낸 박수는 작지만 나름으로 의미가 있다. 반대를 위한 반대를 외치는 일에만 익숙했던 국회에서 낯설지만 꽤 신선한 풍경이 연출됐다. 물론 역대 최장수 문체부 장관이라는 타이틀을 갖고 있는 유 장관의 풍부한 문화정책 경험과 노하우가 야당 의원들의 박수를 끌어내는 데 일조했다.

하지만 더불어민주당도 비록 장관 후보자 인사청문회 때 '부적격' 꼬리표를 붙이긴 했지만 유 장관의 '문화' 정책에 크게 공감하면서 마음의 문을 열고 흔쾌히 박수를 보냈다. 특히 이날 국감장에서 문체위 위원장인 더불어민주당 이상헌 의원의 유머와 재치가 넘치는 프레젠테이션도 화제였다. 이 위원장은 가수 김광석의 노래 '서른 즈음에'를 김광석의 목소리를 학습해 부르는 'AI 유인촌'의 영상을 상영해 여야의 첨예한 대립 현장인 국감장을 웃음바다로 만들었다.

정말 오랜만에 보인 상대방을 향한 박수와 피감기관장을 활짝 웃게 만든 감사위원의 유머와 재치는 지금까지의 그 어떤 고성과 윽박지름보다 국민들에게 더 큰 울림으로 다가왔을 것이다.

아무쪼록 다른 국감 현장에서도 상대를 향한 박수와 웃음소리가 들려오길 기대해본다.

— 2023년 10월 14일 뉴시안 데스크칼럼

선거관리시스템 해킹 가능성의 진실은

국가기관들이 동일한 전산망을 두고 한쪽에선 '해킹이 가능하다'며 문제를 제기했고, 다른 쪽에선 '전혀 그렇지 않다'고 맞서고 있다. 국민들로선 누구 말이 맞는지 혼란스럽기만 하다. 무엇보다 그 전산망이 '자유민주주의 뿌리'인 투·개표를 포함한 선거를 관리하는 시스템이다 보니 국민의 관심과 걱정이 클 수밖에 없다.

과연 중앙선거관리위원회 선거 관리 내부망 해킹 가능성의 진실은 무엇인가. 중앙선관위·국가정보원·한국인터넷진흥원은 선관위의 요청에 따라 합동 보안 점검팀을 구성하고 국회 교섭단체가 추천한 여야 참관인들의 참여 아래 7월 17일부터 두 달여 동안 선관위 내부망에 대한 보안 점검을 시행했다.

국정원은 최근 "선관위 내부망 해킹이 가능하고, 사전투표 및 개표 결과를 포함한 선거 관련 시스템을 조작할 수 있다"며 점검 결과를 발표했다. 국정원은 "국제 해킹 조직이 통상적으로 사용하는 해킹 수법을 통해 선관위 시스템에 침투할 수 있었다"며 "북한 등 외부 세력이 의도할 경우 어느 때라도 공격이 가능한 상황이었다"고 덧붙였다.

전체 유권자 정보가 저장된 통합 선거인 명부 관리 시스템에 대한 정보도 탈취할 수 있었다는 게 국정원의 설명이다. 이뿐 아니다. 점검 과정에서 인쇄 테스트 프로그램을 통해 사전 투표용지를 대량으로 인쇄할 수 있었고, 개표 결과도 조작이 가능했다. 개표 결과가 저장되는 '개표 시스템'은 안전한 내부망(선거망)에 설치 운영하고 접속 패스워드로 철저하게 관리해야 하지만, 보안관리가 미흡해 해커가 개표 결과 값을 변경할 수 있었다는 것이다.

사전 투표용지의 무단 인쇄도 가능했다. 실제 사전 투표용지와 QR코드가 동일한 투표지에 대한 무단 인쇄가 가능했는데 선관위 기관 도장 등 용지 기재 정보가 탈취 가능했다. 다만, 국정원은 과거 선거 시스템에 대한 해킹 공격 여부에 대해서는 "이번 조사 대상이 아니었다"고 밝혔다.

이 같은 조사 결과에 대해 합동점검 팀의 일원인 선관위는 즉각 별도의 반박 자료를 내고 "선거 결과 조작은 사실상 불가능하다"는 입장을 밝혔다. "이번 보안 점검은 선관위의 요청으로 3자 합동으로 진행됐다"며 "부정선거 방지를 위한 법적 제도적 장치 등을 배제하고 단순히 기술적인 해킹 가능성만 부각했다"고 주장했다.

선관위는 또 "우리나라 투·개표는 실물 투표와 공개 수작업 개표 방식인 데다 수많은 사무원 참관인 선거인 등이 지켜보기 때문에 개표 결과 등 조작이 사실상 불가능하다"고 강조했다. 해킹을 통한 사전 투표용지 무단 인쇄 및 사전투표 현황 조작과 관련해서도 "내부

조력자 없이는 데이터 위·변조가 불가하여서 사실상 어렵다"는 게 선관위 설명이다. "단순히 기술적인 해킹 가능성만 부각하는 것은 선거 불복을 조장해 사회통합을 저해하고, 국민 불안과 사회 혼란을 일으킬 가능성이 있다"고 우려했다.

이들 3개 기관은 합동으로 보안 점검을 시행했지만, 당초 계획과 달리 점검 결과는 따로따로 발표했다. 이와 관련, 김용빈 중앙선관위 사무총장은 얼마 전 국정감사에 출석해 "(국정원과) 입장 차가 커서 조율 과정에 시간이 걸려 보도자료 자체를 따로 발표하기로 했다"고 해명했다. 김 사무총장은 "국정원은 기술적인 문제만 부각시키려 했지만, 선관위는 기술적인 문제만 부각되면 일각의 부정선거 시비에 휘말릴 수 있다고 봤다"며 "해킹 관련(점검)은 보안 관제시스템을 열어 놓고 했다는 것과 국민의 오해를 사지 않도록 다른 법적·제도적 장치가 있다는 부분도 반드시 결과 보고서에 들어가기를 희망했으나 반영되지 않았다"고 설명했다.

그러면서도 김 사무총장은 "(이번 점검 결과) 선관위 시스템이 너무 무력하다는 게 밝혀진 것은 맞다"고 선관위 시스템의 취약성을 인정했다. 그는 "이번 점검 결과를 차제에 선관위 보안 시스템 강화에 힘쓰겠다는 자료로 남기기를 원했다"고 덧붙였다.

한 나라의 선거관리시스템은 완벽해야 한다. 해킹 공격 등으로부터 100% 안전하다는 확신이 있어야 한다. 단 1%라도 빈틈이 보인다면, 그 틈을 메우기 위한 최선의 노력을 기울여야 한다. 그런 만큼 중앙

선관위는 "해킹이 불가능하다"는 말만 되풀이할 게 아니라, 혹시라도 빈틈이 없는지 철저히 관리해야 할 것이다.

총선이 얼마 남지 않았다. 중앙선관위는 '내가 던진 한 표가 투명하고 공정하게 민의로 온전히 반영된다'는 믿음을 유권자들에게 심어줘야 한다. 이건 여·야, 진보·보수의 문제가 아니다.

- 2023년 10월 24일 뉴시안 데스크칼럼

탄핵에 빠진 민주당을 위한 충언

"이상민 행정안전부 장관, 안동완 부산지방검찰청 차장검사. 이동관 방송통신위원장, 손준성 대구고등검찰청 차장검사, 이정섭 수원지방검찰청 2차장 검사"

위 명단은 더불어민주당이 현재 탄핵을 추진 중이거나, 이미 탄핵을 단행한 후보자나 대상자들이다.

여기에 윤석열 대통령은 일찌감치 디폴트로 탄핵 1순위에 올라 있다. 야권 및 일부 시민단체들은 윤 대통령의 취임과 동시에 탄핵을 외치며 촛불집회를 열기 시작했다. 요즘도 주말마다 광화문광장에서 '탄핵 집회'가 이어지고 있다. 한동훈 법무부 장관도 빠질 수 없다. 한 장관은 윤 대통령과 함께 탄핵 단골 후보로 꼽힌다.

최근엔 이원석 검찰총장이 탄핵 후보 리스트에 올라 있다는 보도가 나오기도 했다. 나중에 더불어민주당이 '사실과 다르다'며 서둘러 주워 담기는 했지만, 속마음을 들킨 꼴이다. 앞서 이 총장은 손준성 이정섭 검사 탄핵소추를 비난하면서 "차라리 나를 탄핵하라"고 요구한 바 있다.

민주당의 최근 태세로 봤을 때 탄핵 후보 리스트는 이보다 훨씬 더 길어질 거 같다. 아마도 열 손가락으론 부족하지 않나 싶다.

사실 더불어민주당이 이렇듯 탄핵을 만병통치약처럼 쓸 생각은 없었다. 탄핵 역풍에 대한 우려 때문에 당 내부에서조차 매우 조심스러운 태도를 보였다. 지난 6월 일부 강경파 의원들이 검사에 대한 탄핵 소추안을 발의하려 할 때만 해도 그랬다. 야권을 향한 전방위적인 검찰 수사에 검사 탄핵 카드로 맞대응하겠다는 의도였지만 당내에서는 역풍 우려가 나왔다. 원내 지도부도 "당 차원의 입장이 아니다"라고 선을 그었다.

실제 지난 2004년 노무현 전 대통령 탄핵에 대한 국민들의 강한 반발로 '탄핵 역풍'이 정국을 강타했다. 그 결과, 2004년 4월 15일 제17대 총선에서 탄핵을 주도했던 새천년민주당은 9석의 소수 정당으로 전락했다. 민주노동당에도 밀려 제4당으로 추락했다. 반면 열린우리당은 152석이라는 국회 과반수를 획득했다. 민주화 이후, 역대 국회의원 선거에서 여당이 원내 과반을 차지한 것은 처음이다. 당시 탄핵 주도 인물로 지목됐던 박관용 국회의장, 한나라당 최병렬 대표, 새천년민주당 조순형 대표 등 정치 거물들이 정계를 은퇴해야 했다.

탄핵에 신중했던 더불어민주당이 다시 탄핵 모드로 급선회한 것은 이상민 장관 탄핵에 대한 헌법재판소의 기각 결정에도 탄핵 역풍이 전혀 불지 않았기 때문에 자신감을 얻은 것처럼 보인다. 지난 7월 이 장관에 대한 헌재의 탄핵 기각 이후 일부 여론조사에서 윤 대통령과 국민의힘 지지율이 오히려 동반 하락했다.

그러나 더불어민주당 지도부는 탄핵 강경일변도의 행보에 국민들의 시선이 곱지 않다는 것을 명심해야 한다. 최근 신문 지면과 TV 뉴스에 민주당의 탄핵 소식이 연일 주요 이슈로 다뤄지다 보니 '더불어민주당=탄핵당'이라는 등식이 국민들 마음속에 무의식적으로 자리 잡기 시작했다. 국민들 눈에 168석이라는 막강한 의석을 가진 거대 야당이 중장기 정책 비전으로 정국을 주도하기보다는 탄핵에 목을 매면서 사사건건 윤석열 정부의 발목을 잡는 것처럼 비치는 것은 결코 득이 되지 않는다. 최근 윤석열 정부와 국민의힘이 '메가시티', '공매도 금지' 등의 정책으로 서민들을 파고들고 있는데도 더불어민주당은 '분풀이' 탄핵에만 매몰돼 정책 주도권을 놓치고 있는 것 같아 안타깝다는 반응이 많다.

국내외적으로 경제가 매우 엄중하고 서민들의 삶은 날이 갈수록 궁핍해지고 있는 상황에서 정치권이 탄핵이라는 비효율적인 정치싸움만 일삼는다면 국민들은 도대체 누굴 믿어야 하는가. 실제 민주당이 지금 추진하고 있는 탄핵소추건들이 헌법재판소의 문턱을 넘어 탄핵으로 이어질 가능성은 그리 높지 않다는 게 법조계의 대체적인 시각이다.

민주당은 이쯤에서 '탄핵 정국'에 마침표를 찍고, 거대 야당의 힘을 비생산적인 일에 허비하지 말고, 정책대결에 집중하면서 민심을 어루만지는 게 훨씬 더 득표에도 도움이 될 것이다. 내년 총선이 얼마 남지 않았다.

- 2023년 11월 14일 뉴시안 데스크칼럼

내년도 예산, 민주당 정부 시즌2 예산?

정재훈 한국수력원자력 전 사장은 나의 '페친'이다. 고교 선배이기도 한 그는 주로 페북에 미술 관련 글을 많이 쓴다. 그림에 문외한인 나로선 그림에 대한 그의 넓고 깊은 식견에 그저 놀라고 또 놀랄 따름이다. 웬만한 미술전문가들도 혀를 내두르지 않을까 싶다.

그런 정 전 사장이 최근 페북에 미술 관련 아닌 글 하나를 포스팅했다. 한수원 퇴사 이후 한 번도 업무에 대해 글을 올린 적이 없다고 운을 뗀 그는 "야당의 몇몇 의원님들 주도로 소형원자로 SMR 관련 예산 전체가 삭감됐다"며 "민주당이 통찰과 미래 대응능력 결단으로 예산삭감을 철회해 줄 것을 요청한다"는 간곡함으로 글을 맺었다. 그는 "소형원자로 정책은 2020년(문재인 정부 시절) 정세균 총리 때 정부정책으로 확정돼 여야 합의로 '예타'까지 통과돼 올해부터 예산이 지원됐다"며 "국가 에너지 기본계획의 근간이 될 수 있는 소형원자로 예산을 삭감하기보다는 좀 더 구체화해서 미래세대의 부담을 줄여주는 것이 지금 기성세대가 할 수 있는 일"이라며 소형원자로의 중요성을 거듭 강조했다.

문재인 정부 당시 월성원전 1호기 경제성 평가 조작 의혹 관련 배임 등의 혐의로 현재 재판을 받는 그가 오해를 부를 수 있는 민감한 시기 페북에 이런 글을 올린 것은 더불어민주당의 행태에 대한 안타까움과 답답함 때문이었을 거다.

내년 정부 예산안 국회 심의과정에서 168석을 앞세운 민주당이 몽니를 부리는 것은 이뿐 아니다. 환경노동위원회에서는 윤석열 정부가 새로 편성한 청년취업 진로 및 일 경험 지원 예산 2,382억 원 전액을 삭감했다. 민주당은 대신 자당이 추진하는 정책과 관련한 예산은 비목을 설치해 증액했다. 지역화폐 발행 예산(7,053억 원)과 신재생에너지 지원(4,501억 원) 예산이 대표적이다. 정부의 '엉터리' 예산을 바로잡겠다는 게 민주당의 주장이지만, 예산 심사권이 아니라 아예 예산 편성권을 쥐고 흔드는 모양새이다. 국회의원의 의무를 정한 헌법 57조는 '정부 동의 없이 예산을 늘리거나 새 비목을 설치할 수 없다'고 규정하고 있지만, 아랑곳하지 않는 듯하다.

현재 전체 16개 상임위원회 중 절반인 8개 상임위가 국민의힘과 합의 없이 민주당 단독으로 예산안을 통과시켰다. 이렇듯 내년 예산만 두고 보면, 지금이 민주당 정부인지 국민의힘 정부인지 구분이 잘 안 된다.

민주당은 지난 대선에서 왜 정권을 빼앗겼는지를 곰곰이 되짚어봐야 한다. 많은 유권자들이 민주당에 등을 돌린 데는 원전 부동산 등 다수의 정책 실패가 큰 몫을 했다. 지난 정부의 잘못된 정책의 궤도를 수정하기 위한 내년도 정부예산을 마구 주무르면서 '민주당 정부 시즌2'를 열겠다고 한다면 국민들이 과연 공감할 수 있을까.

이런 민주당의 행태를 두고 일각에선 철저한 자기반성 없이 거대 의석수만 앞세운 채 대선 결과에 불복하는 거 아니냐는 비난의 목소리가 높다. 윤재옥 국민의힘 원내대표는 "야당 역할을 넘어 아예 국회에 따로 이재명 정부를 차리겠다는 대선 불복 인식이 반영된 것"이라며 "말로는 민생을 외치며 행동으론 특검과 탄핵을 강행하는 모순에 자기반성이 없으니 정치의 목표는 오로지 민생이라는 얘기가 공허하게 들린다"고 꼬집었다.

여당은 그렇다 치더라도, 민주당 내부에서조차 쓴소리가 나온다. 이낙연 전 대표는 최근 한 포럼에서 "우리 정치가 '제가 부족했다'는 이야기를 먼저 할 수 있으면 좋겠다"며 자기반성 없는 민주당을 겨냥했다. 그는 "지금까지도 대선 결과에 대한 평가가 안 나오고 있다"며 "그럼 뭘 기반으로 당은 준비하나. 참으로 어리석은 일"이라고 목소리를 높였다.

민주당은 이제 이낙연 전 대표의 쓴소리에 귀 기울이고 정재훈 전 사장의 '답답함'을 풀어주기 위해 정부 예산안 심사 때 더 이상의 몽니를 부리지 않았으면 한다. 민주당은 지난 대선 패배의 의미를 곱씹고 윤석열 정부에도 기회를 한번 줘보는 건 어떤가. 내일(2일)이 국회 예산안 처리 법정 시한이다.

— 2023년 12월 1일 뉴시안 데스크칼럼

'서울의 봄'과 '판도라'

영화 '서울의 봄'이 장안의 화제다. 개봉 25일 만에 818만 명의 관객을 극장으로 불러들였다. 이 같은 추세라면 1,000만 관객 돌파는 시간문제일 듯하다. 팬데믹 이후 시리즈물이 아닌 단일 작품으론 최초로 800만 관객을 끌어모았다.

알다시피 이 영화는 1979년 12월 12일 서울에서 일어난 '12 · 12 사태' 당일 저녁 7시부터 그다음 날 새벽 4시까지 9시간을 드라마틱하게 그려냈다. 영화를 본 사람들은 상영 시간 141분이 어떻게 지나가는지 모를 정도로 몰입감이 높았다고 입을 모았다.

영화 비수기인 데다 넷플릭스 등 다양한 플랫폼으로 '극장' 영화가 죽을 쑤고 있는 요즘, 짧은 시간 안에 800만을 훌쩍 넘기고 1,000만을 눈앞에 둔 걸 보면 참 잘 만든 작품임이 틀림없다.

영화를 너무 잘 만들다 보니 역사적 사실과 영화적 픽션을 구분 못하고 헷갈려 하는 관객들이 많다. 특히 젊은 관객들은 영화를 보고 나오면서 '전두광'의 얼굴 사진이 박힌 포스터를 심하게 훼손하고 있다. 감독 입장에서는 흥행과 재미를 위해 '선'과 '악'을 극명하게 대비

시켜야 드라마틱한 효과를 극대화할 수 있었을 것이다.

그러나 '12·12사태'와 당시 관련 인물에 대한 역사적 판단과 평가는 아직 완결되지 않은 상태이며 여전히 진행 중이다. 영화 '서울의 봄'에서 그려낸 것처럼 선과 악의 구분이 두부모 자르듯 그렇게 단순명료하지 않다. 영화에서 '정의의 사도'처럼 묘사된 주인공이 당시 현실에선 풀리지 않은 행보와 태도로 오해를 불러일으키기도 했다. 이런데도 일부 정치권은 영화 '서울의 봄'의 최근 흥행 분위기에 편승해 정치적 이익을 취하려고 안간힘을 쏟고 있다.

조국 전 법무부 장관이 먼저 숟가락을 얹었다. 조 전 장관은 최근 페이스북에 "'서울의 봄' 회사 측에 건의합니다. 영화 보고 나온 관객을 위하여 영화관 출구에 '전두광' 얼굴이 새겨져 있는 펀치볼을 설치해주십시오! ^^"라는 글을 게시했다.

이재명 더불어민주당 대표도 이 기회를 놓칠 리 없다. 12·12사태 44주년인 지난 12일 이 대표는 페북에 "'서울의 봄'이 저절로 오지 않았음을 똑똑히 기억하겠다"며 "피로 쟁취한 민주주의가 무너지지 않도록, 사적 욕망의 권력 카르텔이 국민의 삶을 위협하지 않도록 비극의 역사를 마음에 새기겠다"고 썼다.

이보다 앞서 정청래 최고위원은 한발 더 나아갔다. 지난달 27일 열린 최고위원회의에서 정 최고위원은 "민주주의 유린, 역사의 반란은 군인들에게만 있는 것도 과거에만 있었던 것도 아닌 것 같다"며 "지금의 검찰 독재도 모습과 형태만 바뀌었을 뿐 군복 대신 검사의 옷을 입고 총칼 대신 합법의 탈을 쓰고 휘두르는 검사의 칼춤을 본다"고 목소리를 높였다. 정치적 이해득실을 따져 본인에게 유리하다면, 영화적 픽션도 역사적 사실로 받아들이고 싶은 듯하다.

김성수 감독은 '서울의 봄'은 영화일뿐이라고 분명하게 선을 그었다. 김 감독은 "영화 각색할 때 재미를 더했는데 사실이 몇 퍼센트인지 말하기 힘들 정도로 섞었다"고 강조했다. 그는 "영화적 상상력을 더해 극의 중심에 서는 캐릭터를 둘로 압축했다"며 "'전두광'과 '이태신' 두 캐릭터 모두 영화적으로 새롭게 가공된 인물"이라고 인정했다. 즉, 영화는 영화일 뿐이라는 얘기다.

우리는 한 나라의 정치 지도자가 영화와 현실을 구분하지 못하고 잘못된 정책을 펼쳤을 때 국가적 피해와 국민적 고통이 얼마나 심각한지를 이미 한차례 경험했다.

2016년 12월 당시 더불어민주당 문재인 대표는 부산의 한 영화관에서 원전 재난영화 '판도라'를 관람한 후 "원전 추가 건설을 막고 앞으로 탈핵·탈원전 국가로 가야 한다"고 말했다. 그로부터 6개월 뒤인 2017년 6월 문재인은 대통령이 된 지 한 달 만에 대한민국의 탈원전을 선언하고 신규 원전건설을 전면 백지화했다. 그다음은 우리 모두가 알고 있는 그대로다.

- 2023년 12월 17일 뉴시안 데스크칼럼

'검찰 독재' 프레임으로 당신 죄를 덮을 순 없다

송영길 전 더불어민주당 대표가 '옥중투쟁' 중이다. '민주당 전당대회 돈봉투 살포' 의혹으로 지난 18일 구속된 송 전 대표는 검찰이 수차례 출석을 요구했지만 응하지 않고 있다. 얼마 전 마지못해 출석은 했지만, 진술을 거부했다고 한다. 지난 5월 '차라리 나를 구속시키라'며 검찰에 자진 출두했던 당당한 모습과는 영 딴판이라 많은 국민들이 의아해하고 있다.

검찰 조사를 거부한 정확한 이유는 알려지지 않았지만, 미뤄 짐작하건대 송 전 대표는 자신을 1980년대 학생운동했던 '청년 송영길'과 혼동하고 있는 게 아닌가 싶다. 당시 정권에 의해 핍박받았던 자신을 40년가량 지난 2023년 오늘 '검찰 독재'와 싸우는 '민주투사'인 양 투영시키고 싶었을 게다.

아내 남영신 씨가 남편 송 전 대표의 '민주투사' 코스프레에 추임새를 넣었다. 남 씨는 검찰이 증거인멸 우려 때문에 송 전 대표에 대해 변호인 외 접견 금지 조처를 내리자 "전두환 정권 때도 없었던 일"이라며 강하게 비난했다. 채널A 사건으로 구속됐던 이동재 전 기자가

"문재인 정권 검찰에 나도 당했다"고 반박하는 바람에 남 씨가 머쓱해지긴 했다. 이 전 기자의 증언이 없었더라면 국민들은 또 한 번 송 씨 부부의 연기에 깜빡 속아 넘어갔을 것이다.

그나마 송 전 대표는 연세대 총학생회장 출신으로 감방도 다녀왔고, 학생운동에서 나름 계보를 갖고 있지만, 학생운동과는 거리가 먼 조국 전 법무부 장관도 무임승차를 도모하고 있다.

조 전 장관은 지난 8월 딸 조민 씨가 입시 비리 혐의로 불구속기소가 되자 "차라리 옛날처럼 나를 남산이나 남영동에 끌고 가서 고문하길 바란다"며 목소리를 높였다. 김근식 경남대 교수는 "민주화운동으로 진짜 남산과 남영동 다녀온 사람들은 당신처럼 말 따로 행동 따로, 입 따로 몸 따로 살지 않았다"며 핀잔을 줬다. 많은 네티즌들도 "입시 비리 '잡범' 주제에 스스로를 '정치범'으로 격상시키려 한다"며 비아냥댔다.

과연 송 전 대표와 조 전 장관은 이들의 주장처럼 지나친 검찰 권력의 피해자일까. 먼저 송 전 대표를 보자. 검찰의 송 전 대표에 대한 구속영장에 대해 법원은 "피의자(송 전 대표)가 거액의 불법 정치자금을 수수하고 당 대표 경선과 관련한 금품 수수에 일정 부분 관여한 점이 소명되는 등 사안이 중하다"며 검찰의 손을 들어줬다. 법원은 또 "인적, 물적 증거에 관해 수사 과정에서 확인된 피의자의 행위와 제반 정황에 비춰 증거인멸의 염려도 있다"고 덧붙였다.

아내 남 씨의 주장처럼, "검찰이 송 전 대표가 윤석열 정부를 비판해 미워서 정치적으로 탄압한 것"이라면 과연 법원이 영장을 발부했겠는가? 영장 전담 판사가 지난 9월 이재명 대표에 대한 검찰의 구속영장 청구를 기각했던 유창훈 판사였기에 망정이지.

조국 전 장관은 또 어떤가. 자녀 입시 비리와 감찰 무마 혐의에 대해 재판부는 지난 2월 징역 2년에 추징금 600만 원을 선고했다. 2019년 말 시작된 재판이 '김명수 대법원'의 재판 지연으로 3년여만에야 겨우 1심 판결이 내려진 것. 당시 재판부는 조 전 장관의 아들과 딸 입시 비리 혐의 대부분을 유죄로 봤다. 노환중 부산의료원장으로부터 딸 장학금 명목으로 600만 원을 수수한 부분도 청탁금지법을 위반했다고 판단했다. 재판부는 또 유재수 전 부산시 경제부시장에 대한 청와대 특별감찰반의 감찰을 무마한 혐의도 유죄로 판단했다. 그런데도 조 전 장관 지지자들은 2심 판결을 앞두고 "자녀 입시를 위해 문서를 조작하는 것은 당시 관례"며 "큰 범죄도 아닌데 검찰이 4년간 멸문지화의 유례없는 고초를 가하고 있다"는 내용의 탄원서를 준비 중이다.

그러나 "과도한 검찰권 행사를 통제할 수 있는 기관이 법원"이라는 조 전 장관 지지자들의 주장처럼 대한민국에는 엄연히 독립된 사법부가 있다. 송 전 대표와 조 전 장관은 '검찰 독재'라는 허구의 프레임으로 여론을 호도해 자신들의 죄를 덮으려 할 게 아니라, 조용히 법의 심판을 기다리는 게 도리다.

- 2023년 12월 28일 뉴시안 데스크칼럼

'이재명 피습 사건' 음모론의 진원지

지난 2일 피습을 당한 더불어민주당 이재명 대표가 잘 회복하고 있다니 천만다행이다. 서울대병원 측은 "수술 이후 다행히 순조롭게 잘 회복 중"이라고 브리핑했다. 아무쪼록 이 대표가 하루빨리 회복해 산적한 정치 및 재판 일정을 차질 없이 소화해주길 기원한다.

어떤 목적이든 이 같은 범죄는 자유민주주의 국가에서 발을 못 붙이도록 일벌백계해야 한다. 수사당국은 철저한 수사를 통해 사건의 전모를 명명백백하게 밝혀 재발 방지에 힘써야 할 것이다.

'이재명 피습 사건'의 후유증이 만만치 않다. 무엇보다 이 사건 뒤 '자작극' '배후설' 같은 음모론으로 우리 사회가 또다시 양분돼 몸살을 앓고 있다. 좌우 진영 가릴 것 없이 자기편에게 유리한 쪽으로 제 입맛대로 사건을 해석하고 있다. 민주당은 음모론에 맞서 법적조치 등 강력하게 대응하겠다고 선언했다. 잘못된 정보로 여론을 호도하는 일은 바로잡아야 한다.

그러나 음모론에 정치권은 과연 책임이 없을까. 특히 이재명 피습 사건 이후 민주당이 취한 일련의 대응 조치들이 음모론에 빌미를 준

건 아닌지 곰곰이 되돌아볼 필요가 있다.

먼저 이재명 대표의 서울대병원 전원을 둘러싼 논란과 의혹이다. 사고 직후 이 대표는 우리나라 최고의 외상센터 중 한 곳인 부산대병원에 실려 갔으나, 이곳에서의 수술을 거부하고 곧바로 서울대병원으로 날아간다. 민주당과 이 대표 측 가족이 "서울대병원으로 가겠다고 했다"는 게 부산대병원 측 설명이다.

당시 이 대표의 상태가 매우 위중한 걸로 이해해 크게 걱정했던 국민들은 민주당의 결정에 고개를 갸우뚱할 수밖에 없었다. 이 대표가 관련 분야의 국내 최고 병원에 '의문의 1패'를 안긴 채 3시간 가까이 걸려 서울행을 택했다면 "환자의 상태가 그리 위중한 게 아니었나" 하는 의문을 갖게 된다.

그렇다면 굳이 촌각을 다투는 환자를 위한 닥터 헬기까지 동원할 필요가 있었을까. 부산시, 광주시 등 지역 의사회 등 의료 관련 단체들은 "이 대표 이송 및 치료과정에서 일련의 상황은 이해할 수 없는 일의 연속"이라며 "(이 대표의 헬기 이용은) 다른 응급 환자가 헬기를 이용할 기회를 박탈한 특권의식"이라고 강하게 비난했다. 특히 지역의 공공 의료시스템 정상화를 위해 노력해온 이 대표의 평소 신념과 많이 다른 결정이어서 의문을 더하고 있다.

서울대병원 측 브리핑 취소 관련해서도 의혹이 나오고 있다. 서울대병원 측은 이 대표 응급치료와 관련 예정된 브리핑을 돌연 취소했다. 서울대병원 관계자는 "환자 개인정보가 포함돼 있어, 민주당이 브리핑하는 것이 맞다고 판단한 것으로 안다"고 해명했다. 실제 민주당 영입 인재이자 의사 출신 강청희 전 대한의사협회 상근 부회장이 브리핑을 맡았다. 강 씨는 "의학적 판단은 주치의가 브리핑하는 게 맞는데 공개 브리핑이 왜 없어졌는지 이해가 안 된다"며 서울대병원 측을 겨냥했다.

2006년 야당 대표였던 박근혜 전 대통령과 2015년 마크 리퍼트 주한 미국 대사가 흉기 피습을 당했을 때 당시 치료를 맡은 세브란스병원의 병원장이 수술 경과 등을 브리핑한 것과는 대조적이다.

범인의 당적 공개 여부를 놓고도 말이 나온다. 사건 초기 정당들의 애매모호한 입장에, 정치권의 눈치를 살피는 듯한 수사 당국의 태도 때문에 국민들은 어리둥절할 뿐이다.

이재명 피습 사건을 둘러싸고 이들 문제 외 여러 의혹이 난무하고 있다. 정치권은 자신들에게 불리하면 '음모론'으로 치부하거나, 법적 대응으로 입을 틀어막으려 한다. 그런데 '음모론'은 자의든 타의든 서울과 지역의료계를 양분한 것처럼, 국민들을 내편 네편으로 갈라치기 해놓고 그 틈에서 단물을 빨고 있는 정치권이 확대 재생산하고 있는 셈이다. 정치권은 음모론을 탓할 게 아니라 그 토양을 자신들이 제공한 것은 아닌지 되돌아보기를 바란다.

– 2024년 1월 8일 뉴시안 데스크칼럼

대만 총통 선거가 던져준 숙제

지난 13일 끝난 제16대 대만 총통선거(대선)를 지켜보면서 두 가지 점에 놀랐다.

먼저 선거 결과이다.

중국의 전방위 압박에도 불구하고, 친미·반중 성향인 집권 민주진보당(민진당) 라이 칭더 후보가 승리했다. 대만은 지난 1996년 직선제 도입 이후 민진당과 친중 성향의 국민당이 8년 주기로 번갈아 집권해 왔다. 그런데 이번에 민진당 후보가 중국의 치밀하고 집요한 방해 공작을 뚫고 친중 성향 후보를 제치고 사상 처음으로 3연속 집권에 성공하는 이변을 일으켰다.

라이 당선인은 "올해 지구촌 첫 대선에서 대만이 민주 진영 첫 번째 승리를 가져왔다"며 "대만이 전 세계 민주주의와 권위주의 사이에서 계속 민주주의의 편에 서기로 결정했다"고 강조했다.

중국의 심기가 편할 리 없다. 중국 현지 언론들은 이번 선거 결과를 거의 외면했다. 왕이 중국 외교부장은 외교관답지 않게 대만 국민들의 선택을 거칠게 비난했다. "대만독립은 죽음의 길이다. 중국은 결국 완전한 통일을 실현하고 대만은 반드시 조국의 품으로 돌아올 것이다"

선거 결과보다 더 놀란 것은 대만의 투·개표방식이다. 조선일보, 한겨레신문 등 국내 언론은 물론 블룸버그TV 등 주요 외신들조차 대만의 '아날로그적인' 개표방식을 앞다퉈 다뤘다. 언론뿐만 아니라 유튜브 등 SNS에서도 대만의 개표방식이 주요 콘텐츠로 화제에 올랐다.

언론보도와 SNS 등에 따르면, 대만은 투표 관리원이 투표함에서 투표용지를 하나씩 꺼내 기표 된 후보자의 이름을 크게 외치면서 머리 위로 높이 들어 보인다. 그런 다음, 다른 관리원이 칠판에 적힌 후보 이름 밑에 '바를 정(正)'를 그어가며 득표수를 집계하는 100% 수동 개표를 진행한다. 또 특이한 것은 투표 종료 즉시 투표함 이동 없이 그 자리에서 개표가 이뤄진다. 투표소가 바로 개표소로 전환된다. 유권자들이 투표소에 마련된 관람석에서 개표 장면을 실시간으로 지켜볼 수 있다는 것도 흥미롭다.

개표가 모두 끝나면 개별 투·개표소의 개표 결과를 건물 외벽에 부쳐 일반에 공개한다. 동시에 현·시·구 등 지역 선거운영센터에 개별 투·개표소의 개표 결과 보고서가 모여들고, 전산을 이용한 중앙 집계가 이뤄진다. 개표가 완료되는데 약 5시간만 소요될 정도로 당선자가 결정되는 데 시간이 오래 걸리지 않는다.

개표가 이런 방식으로 진행되다 보니 '부정 의혹'이 파고들 틈이 보이지 않는다. 사실 대만의 이런 투·개표 방식은 어제오늘의 일이 아니다. 대만은 1996년이 돼서야 총통을 직선제로 뽑기 시작했고, 그때부터 지금까지 전자 개표 대신 수작업으로 일일이 개표하는 방식을 고수하고 있다.

그런데도 국내외 언론들이 새삼스럽게 이번에 대만의 투·개표 방식에 관심을 보인 것은 '부정선거' 의혹이 우리나라는 물론 글로벌 핫이슈로 떠오르고 있기 때문으로 풀이된다. 더욱이 대만은 중국의 직접적인 영향권에 있다 보니 그런 의혹에서 훨씬 더 자유롭지가 않다.

외신들은 대만의 수동 개표방식에 대해 대체로 긍정적으로 평가했다. 미국 블룸버그TV의 이본 맨 홍콩 특파원은 타이베이의 한 투표소의 개표 장면 영상을 자신의 엑스 계정에 올리며 "대만의 수동 개표방식은 다소 고루하고 비효율적으로 보일 수 있지만 공정하고 안전하며 중국 등 외부의 개입으로부터 대만을 보호해준다"고 말했다.

대만은 처음부터 수개표 방식을 고수했지만, 편리성 때문에 전자 개표방식을 채택했다가 위헌 판결 및 해킹에 의한 부정선거 의혹 등의 이유로 수동 개표방식으로 되돌아간 나라도 많다. 2003년부터 일부 재외 국민을 대상으로 전자투표를 도입했던 프랑스는 2017년부터 일부 투표소를 제외하고 기표소 직접 투표와 수개표로 전환했다. 러시아 등 외부 세력의 해킹에 의한 부정선거 우려 때문이었다고 한다. 독일도 전자 투개표 도입 10년 만인 2009년 전면 수개표로 바꿨다. 당시 독일 연방헌법재판소가 "전자 투개표기를 사용하면 소프트웨어

하자와 결과의 조작 여부를 유권자들이 알아차리기 어렵다"며 전자투개표기 사용은 위헌이라고 결정했기 때문이다.

물론 유권자 수, 사전투표, 부재자 투표 등 선거제도와 선거 관리 시스템에 있어서 각국이 처한 상황이 모두 다르기 때문에 일률적으로 판단하기가 쉽지 않은 게 사실이다.

하지만 선거는 자유민주주의의 근간이다. 이를 둘러싼 한 점 의혹도 절대 있어서는 안 된다. 의혹 해소를 위한 비용이 얼마가 되더라도 분명 치러야 할 가치가 있다. 아무리 편리하고 빠르다고 해도 정확성과 공정성이 담보되지 않는다면 무의미하다. 이제 우리나라도 투·개표 방식에 대한 사회적 논의를 시작했으면 한다.

– 2024년 1월 16일 뉴시안 데스크칼럼

세금만사(稅金萬事) 세금유감(稅金有感)

#1

은행 창구직으로 입사한 지 1년 정도 된 A씨가 투덜댔다. "월급은 쥐꼬리인데, 세금을 너무 많이 떼간다"고. 아마 월급명세서에 찍힌 월급에 비해 세금이 과하다고 느낀 듯하다.

그러나 우리나라 월급생활자 10명 중 3명가량은 세금을 한 푼도 내지 않는다. 최근 국세청이 내놓은 2023년 4분기 국세통계연보에 따르면, 지난 2022년 우리나라 근로소득신고자는 2,053만 명이다. 이 중 33.6%에 해당하는 690만 명은 과세표준(세금을 매기는 기준금액) 미달로 근로소득세를 내지 않는다. 근로소득에 따른 원천징수로 세금은 매월 급여에서 떼가지만, 연말정산에서 각종 소득 및 세액 공제로 전부 환급받기 때문이다.

대신 우리나라가 걷는 전체 소득세의 72.4%는 상위 10%에 해당하는 고액 연봉자들의 주머니에서 나온다. 연봉 10억 원 이상 되는 초고액 연봉자들은 소득의 45%를 세금으로 갖다 바친다. 그야말로 '유리지갑'이다.

이제 갓 사회생활을 시작한 A씨가 690만 명에 포함될지 모르지만, 그는 이번 연말정산을 진행하면서 지금까지 낸 세금 중 상당 부분을 돌려받을 것이다.

#2

올해 74세인 B씨는 지난 2022년 종합부동산세로 2,100만 원가량을 납부했다. 윤석열 정부 들어 종부세 완화 정책 덕분에 지난해는 400만 원으로 5분의 1 이상 줄어들긴 했다. 그러나 마땅한 소득이 없는 그는 이마저도 부담스럽긴 마찬가지이다. 주변에선 강남 집 팔고 서울 근교로 옮기라고 얘기하지만, 한평생을 살아온 삶의 터전을 세금 피하려고 하루아침에 옮긴다는 게 말처럼 쉽지 않다.

B씨 본인은 징벌적 과세로 강남 집값을 잡겠다는 이전 정부의 잘못된 부동산 및 세금 정책의 피해자라고 생각한다. 그런데도 주변 친구들의 시선은 곱지 않다. 특히 일부 언론에서 '부자 감세' 운운할 때면 속이 영 불편하다. 윤석열 정부가 이전 정부의 잘못을 바로잡았을 뿐인데, 그게 어떻게 '부자 감세'로 매도돼야 하는지 도무지 이해되지 않는다. 그래도 세수 부족 때문에 나라 곳간이 비어간다는 뉴스를 접할 때면 괜히 '내 탓인가?' 싶어 움츠러드는 것은 어쩔 수 없다.

#3

요즘 삼성 일가는 좌불안석이다. 선대로부터 받은 재산에 대한 천문학적인 상속세를 마련하기 위해 보유주식 대량매각에 은행 대출까지 받느라 동분서주하고 있는데도 언론에선 하루가 멀다고 '그래도 여성 주식 부호 1위'라는 기사를 쏟아내니 마음이 썩 편치가 않다.

한 조사기관이 홍라희 전 삼성미술관 리움 관장이 두 딸과 함께 상속세 마련을 위해 삼성전자 등 주요 계열사 지분을 대량으로 팔았는데도 '여전히 여성 주식 부자 1~3위'라는 자료를 내놨고, 언론 대부분이 이를 기사화했다. 보유주식 대량매각에도 삼성전자 등 주가가 올랐기 때문이라는 설명이 뒤따랐지만, 삼성 측으로선 '거액의 상속세 마련에 애쓰는 모습'보다 '그렇게 팔았는데도 주식 부호 1위'에 일반 대중의 관심이 쏠리는 게 부담스러울 수밖에 없었을 것이다.

그런데 아무리 삼성 일가지만 십수조 원에 이르는 상속세는 버거울 수밖에 없다. 잘못하다가 경영권까지 위협받을 수 있기 때문이다. 이러다 보니 삼성가 세 모녀는 상속세 납부를 위해 고금리시대 은행에까지 손을 벌린 것으로 알려졌다. 사실 상속세 재원으로 쓸 수 있는 수조 원 규모의 미술품 등을 물려받았지만, '이건희 컬렉션'이라는 이름으로 사회에 환원하기로 약속하면서 상속세 마련에 더 큰 어려움을 겪고 있다.

삼성 측은 국내는 물론 세계적으로도 찾아보기 힘든 규모의 상속세지만, "세금 납부는 국민의 당연한 권리이기 때문에 2021년 4월부터 5년에 걸쳐 나누어 납부해오고 있다"고 밝혔다.

#4

 윤석열 대통령은 최근 금융투자소득세(금투세) 폐지에 이어 상속세 개편 문제를 직접 시사했다.

 윤 대통령은 최근 참석한 '국민과 함께하는 민생토론회'에서 주식시장이 저평가되는 원인으로 과도한 상속세 문제를 지적했다. 윤 대통령은 "대주주 입장에서는 주가가 너무 올라가면 상속세를 어마어마하게 물게 된다"며 "과도한 세제는 중산층과 서민에게 피해를 준다는 것을 우리 국민께서 다 같이 인식하고 공유해야 코리아 디스카운트를 근본적으로 해결할 수 있다"고 말했다. 상속세는 법 개정이 필요한 만큼 국민적 공감대 형성이 필요하다는 점을 역설한 것이다.

 윤 대통령은 지난 2일 현직 대통령으로는 처음으로 증시 개장식에 참석해 금융투자소득세 폐지 추진 계획을 처음 밝힌 데 이어 이번 민생토론회에서도 폐지를 공식화했다.

 세금은 나라 살림의 가장 기본이다. 병역의무와 함께 납세의무는 국민의 기본의무 중 하나이다. 그럼에도 세금은 한 푼이라도 덜 내고 싶은 게 인지상정이다. 나 대신 다른 사람들이 더 많이 내줬으면 하는 마음도 있다. 세상인심이 이러하다 보니 세금 정책은 그 어떤 정책보다 공정하고 수긍이 가야 한다. 윤석열 정부가 감세든 증세든 나라 곳간도 잘 살펴 가면서, 공정한 세제 정책을 펼쳤으면 한다.

- 2024년 1월 23일 뉴시안 데스크칼럼

윤석열, 의료 개혁 10전 10패의 대통령될 것인가

처음 윤석열 정부가 의료 개혁의 일환으로 의대 정원 2,000명을 늘리겠다고 발표했을 때 정치권은 물론 많은 국민들이 크게 환영했다. 여론조사도 의대 정원 증원에 대한 국민적 열망을 그대로 반영했다. 지난해 10월 말 스트레이트뉴스가 여론조사회사인 조원씨앤아이에 의뢰해 전국 성인 남녀 2,008명을 대상으로 '의대 정원 확대'에 대한 의견을 물었더니 찬성 83.2%, 반대 11.9%로 찬성이 압도적으로 많았다. 이 중 "매우 찬성한다"는 입장도 절반이 넘는 52.1%를 기록, 의사 수 확대에 대한 국민적 요구가 큰 것으로 나타났다.

일반 국민들은 의대 정원 증원을 둘러싼 의료계와 정부의 복잡한 셈법을 잘 모르지만, 병원에서 장시간 대기하면서 진료를 받은 경험이 있다면 아마도 대부분 찬성표를 던졌을 것이다.

정치권도 환영 일색이었다. 특히 야권이 윤석열 대통령에게 응원을 보냈다. 당시 민주당 정성호 의원은 "의대 정원 확충, 말이나 검토가 아니라 진짜 실행한다면 역대 정권이 눈치나 보다가 겁먹고 손도 못 댔던 엄청난 일을 하는 것"이라며 "공공의료 확대 방안 등을 보완하여 분명하게 추진해서 성과를 내길 기대한다. 국민들도 지지할 것"이라고 윤 정부에 힘을 실어줬다.

그런데 의대 정원 증원이 정부와 의료계가 강 대 강으로 맞부딪히면서 의료서비스가 파국으로 치닫자 일부 국민과 정치권에서 슬슬 딴소리가 나오고 있다. 전공의들이 병원을 등지면서 환자들의 불편이 커지자 국민들 사이에 의대 정원 증원 피로감이 쌓여가고 있다.

더욱이 4.10총선과 맞물리면서 표를 의식한 정치인들의 의료계 눈치 보기가 심해지고 있다. 무엇보다 임현택 대한의사협회 신임 회장의 '협박성' 발언이 주효한 듯하다. "의협 손에 국회 20~30석 당락이 결정될 만한 전략을 갖고 있다. 의사에게 가장 모욕을 주고 칼을 들이댔던 정당에 궤멸 수준의 타격을 줄 수 있는 선거 캠페인을 진행하겠다" 의협의 정치 도구화도 불사하겠다는 임 회장 앞에 여야 없이 정치권이 안절부절못하고 있다.

최근 윤석열 대통령이 의대 정원 증원과 정부의 의료 개혁 관련 대국민 담화를 발표하자, 한때 의대 정원 증원을 지지했던 정치권이 기다렸다는 듯이 윤 대통령 비난에 한목소리를 내고 있다. 그 선봉에 더불어민주당이 섰다. 신현영 대변인은 "국민들의 목소리를 경청해 전향적인 태도 변화를 통해 의료대란을 막고 대화의 물꼬를 트지 않을까 내심 기대했으나, 역시나 마이동풍 정권임을 확인시켜주는 담화"라고 목소리를 높였다. 신 대변인은 "설 명절 직전에 파격적인 숫자를 발표하고, 의료계 반발이 뻔히 예상되는데도 강하게 밀어붙이면서 사태를 부추겼다"고 덧붙였다.

녹색정의당, 이준석 개혁신당, 이낙연 새로운미래 공동대표, 조국혁신당 등도 일제히 윤 대통령 비난 대열에 합류했다. 이들은 정부의 '불통', '일방통행'은 질책했지만, 촌각을 다투는 환자들의 생명을 볼모로 병원을 등진 의료계를 향해선 단 한마디도 못 하고 있다.

이들 정치인은 의대 정원 증원으로 상징되는 의료 개혁이 아무런 잡음 없이 요술방망이 휘두르듯 하루아침에 뚝딱 이뤄지는 일이라고 믿었던가. 그게 그렇게 쉬운 일이라면 문재인 정권을 비롯한 전 정권들은 도대체 뭘 했다는 말인가. 오죽했으면 의료계를 상대로 한 정부 전적이 9전 9패이겠는가. 지금처럼 정치권과 국민들이 힘을 실어주지 않는다면, 10전 10패, 아니 20전 20패도 불 보듯 뻔한 일이다.

윤 대통령 본인도 20년 뒤, 30년 뒤 우리나라 의료시스템이 어떻게 되든 상관없이 좋은 게 좋다는 식으로 의료계와 대충 타협하면서 자기 임기만 무사히 넘기면 그만이다. 굳이 이른바 '지지 세력'이라 할 수 있는 의사들을 상대로 한 껄끄러운 개혁을 할 필요가 있을까. 지지 세력을 상대로 한 개혁조차 이렇게 힘들고 어려운데 앞으로 노동개혁 교육개혁은 감히 엄두라도 내겠는가. 국민들은 좀 더 인내심을 갖고 지금의 불편함을 감수하고 더 먼 미래를 내다봐야 한다.

정치권은 윤석열 대통령이 지난 2년 동안 뭘 했느냐고 비난한다. 여야 가릴 것 없이 정치권에서 이렇게 흔들어대는데 대통령인들 무슨 일을 할 수 있겠는가. 4.10 총선이 이제 일주일 앞으로 다가왔다.

- 2024년 4월 3일 뉴시안 데스크칼럼

공정거래위원회 대변인실은 '불통' 중

"전화해 주셔서 감사합니다. 더 나은 서비스 제공을 위해 산업안전보건법에 의거 통화 내용이 녹음될 수 있음을 알려드립니다. 뚜 뚜 뚜 뚜…"

기자가 병원 장례식장의 불공정거래 행위에 대해 취재하면서, 공정거래위원회의 법적 해석과 공식 입장을 듣기 위해 공정위 대변인실(홍보담당관)에 3일과 4일 이틀에 걸쳐 수십 차례 연락했지만, 홍보담당관실 전화는 계속해서 먹통 상태였다.

산업안전보건법 관련 안내 멘트가 끝나기가 무섭게 "뚜뚜뚜…"라는 통화음을 내면서 전화가 그대로 끊겨 버리는 것. 공정위 대표전화로 안내받은 전화번호 (044) 200 4092는 지금도 불통 상태다. 혹시 공정위 홈페이지에 다른 연락처가 있을까 싶어서 찾아 보았지만 해당번호 외 다른 번호를 찾을 수가 없었다.

답답한 마음에 기자는 공정위 서울사무소 경쟁과 소비자과 등 다른 부서에도 수차례에 걸쳐 전화 연결을 시도했지만, 기자의 전화를 받아주는 공정위 직원은 없었다. 아마 다들 본인의 업무나 회의 등으로 자리를 비운 것으로 보인다.

  여러 번의 시도 끝에 연락이 닿은 공정위 고객지원담당관실을 통해 시장감시정책과와 겨우 연결이 됐다. 물론 '과장님 이상'만 언론 응대가 가능해 회의 참석으로 부재중인 과장님과는 직접 통화가 이뤄지진 않았다. 대신 옆자리 다른 직원이 고맙게도 전화를 받아줘 병원 장례식장 관련 기자의 궁금증은 다소 풀리긴 했다. 이 직원은 "회의가 끝나면 과장님에게 전달해 바로 답변을 줄 수 있도록 하겠다"며 기자의 전화번호를 남겨달라고 요청했다. 비록 촌각을 다투는 기사는 아니었지만, 기사 요건에 있어서 공정위 입장을 반영하는 것은 필수 사항이라 기자는 이틀에 걸쳐 공정위 전화와 씨름해야 했다.

  취재하면서 공정위 대표번호로 전화를 걸면 "공정한 시장을 만들고 소비자 권익을 지키는 공정거래위원회입니다"라는 친절한 안내 멘트가 나온다. 안내 멘트의 친절함과는 달리 공정위 직원들과의 전화 연결에 큰 어려움을 겪은 기자에게는 그 친절함이 반감되는 느낌을 지울 수 없었다.

  행정서비스의 소비자인 국민들과 행정기관 공무원들과의 첫 접점은 대개 전화로 이뤄진다. 더욱이 해당 기관의 '입'이라고 할 수 있는 공정위 대변인실의 전화가 아무런 이유도 모른 채 이틀씩(기자가 확인한 날짜만)이나 불통 상태라면 소비자인 국민들의 권익이 제대로 지켜질 수 있을지 의문이다.

- 2024년 6월 4일 뉴시안 기자수첩

정부부처 출입기자님들, '관리' 잘 받고 계신가요?

국립국어원이 펴낸 표준국어대사전에 따르면, 관리(管理)라는 용어는 크게 4가지 뜻으로 쓰이고 있다. 첫째, 어떤 일의 사무를 맡아 처리함. 둘째, 시설이나 물건의 유지 개량 따위의 일을 맡아서 함. 셋째, 사람을 통제하고 지휘하며 감독함. 그리고 마지막으로 사람의 몸이나 동식물 따위를 보살펴 돌봄. 이 중 우리가 일반적으로 '관리' 하면 떠올리는 것은 시설물 유지 개량이나, 사람들 통제 감독하는 일을 떠올리게 된다.

정부 주요 부처들이 각 부서의 업무를 안내하는 인터넷 홈페이지를 둘러보면 대변인 산하 홍보관리관실의 주요 업무로 '기자 관리'가 기재돼 있다.

교육부 홈페이지의 조직도에는 홍보관리관실의 업무 중 하나로 '출입기자 관리'가 포함돼 있다. 법무부도 마찬가지이다. 법무부 홈페이지 기관소개 중 '조직과 기능' 코너를 클릭하면 맨 처음 등장하는 항목이 '기자 관리'이다. 노동부 외교부 기획재정부 행정안전부 등 상당수 부처의 대변인실 산하 홍보관리관실의 주요 업무에도 '기자 관리'

혹은 '기자단 관리'가 들어가 있다.

　한마디로 이들 정부 부처가 출입 기자들을 '관리의 대상'으로 삼고 있지 않나 하는 의문이 드는 대목이다. 시대가 바뀌었음에도, 과거 권위주의 정권 시절 쓰던 용어를 관습적으로 그대로 사용하고 있는 것일 수도 있다. 어떤 경우이든, 정부와 출입기자 간 관계는 '관리하고 관리받는' 사이가 되어선 안 된다.

　물론 해당 부처는 '기자 관리'가 그런 의미가 아니라고 항변한다. 법무부 관계자는 "관리를 그런 뜻으로 쓴 건 아니다"며 "기자와 협조관계를 잘 유지한다는 좋은 의미"라고 해명했다. 그는 "오해의 소지가 있다면, 내부 검토를 거쳐 용어를 바꾸겠다"고 덧붙였다.

　법무부 관계자의 말처럼, 기자가 쓸데없이 사소한 것에 너무 민감하게 반응하는 것일 수도 있다. 그러나 단어(용어)는 곧 사람의 생각을 재단한다. '기자관리' 업무를 맡은 공무원의 생각이 그 단어(용어)가 주는 의미를 뛰어넘을 수 있을까. 이미 많은 부처들이 홍보관리관실의 주요 업무로 '취재지원' '언론 소통지원' '언론협력지원' 등 시대 변화에 맞춰 업무 분담 가이드라인을 새롭게 바꿨다. 국방부, 문화체육관광부, 산업통상자원부, 여성가족부, 환경부, 통일부 등의 대변인실 산하 홍보관리관실에선 더 이상 '기자 관리'를 하지 않고 있다.

　출입기자들을 관리의 대상으로 여기는 부처 공무원들이 "일반 민원인들은 과연 어떻게 대할까"라는 오지랖까지 발동한다.

- 2024년 7월 5일 뉴시안 기자수첩

기업인을 대하는 국회의원 임종득의 자세

섭씨 36도를 넘나드는 한여름 무더위가 턱까지 차올라 숨쉬기조차 힘들었던 13일. 국회 의원회관 대회의실에서 영주첨단베어링국가산업단지 기업 유치 설명회가 열렸다.

단상에 올라선 임종득 국회의원(경북 영주시·영양군·봉화군)은 연신 왼쪽 관객석을 향해 고개를 숙였다. "오늘 무더위에도 불구하고 투자 설명회에 참석해주신 기업체 관계자 여러분들이 영주시의 진정한 고객"이라며 "이분들에게 감사의 박수를 보내드리자"며 영주시 관계자 등 다른 참석자들의 박수를 유도해 내기도 했다. 임 의원이 공손히 고개를 숙여 감사 인사를 전한 객석 왼편은 다름 아닌 투자 의향 기업체 관계자들을 위한 자리이다.

육사 42기로 군문에 들어선 임종득 의원은 육군 소장 출신으로 17보병사단장, 수도군단부군단장, 국가안보실 제2차장 등을 거쳐 경북 영주시 영양군 봉화군을 지역구로 제22대 국회의원에 당선됐다. 임 의원의 경력을 살펴보면, 군 출신답게 대부분 군과 국방 안보 등에 초점이 맞춰져 있다. 산업 및 경제나 기업 유치 등과는 다소 거리가 있어 보이는 게 사실이다. 그런 그가 비록 지역구 행사이긴 하지만, 영주시 첨단베어링국가산업단지 기업 유치 설명회를 국회에서 직접 주최까지 한 것이다. 대개 이런 경우 영주시가 행사를 주최하고 지역구 의원은 얼굴만 내비치고 축사 정도 준비하고 지역구민들과 기념사진을 찍는 것으로 만족해한다.

물론 초선이라 의욕과 열정이 넘친 영향도 있겠지만, 임 의원은 많이 달랐다. 개회사는 물론, '내수기업의 수출기업화지원' '비수도권 지역 유턴기업 지원제도' 등 프레젠테이션까지 준비해 기업들이 왜 영주첨단베어링산업단지에 투자해야 하는 지를 조목조목 설명했다. 특히 그동안 지역 민원이 많이 제기됐지만, 국가 안보상 손댈 수 없었던 영주시 안정면 비상활주로를 지역주민의 민원 해소는 물론 투자기업들에 이익이 되는 쪽으로 활용하는 역발상의 아이디어도 제안해 눈길을 끌었다. 이를 위해 이미 공군과 직접 만나 비상활주로를 군사적 목적을 훼손하지 않는 범위 안에서 서로 윈윈하는 쪽으로 활용하는 방안을 짜내는 추진력도 보였다.

무엇보다 이번 설명회에서 임 의원을 더욱 돋보이게 한 것은 기업을 대하는 그의 자세였다. "투자기업은 영주시의 큰 손님(고객)"이라는 임 의원은 지금까지 기업과 기업인들은 혼내야 하는 대상쯤으로 대하는 대다수 국회의원들과는 달랐다. 국정 감사장에 기업 최고경영자들을 불러놓고 큰 소리로 나무라는 모습을 흔하게 지켜봐 온 기자로선 기업과 기업인들을 대하는 임 의원의 자세는 한여름 무더위를 식혀줄 정도로 신선했다.

  이날 행사를 축하하기 위해 참석한 한 동료 의원은 "임 의원은 비록 초선이지만, 업무 추진력 등을 옆에서 지켜보면 5선 의원 못지않다"고 칭찬했다. 동료 의원의 말대로, 임 의원이 앞으로도 지금처럼 '5선 같은' 업무 추진력으로 지역구는 물론 국가이익을 위해 힘써주길 바란다. 기업과 기업인들을 대하는 마음가짐은 초선의 자세 그대로 유지하면서 말이다.

- 2024년 8월 13일 뉴시안 기자수첩

4부

교육은 국가의 백년대계

4부 칼럼 분석

교장선생님 氣 살리기

　몇 년 전 영국 연수 시절 얘기다. 아이들 입학 문제를 알아볼 겸 집 근처 학교를 찾았다. 여름방학이었지만 혹시나 하는 마음에 교무실도 들렀다. 50대 중반의 한 아주머니가 면장갑을 낀 채 땀을 흘리며 학습 장비들을 정리하고 있었다. 이유를 설명하고 선생님을 만날 수 있느냐고 했더니 "학생 이름과 주소만 적어놓고 개학식 때 오라"고 했다. 며칠 후 개학식 날 그 아주머니가 교장이라는 사실에 깜짝 놀랐다. 교장에 대한 놀라움은 그 후 1년여의 짧은 기간 영국 공교육을 간접경험하며 몇 차례 이어졌다.

　무엇보다 영국 교장은 '에헴' 하며 점잔만 빼지 않는다. 솔선수범한다. 학예발표회 때는 아예 '무대감독'을 자처한다. 무대 위 학생들에게 손짓·발짓으로 사인을 보내며 노래와 춤을 직접 지도한다. 교장실의 위치에도 놀랐다. 학교 건물 입구에 있다. 마치 경비실처럼 방문객을 가장 먼저 맞는다. 학부모들도 수시로 드나들면서 교장과 격의 없이 이야기를 나눈다.

　가장 놀란 것은 교장의 '권위'다. 아무리 격의 없이 지내더라도 선생님과 학부모들은 교장에 대해 무한한 존경심을 보낸다. 특히 잘못을 저지른 학생이 가장 무서워하는 벌은 교장과의 면담이다. "너 계속 그러면 교장선생님께 보낸다"는 경고는 회초리보다 약효가 세다.

이처럼 영국 교장이 학교 '어른'으로서 자리매김할 수 있었던 것은 막강한 권한과 책임이 동시에 부여돼 있기 때문이다. 영국 정부가 1998년 발표한 그린북에는 "교장은 강력한 리더십으로 학교 발전을 이끌고 학생, 학부모는 물론 지역사회에 대한 책임을 다할 수 있는 경영자로서의 역할을 다해야 한다"고 명시돼 있다. 영국은 학부모가 중심이 된 학교운영위원회가 공채를 통해 교장을 뽑고 그에게 직원 및 교사 인사권과 학교 자율운영권을 준다. 그에 따른 책임도 크다. 기대했던 성과를 못 내면 곧바로 잘릴 수도 있다. 또 능력과 학교 재정에 따라 연봉이 크게 차이 나는 것은 두말할 필요도 없다. 한마디로 기업 CEO에 가깝다.

그런데 우리의 현실은 어떤가. 학교 어른으로서 권위와 위엄은 사라진 지 오래다. 전국교직원노동조합 교사들의 눈치를 보느라 제 목소리를 내지 못하고 있다. 전교조에 휘둘려 교육헌장이 파행을 겪어도 일부 교장은 뒷짐만 진 채 정년 날짜만 꼽고 있다. 교육 당국도 마찬가지다. 얼마 전 교장에게 교사 전출입권을 대폭 줘 필요한 교사를 데려올 수 있도록 하겠다고 발표했다 슬그머니 꼬리를 내렸다. 전교조의 반발 때문에 없던 일로 해버린 것이다.

그나마 다행인 것은 교장이 잘못하면 교감으로 강등시킬 수 있도록 하는 교육공무원 징계 규칙을 고치기로 했다. 교장평가는 이처럼 엄격하게 이뤄져야 한다. 다만 채찍을 가하는 만큼 그에 상응하는 당근도 내놓아야 한다. 교직원 인사권, 학교 운영권에 있어서 교장의 역할을 확대해줘야 형평성이 맞다는 얘기다.

  물론 영국의 교육정책을 그대로 받아들이기는 어렵다. 그러나 공교육을 살리기 위해선 무엇보다 학교 어른인 교장이 바로 서야 한다는 데 이견이 없다. 우리에게도 교장의 헌신적인 노력 덕분에 꼴찌학교가 일등학교로 바뀐 사례들이 많다. 이런 학교들이 좀 더 많이 생겨나 연 20조 원의 사교육비를 줄이고 공교육이 바로 설 수 있도록 교장선생님들의 기를 살려야 하지 않을까.

- 2009년 3월 30일 한경데스크

한경데스크

교장선생님 氣살리기

김수찬
오피니언부장
ksch@hankyung.com

몇 년전 영국연수시절얘기다. 아이들 입학문제를 알아볼 겸 집 근처 학교를 찾았다. 여름방학이었지만 혹시나 하는 마음에 교무실도 들렀다. 50대 중반의 한 아주머니가 면장갑을 낀 채 땀을 흘리며 학습장비들을 정리하고 있었다. 이유를 설명하고 선생님을 만날 수 있느냐고 했더니 "학생이름과 주소만 적어놓고 개학식 때 오라"고 했다. 며칠 후 개학식 날 그 아주머니가 교장이라는 사실에 깜짝 놀랐다. 교장에 대한 놀라움은 그 후 1년여의 짧은 기간 영국 공교육을 간접 경험하며 몇 차례 이어졌다.

무엇보다 영국 교장은 '에헴' 하며 점잔만 빼지 않는다. 솔선수범한다. 학예발표회 때는 아예 '무대감독'을 자처한다. 무대 위 학생들에게 손짓 발짓으로 사인을 보내며 노래와 춤을 직접 지도한다. 교장실의 위치에도 놀랐다. 학교건물 입구에 있다. 마치 수위실처럼 방문객을 가장 먼저 맞는다. 학부모들도 수시로 드나들면서 교장과 격의없이 이야기를 나눈다.

가장 놀란 것은 교장의 '권위' 다. 아무리 격의없이 지내더라도 선생님과 학부모들은 교장에 대해 무한한 존경심을 보낸다. 특히 잘못을 저지른 학생이 가장 무서워하는 벌은 교장과의 면담이다. "너 계속 그러면 교장 선생님께 보낸다"는 경고는 회초리보다 약효가 세다.

이처럼 영국 교장이 학교 '어른' 으로서 자리매김할 수 있었던 것은 막강한 권한과 책임이 동시에 부여돼 있기 때문이다. 영국정부가 1998년 발표한 그린북에는 "교장은 강력한 리더십으로 학교발전을 이끌고 학생,학부모는 물론 지역사회에 대한 책임을 다할 수 있는 경영자로서의 역할을 다해야 한다"고 명시돼 있다. 영국은 학부모가 중심이 된 학교운영위원회가 공채를 통해 교장을 뽑고 그에게 직원 및 교사 인사권과 학교 자율운영권을 준다. 그에 따른 책임도 크다. 기대했던 성과를 못 내면 곧바로 잘릴 수도 있다. 또 능력과 학교재정에 따라 연봉이 크게 차이나는 것은 두말할 필요도 없다. 한 마디로 기업 CEO에 가깝다.

그런데 우리의 현실은 어떤가. 학교 어른으로서 권위와 위엄은 사라진 지 오래다. 전국교직원노동조합교사들의 눈치를 보느라 제 목소리를 내지 못하고 있다. 전교조에 휘둘려 교육현장이 파행을 겪어도 일부 교장은 뒷짐만 진 채 정년 날짜만 꼽고 있다. 교육당국도 마찬가지다. 얼마 전 교장에게 교사전출입권을 대폭쥐 필요한 교사를 데려올수있도록 하겠다고 발표했다 슬그머니 꼬리를 내렸다. 전교조의 반발 때문에 없던 일로 해버린 것이다.

그나마 다행인 것은 교장이 잘못하면 교감으로 강등시킬 수 있도록 하는 교육공무원 징계규직을 고치기로 했다. 교장 평가는 이처럼 엄격하게 이뤄져야 한다. 다만 채찍을 가하는 만큼 그에 상응하는 당근도 내놓아야 한다. 교직원 인사권,학교 운영권에 있어서 교장의 역할을 확대해줘야 형평성이 맞다는 얘기다.

물론 영국의 교육정책을 그대로 받아들이기는 어렵다. 그러나 공교육을 살리기 위해선 무엇보다 학교 어른인 교장이 바로 서야 한다는 데 이견이 없다. 우리에게도 교장의 헌신적인 노력 덕분에 꼴찌 학교가 일등학교로 바뀐 사례들이 많다. 이런 학교들이 좀더 많이 생겨나 연 20조원의 사교육비를 줄이고 공교육이 바로 설 수 있도록 교장 선생님들의 기를 살려야 하지 않을까.

MB 미래학 점수는

핀란드에서는 새로 정권을 잡으면 반드시 해야 할 일이 있다. 바로 미래를 점치는 일이다.

새 정부는 집권과 동시에 의회 내 미래상임위원회에 15년 후 사회가 어떻게 변할지를 전망하는 '국가미래보고서'를 제출해야 한다. 의회와 정부는 이 보고서를 놓고 치열한 논쟁을 벌이며 뺄 것은 빼고 보탤 것은 보탠 후 최종 보고서를 완성한다. 이는 물론 법으로 정해져 있으며 정부는 4년마다 이를 업데이트해야 한다.

이 보고서는 미래 변화를 정확히 예측하고 장기비전을 제시해 국가를 먹여 살릴 미래성장동력을 찾는 나침반 역할을 하고 있다. 그만큼 정부는 미래 사회의 변화를 꿰뚫어 보는 능력을 갖추고 있어야 한다. 그렇지 않으면 금방 정권을 잃는다.

국민들이 미래를 읽지 못하는 정부에 다시는 표를 던져주지 않기 때문이다. 미래보고서 덕분에 핀란드는 인구 500만 명의 작은 나라이지만 세계 1위의 국가경쟁력을 갖추게 됐다. 핀란드의 대표 기업 노키아가 목재회사에서 세계적인 IT 기업으로 탈바꿈한 것도 미래보고서 덕분이라는 것은 잘 알려진 사실이다.

비단 핀란드뿐만 아니다. 현재 전 세계 50여 개국은 이미 정부 산하에 미래전략기구를 두고 있고 80여 개국은 미래예측보고서를 발표하고 있다. 미국, 영국, 프랑스, 캐나다, 호주와 같은 선진국은 물론 중국, 인도 등 개발도상국까지 앞다퉈 미래 공부에 열중이다. 아랍권 국가들도 2000년대 들어 대부분 국가미래전략기구를 만들어 통치권자의 장기미래 구상을 돕고 이를 정책에 적극 반영하고 있다.

지금까지 발표된 국가미래보고서로는 '미국 NIC2010, 2015, 2020 보고서', '호주 2020', '영국 국가보고서 챌린지포럼 2020, 2025 시나리오' 등이 있다.

영국보고서 2025에 따르면 2025년에는 미국, 중국, 인도, 일본, 브라질, 러시아, 멕시코 등이 G7을 이루며 유럽 국가는 모두 빠지게 된다. 영국은 이 같은 예측 하에 국가경영전략을 짜며 미래에 대비하고 있다. 세계 각국이 이처럼 경쟁적으로 미래 전략에 관심을 쏟는 이유는 단 한 가지다. 지속적인 국가 발전과 국민들의 복지수준을 높이기 위해서다.

그런데 지난 5년간 우리는 어땠는가. 과거 일에 너무 얽매이고 집착하지 않았나 싶다. 군 의문사진상규명위원회, 진실화해를 위한 과거사 정리위원회, 친일 반민족 진상규명위원회 등 참여정부 때 출범한 과거사 관련 위원회만 10여 개가 된다. 물론 잘못된 역사는 바로잡아야 한다. 역대 정권들이 등한시했던 과거사를 체계적으로 정리했다는 평가도 없지 않다.

하지만 과거사 정리는 보다 나은 미래를 위한 작업이다. 이 점을 감안한다면 10여 개의 과거사 위원회가 생겼을 때 미래위원회도 1~2개 정도는 있어야 하지 않았을까. 미래를 준비하지 않고서는 국가경쟁력을 키우기 힘들다. 특히 무역의존도가 매우 높고 변변한 부존자원이 없는 한국으로선 미래 예측이 가장 절실하다.

지난주 발표된 이명박 새 정부 초대 청와대 비서관 중 '미래 비전'이라는 생소한 이름이 눈에 띈다. 미래를 준비하겠다는 이명박 정부의 의지를 엿볼 수 있어 퍽 다행스럽게 생각된다. 이제 미래를 향해 첫걸음을 내디딘 만큼 국가를 먹여 살릴 새 성장동력을 찾아 달려야 할 때다.

- 2008년 2월 22일 한경데스크

한국교육 '역주행'

핀란드는 수년 내 '교육부(Ministry of Education)'를 없애기로 했다. '능력관리부(Ministry of Competence)'가 그 자리를 대신하게 된다.

얼마 전 방한한 마우라 티우라 핀란드 의회 미래 상임위원장은 "산업시대에 만들어진 기존 교육제도로는 다가올 후기 정보화시대에 살아남기 힘들다"며 대대적인 교육개혁을 예고했다. 그는 "유치원에서 대학 과정에 이르는 학습을 의미하는 '교육'은 구시대적인 발상"이라며 "따라서 학교 교육·직장생활·은퇴 후 생활로 이어지는 생애 전 과정을 관리하는 능력관리부로 바뀌어야 한다"고 강조했다.

2003년부터 3년 연속 국가경쟁력 부문 1위를 차지했던 북구의 대표적인 강소국 핀란드. 그러나 지난해 1위 자리를 빼앗긴 후 위기를 느끼고 있다. 핀란드는 국가경쟁력이 이처럼 떨어진 이유를 '낙후된' 교육시스템에서 찾고 있다. 지난해 핀란드를 제치고 1위 자리에 오른 스웨덴. 그 경쟁력의 뒷심은 역시 교육이었다. 사회주의 색채가 강해 '경쟁'보다 '평등'을 중시하는 스웨덴이지만 교육에서만큼은 달랐다. 대표적인 교육제도로 '자율학교', '학교선택권'을 들 수 있다.

한국의 특성화학교 정도로 이해하면 되는 자율학교의 교육목표는 일반 공립학교와 비슷하지만 개인이나 기업, 학부모 조합 등이 학교를 자율 운영한다는 게 큰 차이점이다. 때문에 수학 언어 등 학부모들이 필요하다고 생각하는 분야를 집중적으로 교육할 수 있다. 덕분에 학생 성적은 크게 향상됐고 학부모 사이에 인기도 높아 스톡홀름 등 대도시를 중심으로 급속히 확산 중이다. 현재 초·중학생의 8%, 고등학생의 13%가 자율학교에 다닌다. 학교선택권도 스웨덴 교육경쟁력의 핵심이다. 거주지역과 관계없이 학생들이 원하는 학교에 갈 수 있도록 한 이 제도는 학교 간 경쟁을 유도하고 있다. 페르 덜베리 스웨덴 국립교육청장은 "스웨덴은 학생 수에 따라 정부의 재정지원액이 결정되는 만큼 서로 '좋은 학교'가 되기 위해 노력한다"고 강조했다.

핀란드 스웨덴뿐만 아니다.

요즘 프랑스 영국 일본 미국 등 선진국들이 너나없이 교육개혁에 열을 올리고 있다. 학교의 '책임과 경쟁'을 강조한 블룸버그 미국 뉴욕시장은 최근 학교 운영 성적이 나쁜 6개 학교 문을 닫기로 한 데 이어 내년까지 20개 학교를 추가 폐교하기로 했다. 취임 일성으로 교육개혁을 강조한 고든 브라운 영국 총리도 공립학교의 경쟁력을 높이기 위해 성적이 일정 기준에 미달하는 학교는 없애기로 했다.

사르코지 프랑스 대통령은 "고등교육의 평준화 때문에 대학 경쟁력이 크게 약화됐다"며 고등 교육개혁에 힘을 쏟고 있다.

일본은 '유토리(여유)' 교육을 폐지하고 대신 수업 시간을 대폭 늘려 학력 향상을 꾀하고 있다.

그런데 한국은 어떤가.

선진국들이 경쟁을 통해 교육시스템을 강화하며 저만치 앞서 달려가고 있는 데 반해 한국은 여전히 평준화의 망령에 발목이 잡힌 채 옴짝달싹 못 하고 있다. 한마디로 세계적인 흐름에 역행하고 있다. 부디 이틀 후 뽑힐 대통령이 한국교육의 위기를 절감하고 정책의 최우선 순위를 교육개혁에 뒀으면 한다.

교육은 21세기 한국을 먹여 살릴 유일한 산업이기 때문이다.

- 2007년 12월 17일 한경데스크

대학에 넘어간 공

시간강사 김신일은 고개를 갸우뚱거렸다. 막 박사학위를 받고 모 대학에서 처음으로 시간강사 자리를 잡았지만 학생들의 출석 체크는 직접 할 수 없었기 때문이다.

항상 교직원이 강의 시작 전 먼저 와 대신해 줬다. "교수님은 그저 강의와 연구에만 신경 쓰시고 출석 체크 같은 귀찮은 일은 저희가 대신해 드리겠다"는 게 학교 측이 둘러댄 이유였다.

이뿐이 아니었다. 심지어 학생들의 시험 채점까지도 '성가신 일'이라며 강사에게 맡기지 않았다. 학교 측은 "정답지만 넘겨주시면 저희가 대신…"이라며 얼버무리곤 했다.

지난 연말 한 사석에서 김신일 교육부총리가 들려준 사회 초년병 시절 이야기다. 40여 년 전 시간강사였던 김 부총리는 학교 측의 행태가 이상하다고 생각했지만 선배 교수들도 다들 그렇게 하는 줄 알고 그대로 따랐다. 시간강사의 업무를 줄여주기 위한 학교 측의 배려가 아니라 학생 정원과 관련된 엄청난 내부 비리 때문이라는 사실을 안 것은 그로부터 한참 뒤의 일이었다.

당시 대입 자율이라는 이름 아래 대학별 단독시험제가 도입되면서 대학의 학생 정원 관리는 한마디로 제멋대로였다. 대학은 '학생이 곧 돈'이라며 청강생들까지 마구잡이로 끌어모았다. 이러다 보니 시간강사가 가진 명단의 학생보다 실제 강의를 듣는 학생이 언제나 많을 수밖에 없었다.

이 같은 비리 사실이 학교 밖으로 나가는 것을 두려워한 학교 측이 시간강사 대신 학생들의 출석 체크는 물론 시험 채점까지 해줬던 것이다.

김 부총리는 교육부가 쓸데없이 규제를 만들어 대학을 옥죄고 교육을 망치고 있다는 비난 여론이 확산되는 데 대해 "꼭 교육부만의 잘못이 아니다"라는 점을 강조하고 싶었을 게다.

그러나 김 부총리의 항변에도 불구하고 대통령직 인수위원회는 이명박 정부 출범을 한 달가량 앞두고 '교육부의 잘못'을 바로잡는 각종 교육 개혁안을 잇달아 발표하고 있다.

이명박 대입 개혁의 골자는 한마디로 대학 자율이다. 그동안 교육부가 움켜쥐고 있던 학생 선발권 등 대입전형을 완전히 대학에 맡기는 이른바 '대입 3단계 자율화 방안'이 그것이다. 이 로드맵에 따르면 우선 1단계에서는 2009학년도부터 대학수학능력시험을 보완하고 그 반영 비율을 자율화한다. 2012학년도부터 수능 응시과목을 최대 5개 과목으로 축소하는 게 2단계다. 마지막 3단계는 여건이 성숙되는 시점에 대입전형을 완전히 대학에 넘긴다는 것이다. 바람직한 방향임이 틀림없다. 대학들도 그동안 그토록 원했던 일이 마침내 현실화돼 무척 반기는 눈치다.

 그러나 마냥 좋아할 일만은 아닌 듯하다. 자율에는 반드시 책임이 뒤따르는 법이기 때문이다. 무엇보다 교육부의 대입 정책을 이양받게 될 대학총장 협의체인 한국대학교육협의회가 이해가 다른 대학들의 목소리를 담아내 조화롭게 대입 정책을 펼쳐나갈지 걱정하는 목소리가 크다.

 벌써부터 서울·수도권 대학과 지방대학 간 수능 등급제 등 일부 정책을 놓고 마찰음도 들려온다. 시간강사 김신일이 40여 년 전 겪었던 정부의 대학 규제가 다시 살아날 수 있다는 얘기이다. 부디 대학이 과거처럼 자신들의 무덤을 스스로 파는 그런 잘못을 저지르지 않았으면 하는 바람 간절하다.

- 2008년 1월 28일 한경데스크

한완상 부총리의 이유 있는 항변

한완상 부총리 겸 교육인적자원부 장관이 지난 17일 김대중 대통령에게 올해 추진할 주요 업무를 보고했다.

교육부의 수장을 장관에서 부총리로 격상시킨 이후 처음인데다 최근 들어 '한국식 교육'에 환멸을 느낀 나머지 이민을 가겠다는 사람들이 늘고 있는 터여서 한 부총리의 업무보고 내용은 많은 관심을 모으기에 충분했다. 하지만 이번 보고에는 여느 장관 때와 달리 눈에 번쩍 띌만한 내용이 매우 적었다는 게 교육계 안팎의 공통된 의견이다. 뼈대라고 해봐야 선진국 수준의 미래형 학교를 만들고 향후 4년 내 인적자원 부문의 국제경쟁력을 10위권으로 끌어올리겠다는 것이다. 솔직히 이런 수준의 정책을 추진할 거라면 굳이 교육부 장관을 부총리로 보임할 필요가 있겠느냐는 지적마저 나왔을 정도다.

아니나 다를까. 이날 교육부의 업무보고가 있은 지 얼마 안 돼 한국교원단체총연합회(교총)가 성명을 발표했다. 올해 업무보고는 한마디로 학교 교육의 위기 극복을 바라는 국민 여망에 비해 크게 미흡하다는 것이다. 교총은 "상당수가 이미 발표한 내용의 재탕"이라며 교육

부총리가 과연 교원 사기 저하, 교육이민 증가 등 공교육 붕괴의 핵심 요인에 대해 문제의식을 갖고 있는지 의구심을 떨칠 수 없다고 비판했다.

교총의 말대로 이번 교육부 업무보고 내용은 재탕 삼탕일 수 있다.

그러나 어느 정책이든 내용 못지않게 중요한 것은 부처 최고책임자가 얼마만큼 강력한 의지로 추진하느냐는 점이다. 장기적인 비전이 함께 뒤따라야 하는 것은 두말할 필요도 없다.

그런데 우리의 현실은 어떤가.

현 정부 들어 3년 남짓한 기간 동안 교육부장관의 '평균 수명'은 6개월에 지나지 않았다.

한 부총리는 이날 업무보고 직후 기자간담회에서 "교육개혁에 대한 새 아이디어를 제시하지 않는 대신 기존 정책을 일관성 있게 추진하는 데 힘을 쏟을 생각"이라고 속마음을 털어놨다. 새 아이디어를 내고 추진하는데 6개월은 너무 짧다고 본 것일까.

개각 때마다 거의 매번 교육부 장관을 교체 대상자에 포함시켰던 김 대통령이 한 부총리의 말을 듣고 어떤 생각을 했을지 궁금하다.

– 2001년 3월 19일 한경 취재여록

일일교사 동원되는 장관들

요즘 정부 각 부처는 느닷없이 날아온 '협조공문'을 받고 장·차관 등의 '모교 방문' 일정을 짜기 위해 골머리를 앓고 있다.

교육인적자원부가 오는 15일 '스승의날'을 전후해 실·국장 이상급 공무원들에게 모교를 방문하여, '일일교사'로 활동하도록 요청해왔기 때문이다. 이번 행사는 공교육 위기라는 비난 여론이 들끓고 있는 상황에서 고위공무원들이 직접 학교를 찾아가 선생님들을 격려하자는 취지에서 마련됐다는 게 교육부의 설명이다. 또한 비록 짧은 시간이긴 하지만 장관들이 교육 현장을 몸소 체험해봄으로써 국정수행에 참고할 수 있도록 하자는 의미도 담겨 있다.

교육부에 따르면 11일 현재 노동부장관(12일 학교 방문 예정)을 비롯 보건복지부장관(15일) 문화관광부장관(16일) 과학기술부장관(17일) 여성부장관(17일) 등이 일정을 확정했다. 이 중 몇몇 장관은 강원도 춘천, 경북 점촌 등 지방으로까지 '원정교육'을 떠날 예정이다.

교육부의 한 관계자는 연례행사이긴 하지만 지난해까지만 해도 '가급적' 동참해줬으면 하는 협조 사항이었는데 올해는 그 협조 강도가 훨씬 높아졌다고 밝히고 있다. 특히 최근 공교육 붕괴의 심각성을 인식해 김대중 대통령이 일일교사로 참여키로 하는 등 청와대에서도 큰 관심을 갖고 있다고 덧붙였다.

이러다 보니 빡빡한 일정 때문에 아직까지 수업 날짜를 못 잡은 부처의 장관들은 스케줄을 조정하는 등 애를 먹고 있다는 후문이다. 일부 공무원들은 장관의 수업 준비를 대신 해주느라 바쁜 시간을 쪼개고 있다고 한다. 더구나 예년과 달리 정부 내에서 "올해 행사는 청와대 관심 사항"이라는 분위기가 확산되다 보니 장관 입장에서 모른 척하기란 쉽지 않다.

교사들의 사기를 높여 공교육을 바로 세우자는 건 이해되지만 장관 등을 일일교사로 '동원'하는 것이 얼마큼 효과를 낼지는 의문이다. 특히 다른 이유도 아닌 '촌지' 때문에, 다른 날도 아닌 '스승의날'에 서울 시내 많은 초등학교가 교문을 닫아야 하는 현실에선 더욱 그렇다.

장관들의 이번 일일교사 행사가 전시 행정의 또 다른 모습은 아닌지 되새겨 볼 일이다.

- 2001년 5월 12일 한경 취재여록

전문대학이 나갈 길은

 연암축산원예대와 주성대. 이 두 대학은 공통점을 많이 갖고 있다. 2년제 전문대인 데다 천안과 청주에 위치해 같은 충청권 대학이라는 점, 캠퍼스 규모가 묘하게도 15만여 평으로 일치한다는 점 등. 그러나 진짜 쏙 빼닮은 것은 두 대학의 학장들이다. 대학 운영에 기업 경영기법을 도입하고 있다는 점에서 두 학장은 쌍둥이에 가깝다.

 연암축산대 권관 학장의 경영자적 마인드가 어느 정도인지는 실습장만 봐도 대번에 알 수 있다. 이 학교는 양돈 돼지 인공수정센터 버섯배양센터 등 7개 실습장을 갖고 있다. 권 학장은 매년 새 학기 때 이 실습장의 책임 교수들과 사업계획서를 놓고 협의한다. 매출 이익 등 그해 경영 목표를 잡기 위해서다. 연말 실적을 평가해 목표 달성 실습장에는 제주도 여행 등 각종 인센티브가 주어진다.

 반면 목표 미달 실습장은 다음 해 예산배정에서 불이익을 받게 된다. 이 학교의 연간 예산 120억 원 중 실습장 운영을 통해 얻어지는 수익이 절반가량(50억 원)을 차지할 정도로 재정자립도가 높은 것은 이 때문이다. 권 학장은 "농업도 경영만 제대로 하면 돈을 벌 수 있다는 것을 보여주기 위해 이 방식을 채택하고 있다"고 강조한다.

주성대학의 윤석용 학장은 실제 기업(건설회사)경영자 출신이다. 그 때문인지 대학 운영 곳곳에 기업 냄새가 배어 있다. 대학 본관 사무실 배치부터가 기존 대학들과 다르다. 소비자인 학생 편의를 위해 은행창구처럼 칸막이 없이 개방형으로 꾸몄다. 이뿐 아니다. 이 대학은 ㈜울쏘하이텍 ㈜골드LCD 등 4개 학교 기업을 운영하고 있다. 교수들이 연구를 통해 얻은 결과물을 썩이지 않고 상품화하도록 하기 위해서다. 울쏘하이텍은 이미 이익을 내 학교 재정에 보탬이 된다. 학생들에게는 실습장 역할을 하고 있어 일거양득의 효과를 보고 있다.

이 두 대학의 지난해 졸업생 취업률은 90%를 웃돈다. 고학력자 실업이 사회문제로 대두되고 있는 현실에 비춰보면 매우 높은 편이다. 대학의 위상과 경쟁력을 강화하고자 하는 다른 전문대들에 이 두 학교는 훌륭한 힌트를 던지고 있다는 느낌이다.

— 2001년 6월 19일 한경 취재여록

외국인 교수들 '왕따'

"유능한 외국인 교수들을 데려오기만 하면 뭐합니까. 외국인이라는 이유로 논문 활동의 기회조차 주지 않는 현실에서 이들이 얼마나 견뎌내겠습니까. 이들을 맞이할 인프라는 제대로 갖춰져 있나요?"

'외국인 교수 브레인풀(Brain Pool)제도'와 관련된 기사가 보도된 지 며칠이 지난 후 한 외국인 교수의 아내가 한국말을 모르는 남편을 대신해 '항의성' 이메일을 보내왔다. 이 제도는 캠퍼스의 현실을 모른 채 내놓은 정책이라는 지적이다. 미국인 교수를 남편으로 둔 A씨는 "남편 학교에서는 외국인 교수들에게 외국인이라는 이유 하나로 논문 활동 기회조차 주지 않고 알게 모르게 차별대우하고 있다"며 분통을 터뜨렸다. A씨는 또 "남편은 사회교육학박사 학위를 갖고 있지만 몇 년째 영어 회화나 교양 영어를 가르치고 있다"며 "자기 전공 분야를 가르치지 못하는 학자의 심정이 오죽하겠느냐"고 덧붙였다. 그래선지 A씨의 남편은 기회만 닿으면 한국을 뜰 생각이란다.

또 다른 외국인 교수의 한국인 아내 B씨도 비슷한 불만을 털어놨다. B씨는 "남편이 한글로 작성된 이메일이나 공문을 들고 와 해석을 부탁할 때면 안쓰럽다"고 말했다. 한자를 섞어 작성한 학교 측의 한글 공문을 받을 때마다 B씨 남편을 비롯한 이 학교의 외국인 교수 10여 명은 졸지에 '눈뜬 봉사'가 돼야 한다. B씨는 비슷한 경력의 한국인 교수들에 비해 남편의 월급봉투가 얇은 것은 참을 수 있지만 캠퍼스 활동에서 배제되곤 하는 남편을 볼 때면 가슴이 아프다고 했다. B씨는 이런 현실에 적응하지 못해 몇 년 전 미국 대학으로 돌아갔던 남편을 설득해 다시 한국으로 데려온 자신에게 화가 날 때가 많다고 고백했다.

이들도 물론 외국인 교수들을 많이 유치해 국내 대학의 국제화를 도모하자는 데는 이견이 없다고 말했다. 다만 외국인 교수들에 대한 '텃세'가 사라지고 맘껏 학문에 전념할 수 있도록 최소한의 인프라 등은 갖춰야 하지 않겠느냐는 것이다.

"외국인 교수가 많이 들어오면 학내 분위기를 국제화할 수 있고 국제 학술지 논문 지도도 활발해질 것"이라는 한완상 교육인적자원부 장관의 희망사항이 실현되기 위해서도 그렇다는 얘기다.

- 2001년 7월 12일 한경 취재여록

교육행정 '소비자 외면'

"하고 싶은 말을 대신해 준 것 같아 속이 후련합니다", "우리 교육 당국은 교육소비자들이 진정으로 원하는 게 무엇인지를 알고나 있는지 모르겠습니다"

한국경제신문의 '교육을 바꿔야 경제가 산다'는 긴급진단 시리즈가 시작된 이후 공교육 부실로 인한 사교육 부담으로 형언하기 힘들 정도로 경제적으론 물론 정신적으로도 시달리고 있다는 하소연을 담은 이메일이 쏟아지고 있다.

부산에 사는 대기업 초급간부 이 모 씨는 "이형택 게이트 등은 특검 조사를 통해 밝혀지기라도 하지만 교육계 부패 고리는 음성적으로 이뤄지고 고발자도 드물어 그 심각성에 비해 드러난 것은 그야말로 '빙산의 일각'인 게 현실"이라고 주장했다. 중학생 딸과 초등학생 아들을 두고 있다는 그는 "아이들 교육 문제로 부부싸움까지 잦아 가정 파탄이 염려될 지경"이라고 울분을 터뜨렸다.

한 학부모 단체가 보낸 이메일은 학원(사교육)과 학교(공교육)의 현실을 적나라하게 비교하면서 "교육 당국은 현실을 무시한 '위선적인 행정'으로 일관하고 있다"고 공박했다. 이 단체는 '공교육, 사교육 그 해결방안은'이라는 이메일에서 "학원도 학생들의 출결사항은 물론 흡연 머리염색 등 일탈행위 규제와 심한 경우 체벌까지 가하고 있지만 학생들 장악력이나 통제력은 학교보다 낫다"면서 입시지도는 물론 인성교육에서도 사교육기관이 앞질렀다고 주장했다. 이어 "교육도 시장이라는 사실을 교육 당국이 자각해야 한다"면서 "강남 학원들은 현재 고1 학생이 수험생이 되는 2005년 수능부터 반영되는 7차 교육과정 내용과 이에 대응한 강의내용을 벌써 만들어 뿌리는 발 빠른 시장 대응능력을 보여주는 데 반해 학교에선 '글쎄요'라는 답변뿐"이라고 꼬집었다.

이 단체는 교육인적자원부를 '변화 대응에 늦어 멸종한 공룡'에 비유하며 탁상행정에서 나온 비현실적인 교육정책이 공교육에 대한 불신을 키우고 있다며 끝을 맺고 있다. 교육 당국이 공룡으로 전락할지 대변혁의 진화를 이뤄낼지 두고 볼 일이다.

- 2002년 2월 15일 한경 취재여록

계기수업과 새 경제 교과서

전국교직원노동조합(전교조)은 1년에 서너 차례 '계기수업'이란 것을 한다. 계기수업은 말 그대로 어떤 사건을 계기로 학생들에게 핫이슈에 대한 균형 잡힌 시각을 길러주기 위해 마련됐다. 제대로만 된다면 학생들이 잠시 딱딱한 교과과정에서 벗어나 사회현상을 바라보는 힘을 키울 수 있는 그야말로 좋은 계기가 될 것이다.

그러나 그동안 전교조가 실시한 계기수업을 보면 당초 목적과는 거리가 멀다. 대부분 정치적 논란의 한복판에 있는 사건을 다루고 있다. 2002년 미군 장갑차 압사 사건 관련 한·미 주둔군지위협정(SOFA) 수업이 그랬고 2003년 4월 미국·이라크전 관련 반전 평화 수업도 그 범주에 속한다. 2005년 11월 반APEC 관련 수업은 비교육적인 수업의 대표 사례로 꼽힌다.

반FTA 수업도 마찬가지다. 전교조가 한·미 FTA 저지 교육공동대책위원회의 당사자이니 FTA 부작용이 크게 부각될 수밖에 없었을 게다. 비정규직 법안 관련 수업은 파업의 연장선에 있었다.

당시 장혜옥 전교조 위원장은 "전교조는 전교조다운 방식으로 민주노총 4월 총파업에 참여할 것"이라며 "그 출발로 비정규직 노동자 문제를 다루는 공동(계기)수업을 집중 전개할 것"이라고 말했다. 어린 학생들을 볼모로 교단에서 '노동운동'을 하겠다는 선언인 셈이다. 이러다 보니 일각에서는 계기수업을 두고 학생 의식화 도구가 돼버린 '괴기 수업'이라고 비난한다.

가치관이 아직 확립되지 못한 자녀들에게 왜곡된 시각을 주입한다며 학부모들의 반발도 컸다. 오죽하면 노무현 대통령까지 나섰을까. 노 대통령은 전교조의 반미 교육에 대해 "특정 교원단체가 국가적 공론이 이뤄지지 않은 사안을 아이들에게 가르쳐도 좋은지 검토하라"고 지시했다. 정치적 우군이랄 수 있는 노 대통령이 봐도 전교조가 지나쳤다는 얘기이다.

정치적 편향 논란에서 자유롭지 못한 전교조가 최근 전국경제인연합회와 교육인적자원부가 공동으로 만든 '경제 교과서'에 민감한 반응을 보이고 있다. 전교조는 교육부가 특정 이익단체와 함께 교과서를 만든 것 자체가 잘못인 데다 일부 내용이 왜곡됐다며 교과서를 폐기할 것을 주장하고 있다.

그러나 전교조가 이처럼 민감하게 반응할 일만은 아닌 듯하다. 새 경제 교과서는 한국경제교육학회가 공모를 통해 선발한 학자들이 중심이 돼 만들어졌다. 교육부와 전경련의 지원을 받았다는 사실만으로 이들의 학자적 양심을 매도하는 것은 바람직하지 않다.

그동안 정치색 짙은 계기수업 등으로 교단이 한쪽으로 기울고 있다는 국민적 우려가 팽배한 가운데 새 경제 교과서 발간은 오히려 늦은 감이 있다. 특히나 지금 학교에서 가르치는 경제 교과서들이 반기업·반시장적이라는 지적이 많은 터였다.

실제로 얼마 전 재정경제부 한국개발연구원 전경련 등이 공동으로 기존 경제 교과서 114권을 분석한 결과를 보면 반시장·반기업 정서를 조장하는 내용이 446곳이나 됐다. 이러다 보니 많은 선생님들도 새 경제 교과서의 등장을 은근히 기대해 왔다. 그런 만큼 새 경제 교과서는 신학기 일정에 차질 없이 일선 학교에 배포되고, 학생들에게 시장과 기업에 대한 균형 잡힌 시각을 심어주는 지침서가 됐으면 하는 바람이다.

- 2007년 2월 21일 한경데스크

말레이시아 교육이민

말레이시아 콸라룸푸르에서 관광 가이드를 하고 있는 K씨. 7년 전 이민 온 그는 요즘 바쁜 나날을 보내고 있다. 말레이시아를 찾는 한국인 관광객들이 급증했기 때문만은 아니다. 오히려 그보다는 최근 이곳으로 이민 오는 한국인 가정이 늘면서 '이민 선배'로서 조언도 해주고 뒷일도 도와주느라 눈코 뜰 새 없다고 보는 게 더 정확하다.

K씨는 "자세한 숫자는 알 수 없지만 한 달에 1~2가구가 들어 오는 것 같다"며 "영국식 교육제도를 갖추고 있는 말레이시아가 한국인들의 새 교육 이민지로 급부상하고 있는 듯한 느낌"이라고 말했다.

바로 얼마 전에도 한 한국인 가정이 K씨의 이웃이 됐다. 딸 하나를 둔 L씨는 한국에서 외국인 회사에 다니며 꽤 많은 월급을 받았다고 한다. 하지만 30대 중반의 이혼녀로 초등학생 딸 하나만큼은 잘 키워보겠다는 욕심에 영어과외 피아노 교습 등을 시키다 보니 자신의 월급으론 턱없이 모자랐다. 그러던 중 L씨는 친구의 권유로 이곳을 찾았으며 영국식 교육제도가 마음에 들어 귀국 뒤 아예 딸을 데리고 콸라룸푸르로 왔다. 딸이 비록 보디랭귀지이긴 하지만 다른 외국인 친구들과 스스럼없이 어울리는 걸 보면서 L씨는 자신의 선택에 흐뭇해 했다는 것이다.

무엇보다 학비 부담이 많이 줄어들었다. 학교에 따라 다소 차이는 있지만 연간 200만 원 가량의 등록금 외에 다른 돈은 들어가지 않는다. 교사의 3분의 2 정도가 영국인으로 거의 모든 수업은 영어로 진행된다. 덤으로 중국어를 선택해 배울 수도 있다. 이곳 고등학교에서의 성적에 따라 영국대학으로의 유학이 쉽다는 것 역시 장점이다.

이 같은 이유로 L씨처럼 한국에서 직접 날아온 케이스 외에 캐나다에서 살다 온 가족, 정정불안을 피해 피지에서 온 가족 등 말레이시아를 제2의 이민지로 선택하는 경우가 늘고 있다는 게 K씨의 설명이다.

과거 말레이시아는 한국경제를 배우자는 뜻에서 '룩 이스트(Look East)' 정책을 전개한 적이 있다. 이제는 우리나라가 말레이시아 교육을 참고하자는 뜻에서 '룩 웨스트(Look West)' 정책을 펼쳐야 하는 것은 아닌지 생각해 볼 일이다.

- 2001년 5월 17일 한경 특파원코너

특파원코너

말레이시아 교육이민

말레이시아 쿠알라룸푸르에서 관광가이드를 하고 있는 K씨.7년전 이민 온 그는 요즘 바쁜 나날을 보내고 있다. 말레이시아를 찾는 한국인 관광객들이 급증했기 때문만은 아니다. 오히려 그보다는 최근 이곳으로 이민 오는 한국인 가정이 늘면서 '이민선배'로서 조언도 해주고 뒷일도 도와주느라 눈코 뜰새 없다고 보는게 더 정확하다.

K씨는 "자세한 숫자는 알 수 없지만 한달에 1~2가구가 들어 오는 것 같다"며 "영국식 교육제도를 갖추고 있는 말레이시아가 한국인들의 새 교육 이민지로 급부상하고 있는 듯한 느낌"이라고 말했다.

바로 얼마전에도 한 한국인 가정이 K씨의 이웃이 됐다.딸 하나를 둔 L씨는 한국에서 외국인 회사에 다니며 꽤 많은 월급을 받았다고 한다. 하지만 30대 중반의 이혼녀로 초등학생 딸 하나만큼은 잘 키워보겠다는 욕심에 영어과외 피아노교습 등을 시키다보니 자신의 월급으론 턱없이 모자랐다.그러던중 L씨는 친구의 권유로 이곳을 찾았으며 영국식 교육제도가 마음에 들어 귀국 뒤 아예 딸을 데리고 쿠알라룸푸르로 왔다.비록 보디 랭귀지이긴 하지만 다른 외국인 친구들과 스스럼없이 어울리는 걸 보면서 L씨는 자신의 선택에 흐뭇해했다는 것이다.

무엇보다 학비 부담이 많이 줄어들었다.학교에 따라 다소 차이는 있지만 연간 2백만원 가량의 등록금 외에 다른 돈은 들어가지 않는다. 교사의 3분의2 정도가 영국인으로 거의 모든 수업은 영어로 진행된다. 덤으로 중국어를 선택해 배울 수도 있다. 이곳 고등학교에서의 성적에 따라 영국대학으로의 유학이 쉽다는 것 역시 장점이다.

이같은 이유로 L씨처럼 한국에서 직접 날아온 케이스 외에 캐나다에서 살다 온 가족, 정정불안을 피해 피지에서 온 가족 등 말레이시아를 제2의 이민지로 선택하는 경우가 늘고 있다는 게 K씨의 설명이다.

과거 말레이시아는 한국경제를 배우자는 뜻에서 '룩 이스트(Look East)' 정책을 전개한 적이 있다. 이제는 우리나라가 말레이시아 교육을 참고하자는 뜻에서 '룩 웨스트(Look West)' 정책을 펼쳐야 하는 것은 아닌지 생각해 볼 일이다.

쿠알라룸푸르=김수천 사회부 기자
ksch@hankyung.com

싱가포르大의 경쟁력

 싱가포르 시내 중심가에서 자동차로 20분가량 북쪽으로 달리면 '켄트리지'라는 야트막한 언덕과 함께 캠퍼스 새파란 잔디가 인상적인 싱가포르국립대(NUS)를 만나게 된다. 중간고사 기간이어서 그런지 45만여 평 규모의 캠퍼스는 적막감이 감돌 정도로 조용했다. 머리를 식히려는 학생들만 띄엄띄엄 벤치에 앉아 담소를 나눌 뿐이었다.
 얼핏 한적한 시골 분위기를 느끼게 하지만 겉모습과 달리 싱가포르대의 변신을 위한 움직임은 매우 열정적이다. 특히 국제화를 향한 발걸음은 멀리 한국서 얘기만 듣던 것과는 비교할 수 없을 정도였다. 이 대학 국제관계 담당 라우 제퍼리 부국장은 "우리 대학은 아시아에 있지만 더 이상 아시아대학이 아니다"라고 강조한다. 아시아라는 지리적 한계를 극복하기 위해 이 대학은 MIT 존스홉킨스의대 등 세계 유수의 대학들을 싱가포르 캠퍼스 안으로 끌어들이고 있다. MIT와는 2년 전부터 전략적 제휴를 맺고 석사 및 박사학위 과정을 개설하고 있다. 더욱 놀라운 것은 이곳에서 존스홉킨스대 등 일부 대학의 박사학위를 받을 수 있다는 사실이었다. 또 와튼스쿨(펜실베이니아대) 하버

드대 스탠퍼드대 등과도 손을 잡고 MBA 과정 등을 개설했거나 준비 중이다.

라우 부국장은 "아시아 학생들은 비싼 돈을 들여가면서 미국 프랑스 등지로 유학을 떠날 필요가 없다. 우리 대학에 오면 세계 최고 대학의 학위를 받을 수 있다"고 말했다. 외국 유수 대학과의 협력 못지않게 외국인 학생들을 끌어들이기 위한 노력도 게을리하지 않고 있다. 2002년까지 전체 학생 2만여 명 중 외국인 학생 비율을 현재 15%에서 20%로 끌어올린다는 목표다. '켄트리지캠퍼스'를 '세계의 교실'로 바꿔 대학 국제경쟁력을 강화한다는 전략이다.

싱가포르대의 국제화 노력을 지켜보면서 우리 대학의 현실이 겹치는 것은 어쩌면 당연한 일인지도 모르겠다. 이는 세계적 종합연구대학을 목표로 한다는 서울대의 2002학년도 박사학위 논문 중 영어로 작성된 것이 30%에 불과했다는 최근 발표 때문만은 아닐 것이다.

- 2001년 4월 18일 한경 특파원코너

학교급식 이분법의 함정

　서울 등 수도권 일대 중·고교에서 발생한 사상 최악의 식중독 사고가 진정될 기미를 보이지 않고 여진이 계속되고 있다. 이번 식중독 사고로 상당수 학교가 학사일정에 큰 차질을 빚고 있다. 몇몇 학교는 기말고사 일정을 늦췄다.

　무엇보다 30개 학교 2,300여 명의 학생들이 정신적·육체적 고통을 받고 있다. 공부하고 뛰어놀아야 할 학생들이 뜻하지 않게 병원과 양호실 신세를 지고 있다. 자식들의 아픔을 지켜봐야 하는 학부모들의 마음은 불안하다. 한번 깨진 학교급식에 대한 신뢰는 좀처럼 회복하기 어렵게 됐다.

　학부모들의 마음을 더욱 조마조마하게 만드는 것은 이번 사고에 대처하는 정부의 허술한 위기관리 능력이다. 늑장 대처와 감독 소홀을 질타하는 비난 여론에 정부는 입이 열 개라도 할 말이 없을 게다. 사고 발생 사흘이 지나서야 식약청에 첫 보고가 들어가는 바람에 피해를 더 키웠다는 학부모들의 지적에 정부는 무슨 변명을 할 수 있겠는가.

늑장 보고를 하는 동안 식중독균은 무서운 속도로 번졌을 게 뻔하다. 식중독 사고는 환자들을 빠른 시간에 격리해 치료하는 게 가장 중요하다. 결국 식중독 사고를 일으킨 CJ푸드시스템이 학교급식 사업에서 전면 철수한다고 26일 발표했다.

하지만 사업 철수로 사태가 끝나는 게 아니다. 오히려 시작인 셈이다. 그동안 CJ푸드시스템의 급식 서비스를 받아온 전국 128개 학교 학생들과 학부모들은 당장 점심 식사 걱정을 해야 할 판이다. 이에 따라 일부 시민단체들이 이참에 위탁 급식 대신 직영 급식체제로 전환해야 집단 식중독 사태를 막을 수 있다고 주장하고 나섰다.

직영 급식은 학교장이 책임지고 조리 위생 등 전 과정을 일일이 챙겨야 한다. 식재료 공급업체 선정은 물론 조리사 영양사도 직접 채용·관리해야 한다. 그만큼 보다 안전한 식단을 공급할 수 있다는 게 이들의 주장이다. 그러나 직영 급식 전환에 따른 비용을 무시할 수 없다.

교육부에 따르면 전국 1만 780개 학교 중 위탁 급식을 하고 있는 1,655개 학교가 직영 급식으로 전환하면 학교당 2억 원씩만 지원해도 총 3,310억 원의 예산이 추가 소요된다. 그런데 정부 지원금 2억 원으로는 직영 급식 운영에 턱없이 부족하다. 영양사에다 조리사까지 별도로 확보해야 하고 여기에 시설비, 연료비 등을 포함하면 어림없다는 얘기이다. 결국 학부모들의 호주머니를 털 수밖에 없을 것이다. 그러나 가장 중요한 것은 위탁이든 직영 급식이든 효율적인 관리

시스템 없이는 제2, 제3의 집단 식중독 사태가 언제든지 일어날 수 있다는 사실이다.

학교급식 식재료가 어떤 경로로 들어오는지 추적 관리가 제대로 이뤄지지 않고, 관계 당국이 안일하게 대응한다면 직영 급식을 한다 해도 이번과 같은 식중독 사고는 다시 발생할 수 있다. 따라서 정부와 학교, 시민단체, 학부모는 위탁이냐 직영이냐를 두고 논란을 벌일 것이 아니라 집단 식중독 사태를 막을 근본적인 시스템 마련에 지혜를 모아야 한다. 정치권 또한 네 탓 공방을 멈추고, 국회에 계류 중인 학교급식법을 서둘러 통과시켜 제도적 기반을 세우는 데 힘을 보태야 한다.

- 2006년 6월 8일 한경데스크

[데스크칼럼]폴란드 방산수출 위한 '금융계약' 속히 체결하라

[뉴시안 = 김수찬 편집국장] 요즘 한화에어로스페이스 현대로템 등 방산업체 직원들은 밤잠을 설치고 있다. 지난 2022년 폴란드와 대규모 방산 수출계약을 따냈을 때만 해도 "대한민국이 글로벌 빅4 방산 대국으로 우뚝 서는데 미력...

오피니언 | 김수찬 편집국장 | 2024.04.25 17:31

[데스크칼럼] 경제폭망? 최불암도 '파~하' 웃을 일이다

[뉴시안 = 김수찬 편집국장] 아무리 선거유세용 '정치 레토릭'이지만 너무 심하다. 그냥 그렇게 주장하면 사실 여부와 상관없이 그렇게 믿는 극렬 지지자들이 확대 재생산 해준다. 그러다보니 전혀 근거없는 얘기를 마치 사실인 거처럼...

오피니언 | 김수찬 편집국장 | 2024.04.09 09:32

[데스크칼럼]윤석열, 의료개혁 10전10패의 대통령이 될 것인가

[뉴시안 = 김수찬 편집국장] 처음 윤석열 정부가 의료개혁의 일환으로 의대정원 2000명을 늘리겠다고 발표했을 때 정치권은 물론 많은 국민들이 크게 환영했다. 여론조사도 의대정원 증원에 대한 국민적 열망을 그대로 반영했다. 지난...

오피니언 | 김수찬 편집국장 | 2024.04.03 11:10

[데스크칼럼] 4.10 총선 여론조사가 수상하다

[뉴시안 = 김수찬 편집국장] 4.10 총선을 불과 일주일 앞두고 여론조사회사들의 움직임이 바쁘다. 언론사 등의 의뢰로 하루가 멀다하고 각 지역별 후보 지지도는 물론이고 정당별 지지도 조사결과를 앞다퉈 발표하고 있다. 특정 언론사...

오피니언 | 김수찬 편집국장 | 2024.04.02 16:21

[데스크칼럼] 기업 '기업(氣UP)'하는 4.10 총선 만들자

[뉴시안 = 김수찬 편집국장] 얼마 전 재계에서 두 가지 큰 뉴스가 발표됐다. 4.10 총선 선거운동에 묻혀 국민들의 관심을 크게 끌진 못했지만 우리 산업 및 경제계는 물론 국민들의 실생활에 긍정적인 영상을 미칠 회소식임에 틀림없다...

오피니언 | 김수찬 편집국장 | 2024.03.29 09:42

[데스크칼럼]"사과는 이강인처럼, 용서는 손흥민처럼"

[뉴시안 = 김수찬 편집국장] 이강인이 100번 잘못했다. 이강인이 절대 해선 안될 행동을 한 것이다. 그래서 많은 국민들이 이강인에게 실망했고 분노하고 있다. 이강인은 2007년 KBS 예능프로그램 '날아라슛돌이'를 통해 처음 이름을...

오피니언 | 김수찬 편집국장 | 2024.02.27 11:19

[데스크칼럼] '건국전쟁'에 열광하는 이유

[뉴시안 = 김수찬 편집국장] 2020년 1월 21일 하와이의 호놀룰루 시의회는 결의안 '20-7'호를 심의할 예정이었다. 캐럴 후쿠나가, 앤 고바야시 등 일본계 시 의원 등이 발의한 '2월 3일을 이승만 대통령의 날(President Syngman...

오피니언 | 김수찬 편집국장 | 2024.02.13 15:01

[데스크칼럼]사과가 사라진 사회

[뉴시안 = 김수찬 편집국장] 20여년 전 영국에 연수를 갔을 때 마침 귀국하려던 타사 선배 차량을 인수했다. 그 선배는 차를 넘기면서 "혹시 교통사고가 나더라도 상대 운전자에게 먼저 'I'm sorry'라고 하지마라"고 충고했다. '미안하...

오피니언 | 김수찬 편집국장 | 2024.02.01 15:39

[데스크칼럼] 세금만사(稅金萬事) 세금유감 (稅金有感)

[뉴시안= 김수찬 편집국장] 장면 #1. 은행 창구직으로 입사한 지 1년 남짓된 A씨가 투덜댔다. "월급은 쥐꼬리인데, 세금을 너무 많이 떼간다"고. 아마 월급명세서에 찍힌 월급에 비해 세금이 과하다고 느낀 듯하다. 그러나 우리나라 월

오피니언 | 김수찬 편집국장 | 2024.01.23 16:19

[데스크칼럼] 대만 총통 선거가 던져준 숙제

[뉴시안= 김수찬 편집국장] 지난 13일 끝난 제16대 대만 총통선거(대선)를 지켜보면서 두가지 점에 놀랐다. 먼저 선거 결과이다. 중국의 전방위 압박에도 불구하고, 친미·반중 성향인 집권 민주진보당(민진당) 라이 칭더 후보가 승리했

오피니언 | 김수찬 편집국장 | 2024.01.16 16:14

[데스크칼럼] '이재명피습사건' 음모론의 진짜 진원지는 어디인가

[뉴시안= 김수찬 편집국장] 지난 2일 피습을 당한 더불어민주당 이재명 대표가 잘 회복하고 있다니 천만다행이다. 서울대병원 측은 "수술 이후 다행히 순조롭게 잘 회복 중"이라고 브리핑했다. 아무쪼록 이 대표가 하루빨리 회복해 산

오피니언 | 김수찬 편집국장 | 2024.01.08 10:40

[데스크칼럼] '검찰독재' 프레임으로 당신의 죄를 덮을 순 없다

[뉴시안= 김수찬 편집국장] 송영길 전 더불어민주당 대표가 '옥중투쟁' 중이다. '민주당 전당대회 돈봉투 살포'의혹으로 지난 18일 구속된 송 전 대표는 검찰이 수차례 출석을 요구했지만 응하지 않고 있다. 얼마 전 마지못해 출석은 했

오피니언 | 김수찬 편집국장 | 2023.12.28 11:59

[데스크칼럼]'서울의 봄'과 '판도라'

[뉴시안= 김수찬 편집국장] 영화 '서울의 봄'이 장안의 화제다. 개봉 25일 안에 818만명의 관객을 극장으로 불러들였다. 이 같은 추세라면 1000만 관객 돌파는 시간문제일 듯 하다. 팬데믹 이후 시리즈물이 아닌 단일 작품으론 최초로

오피니언 | 김수찬 편집국장 | 2023.12.17 15:27

[데스크칼럼] 내년도 예산, 민주당 정부 시즌2 예산인가?

[뉴시안= 김수찬 편집국장] 정재훈 한국수력원자력 전 사장은 나의 페친이다. 고교 선배이기도 한 그는 주로 페북에 미술 관련 글을 많이 쓴다. 그림에 문외한인 나로선 그림에 대한 그의 넓고 깊은 식견에 그저 놀라고 또 놀랄 따름이다.

오피니언 | 김수찬 편집국장 | 2023.12.01 10:49

[데스크칼럼] 탄핵에 빠진 민주당을 위한 충언

[뉴시안= 김수찬 편집국장] "이상민 행정안전부 장관, 안동완 부산지방검찰청 차장검사, 이동관 방송통신위원장, 손준성 대구고등검찰청 차장검사, 이정섭 수원지방검찰청 2차장 검사" 위 명단은 더불어민주당이 현재 탄핵을 추진중이

오피니언 | 김수찬 편집국장 | 2023.11.14 17:07

[데스크칼럼] 윤석열 대통령이 은행권에 던진 화두

[뉴시안= 김수찬 편집국장] 지난 1일 주요 시중 은행장들의 가슴이 철렁 내려 앉지 않았을까. 윤석열 대통령이 이날 서울 마포구 한 북카페에서 열린 비상경제민생회의를 주재하면서 한 발언 때문에 은행 관계자들은 요즘 좌불안석일

오피니언 | 김수찬 편집국장 | 2023.11.03 13:29

◀ 한국경제신문 사원증 (기자증)

▼ 2023년 5월 한국경제신문 정년 퇴임식

어제의 외침,
　　내일 울림되다

초판인쇄 | 2025년 9월 29일
초판발행 | 2025년 10월 1일
지 은 이 | 김수찬
펴 낸 이 | 김경희
펴 낸 곳 | 말그릇
　　(우)02030 서울시 중랑구 공릉로 12가길 52~6(묵동)
　　전 화 | 02-971-4154
　　팩 스 | 0504-194-7032
　　이메일 | wjdek421@naver.com
　　등록번호 2020년 1월 6일 제2020-3호

ⓒ 김수찬 2025
값 17,000원

ISBN 979-11-92837-24-6 (03070)

　• 저자와 합의하에 인지는 생략합니다.
　• 잘못된 책은 구입하신 곳에서 교환해드립니다.
　• 이 책의 글과 사진의 저작권은 저자와 출판사에 있습니다. 허락 없이 발췌나 복제를 금합니다.

이 도서의 국립중앙도서관 출판예정도서목록(CIP)은 서지정보유통지원시스템 홈페이지(http://seoji.nl.go.kr)와 국가자료종합목록 구축시스템(http://kolis-net.nl.go.kr)에서 이용할 수 있습니다.